# 世界経済、最後の審判

破綻にどう備えるか

木内登英

毎日新聞出版

LAST JUDGEMENT ON WORLD ECONOMY

# はじめに

「金融危機は常に違う顔で現れる」と言われる。遠い過去から、深刻な金融危機が何度も繰り返されてきたのは、人類が過去の失敗の経験に学ぶ能力を欠いているためではない。一つとして同じ金融危機はなく、常に違う場所、違うメカニズム、違うきっかけで金融危機は発生する。そのため、過去の経験を十分に生かすことはできないのだ。

しかし、比較的周期的に起きる現代の金融危機には、危機への過剰な政策対応が次の危機を引き起こしてしまう、といった傾向が見られる。一〇年ほど前に起こったリーマン・ショック（グローバル金融危機）後に、各国では異例の金融緩和策がとられた。これが金融市場に大きな歪みをもたらし、また金融機関の収益環境を悪化させること等を通じて、次の金融危機の原因となる可能性は比較的高いのではないかと思われる。そして、最も大きな歪みが蓄積されているのは、各国間の連動性が高い債券市場だ。ひとたび金融危機が生じれば、それは一国にとどまらず、一気に世界中へと拡散しやすい。つまり、次の金融危機は世界同時型となりやすいのだ。

また、金融市場に蓄積された歪みを一気に解消させ、金融危機をもたらすきっかけとなるのは、ポピュリズムに支えられた誤った政策だ。いわば人為的ミスである。具体的には、米国の保護貿易主義、各国での財政拡張策、日本銀行の国債買入れ策などだ。

リーマン・ショックでは、当事国ではない日本経済が最も大きな打撃を受けた。経済・金融両面から、日本が過度な海外依存、ドル依存体質であったためだ。それは、驚くことに現在でも全く変わっていない。次の金融危機では、日本は再び同じような事態に巻き込まれる可能性があるだろう。金融緩和ではなく、構造改革を通じた経済の潜在力強化こそが喫緊の課題である。

米中貿易戦争の激化、米国での双子の赤字問題の深刻化、日本での国債の流動性の深刻な低下などの状況をみると、金融市場の歪みがグローバルな金融危機へと転化してしまう時期が、いよいよ近付いてきたようにも見える。ただし、金融危機を引き起こすメカニズムや、過去と比較した場合の特性などを十分に理解し、適切に対応していけば、深刻な金融危機を回避することは可能であるかもしれない。あるいは金融危機が生じてしまった場合にも、より迅速に有効な対応策がとられやすくなるかもしれない。こうした考えが、本書執筆の大きな誘因となった。

さて、本書の構成を説明しよう。第1章では、一〇年前のリーマン・ショックの経験を改めて簡単に振り返り、日本にとっていかに不幸な事態を招いたかを検証する。第2章では、過度な金融緩和に促されたサーチ・フォー・イールド（利回り追及）の投資行動が、債券バブルの状態を作り上げており、これが次の金融危機の震源となる可能性を論じる。第3章では、米中貿易戦争、米国の双子の赤字、日本の国債買い入れ政策などが、次の金融危機の引き金を引いてしまう可能性と、それらの政策の背景にはポピュリズムの台頭があることをみる。第4章では、そうしたポピュリズムの台頭を促している、格差問題に焦点を当てる。最後の第5章では、金融危機が起こってしまった後の世界を展望した。米中間の覇権争いはより激しくなり、また保護貿易主義が世界に蔓延し、経済ブロック化が生じる可能性があることを述べる。これを回避するには、米中の体制間の争いを超えて、新たな国際秩序を模索することも必要となるのではないか。その際には、米中の調整役として、日本が果たすことができる役割も大きいだろう。

本書では、金融危機後について、かなり厳しい将来展望も提示している。しかし、そうした一種の警鐘が広く受け止められることで、深刻な金融危機の回避に多少とも役立つ面があるのだとすれば、それこそが、本書を執筆した筆者の最大の狙いだ。

二〇一九年一月　木内登英

目次

はじめに……1

第1章 リーマン・ショックの傷跡……11

1．リーマン・ショックとは何だったのか……13
最大の被害者は日本経済 13／二度目のチャンスを活かせなかった 15／経済の潜在力は高まっていない 17／過去一〇年の経済政策は間違いだった 18／IMFがアベノミクスの修正を提言 20／構造改革は進んでいない 21／市場との対話の改善を要求 22／経済の潜在力回復が最重要課題 23

2．低下する世界経済の潜在力……24
下振れトレンドが続く生産水準 24／生産性のトレンドも下振れが鮮明に 26／技術革新の効果が十分に発揮されない 27／金融危機が世界の出生率を低下させた 29／リーマン・ショックは移民の流れを抑制した 31／移民を左右する諸要因 32／経済の潜在力低下と人口動態変化の悪循環 35

3．ポピュリズムと金融危機の深い関係……34
進まなかった構造改革 34／さらなる構造改革の進展に期待 36／欧米で台頭する国家ポピュリズム 37／好況下のポピュリズム台頭という謎 39／グローバル経済の潜在力低下が底流に 41

第2章 危機は何度も現れる……43

1．過度な楽観論の再燃……45
同じ過ちを何度も繰り返す 45／ゴルディロックスとは何か 46／記事検索に見る楽観論の高まり 47／

金融政策の正常化過程で強まる楽観論 48／金融政策の転換後に不均衡、歪みが蓄積される 50／
景気が過熱しないぶん金融市場が過熱しやすい 51

2．債券市場こそが震源地……52

サーチ・フォー・イールドと債券バブル 52／金融資産のボラティリティも低下へ 54／
仮想通貨がサーチ・フォー・ボラティリティの対象に 55／
市場の低ボラティリティはノーベル経済学者にも謎 56／
ボラティリティ・ターゲッティング投資戦略の広がり 57／
債券市場のボラティリティは異例の低水準 59／価格発見機能の低下 60／
国債市場の流動性に関する国際的な議論の高まり 62／市場流動性の定義とは 63／
ハイ・イールド社債の指標性は低下か 64／BBB格社債市場のリスクに注目 68

3．なお残る銀行のドル調達問題……69

銀行は本当に健全性を取り戻したのか 69／市場の評価は厳しい 71／銀行のドル調達構造の脆弱性 72／
二つの指標で見るドル調達の脆弱性 74／突出する日本のスワップ市場でのドル調達依存 76／
ストレス時のドル調達に潜在的リスク 78

4．債務残高の増加と不確実な金融規制の効果……81

過去最高水準を超えた世界の債務残高 81／リスクはシャドー・バンキングで累積 83／
銀行規制強化が金融危機のリスクを高める 84／イタリアで欧州債務問題が再燃 86／
銀行の財務環境と経済環境の相乗的な悪化の連鎖 87

5．日本の銀行は脆弱化が進む……88

地銀の収益環境は着実に悪化 88／景気下振れのリスクが高まる 89／
リスク資産の拡大で自己資本比率低下 90／低下する金融機関のストレス耐性 91／

活路が塞がれてきた地域金融機関 93／金融政策による銀行の収益環境の悪化 94／金融庁による融資拡大要請の問題 95／当局は金融システムの安定により目配りを 97

6．銀行はフィンテックで苦境に …… 98
コスト削減としてのフィンテック 98／金融のアンバンドリングで「土管化」する銀行 99／決済ビジネスで攻め込まれる銀行 101／銀行が勝てない手数料無料のビジネスモデル 103／負の遺産（レガシーコスト）が銀行の重荷に 103

7．次の金融危機は世界同時型 …… 105
次の危機はどんな顔か 105／トランプ貿易戦争、金融政策がきっかけに 106

## 第3章 危機の引き金は何か

…… 109

1．貿易戦争が経済・金融危機を引き起こす …… 111
強まる米国の保護貿易主義 111／IMFが示した試算値 112／OECDが示した試算値 114／FRBの利上げを促すことで波及的な悪影響 115／中国シャドーバンキングのリスク構造 117／理財商品に大きなリスク 119／リーマン・ショックに類似 120

2．米国によみがえる双子の赤字問題 …… 122
急拡大する米国の財政赤字と経常赤字 122／双子の赤字対策が優先課題 124／ドルの信認低下 125／静かに進むドル離れ 126

3．異次元緩和とポピュリズム …… 127
政権交代と政治的圧力の高まり 127／粛々と進む主要国での金融政策正常化 129／国債保有残高は一〇年ぶりに減少へ 130／日本でもステルス・テーパリングが進行 132／

事実上の正常化策第二弾 134／政府は物価目標達成に関わらず正常化を支持か 135／政府と日本銀行の間にコミュニケーション 137／政府は国債買入れ再拡大を要求するか 139
4．デフレとの闘いは誤り …… 140
デフレとは何か 140／同床異夢のデフレ克服 142／マイルド・デフレとデフレ・スパイラルは全く違う 142／マイルド・デフレが経済活動を損ねた証拠はない 144／デフレ・スパイラル発生は大恐慌時のみ 147
5．グローバルな財政拡張リスク …… 150
ポピュリズムを背景にした財政拡張策 150／財政拡張が政策金利の引き上げを促す 153／財政政策姿勢の変化を振り返る 154／経済・金融の安定を損ねる財政拡張策 156／日本でも強まる財政拡張傾向 157

## 第4章 ポピュリズムと格差

第4章 ポピュリズムと格差 …… 159
1．リーマン・ショック後の所得格差 …… 161
米国では所得格差が拡大 161／グローバル化による格差拡大が貿易政策に影響 162／米国と欧州の一部国では所得格差が拡大 163／先進国全体では格差は拡大していない 164／格差問題を過大に取り上げたポピュリズム政党 165
2．グローバルな労働分配率の変化 …… 167
危機後に格差問題は世界的な政治・社会的課題に 167／不公平感の源泉は所得分配の偏りではない 169／労働分配率低下の背景は何か 170／技術進歩が労働分配率の低下を主導 171／英国での歴史的労働分配率の推移 173

3．日本の労働分配率は低下傾向にない……174
日本でも危機後の労働分配率は概ね横ばい 174／成果配分（実質賃金）で認識のギャップ 175／生産性上昇率、成長期待を高める政策が重要に 177
4．欧州におけるポピュリズムの台頭……179
仏大統領、独首相はナショナリズム台頭に警鐘 179／トランプ政権は中間選挙後も米国第一主義を維持 180
欧州の自国第一主義拡大も経済・金融に悪影響 181／ハード・ブレグジットで各種国境管理に支障 183
ブレグジットの痛みは既にポンド安で生じた 184／難民問題でメルケル首相の政権運営は困難に 186
欧州の難民問題とポピュリズム 187

## 第5章　危機後の世界……191

1．政策対応の余地は限られる……193
中国の巨額景気対策は二度と実施されない 193／四兆元景気対策の弊害への対応 194
中国金融リスクの構図 195／貿易戦争で構造改革は軌道修正 197／金融緩和の余地は限られる 198
資産買入れ策の副作用を意識 199／景気後退時のFF金利引き下げ幅は小さい 201
FRBはマイナス金利政策導入を回避できるか 202／FRBのマイナス金利政策導入に大きな壁 203
FRBの金融政策対応の限界は世界のリスク 205
2．日本銀行ETF買入れ策の出口戦略……206
日本銀行の追加金融緩和で四つの選択肢 206／ETF買入れ策の三つの問題 207
日本銀行が多くの企業の大株主に 209／ETFをバランスシートから外すことを目指す 211
極めて緩やかにETFを売却する：第一の選択肢 212
損失の穴埋めを政府と取り決める：第二の選択肢 214／

「銀行等保有株式取得機構」をモデルに：第三の選択肢 214／枠組みの概要 216／第三の選択肢が最も現実的か 217

3．危機後さらに強まる保護貿易主義 …… 218

自国第一主義が世界に蔓延するリスク 218／経済ブロック化で世界経済が加速的に悪化も 219／中国「一帯一路」構想の真の狙い 221／中国の海洋進出と債務トラップ 223／広がる一帯一路への警戒 224／日米はインド太平洋構想で対抗 226／危機後に中国の経済支配が再び強まる 227

4．米中の争いと新たな国際秩序の模索 …… 229

新冷戦の始まり 229／貿易戦争から体制間の争いへ 231／中国企業の「自力更生」で米中間の争いが強まる 233／キンドルバーガーの「覇権安定論」 235／「トゥキディデスの罠」は回避できるか 236／矛盾を含む米国の戦略 238／米国政府に期待される対応 241／新たな世界秩序の模索へ 242

5．日本の対応を考える …… 244

米国第一主義の修正を働きかける 244／金融政策の正常化加速を 246／金融政策に対応余地は残されていない 247／日本の潜在力を高める努力 248

おわりに …… 251

装丁　秦 浩司（hatagram）
校閲　小栗一夫
DTP・図版作成　明昌堂

第1章

# リーマン・ショックの傷跡

LAST JUDGEMENT ON WORLD ECONOMY

リーマン・ショック発生当時、震源地ではない日本において、どの国よりも深刻な影響が生じた背景には、経済、金融面で海外に依存する程度が過度に大きかったことがある。

三〇年ほど前に起きたバブル崩壊後に、生産性上昇率、潜在成長率を高める努力をし、内需主導型への構造転換を果たしていれば、日本経済の外的ショックへの耐性は高まり、リーマン・ショックの打撃はもっと小さかったはずだ。リーマン・ショックは構造改革を進める二度目のチャンスであったが、日本はそれも活かすことができていない。日本経済の実力を示す潜在成長率は、この一〇年の間に目立って改善した様子はない。このままでは、次の金融危機の際にも、日本経済は同様に大きな打撃を受けることが避けられないだろう。

他の主要国では、リーマン・ショックは生産性上昇率のトレンドを押し下げ、また、出生率の低下や移民の動きを鈍らせるなどの人口動態の変化を通じて、経済の潜在力を大きく低下させてしまった。

日本を含め主要国では、構造改革への積極的な取り組みを通じて、経済の潜在力を高めることが、次の金融危機への備えとなる。しかし、多くの国で、構造改革は十分に進んでいないのが実情だ。各国政府が、目先の利益を重視するポピュリズム的傾向を強めるなか、痛みを伴う構造改革は進みにくく、また先送りされやすくなっている。

# 1. リーマン・ショックとは何だったのか

## 最大の被害者は日本経済

世界を震撼させた二〇〇八年九月のリーマン・ショック（グローバル金融危機）の発生から、一〇年以上が経過した。多くの日本人、日本企業にとってこの事件は、恐らく突然降って湧いたような、自然災害にも近い性格のものだったのではないか。

リーマン・ショックから二〇年程度さかのぼる、一九八〇年代末から一九九〇年代初めにかけて、日本はバブル崩壊に直面していた。しかし、リーマン・ショックは、このバブル崩壊とはかなり異なる印象で、日本人に受け止められたはずだ。バブルが崩壊する前、日本の株式市場や不動産市場では大幅な価格上昇が見られ、企業の投資や個人消費などの経済活動も含めて、いわゆるユーフォリア（熱狂的陶酔感）に日本は支配されていたのである。そのため、ひとたびバブル崩壊に直面すると、市場や経済の先行きにあまりにも楽観的になり過ぎていたことを、多くの日本人は素直に反省した。そして、バブル崩壊後に待ち受けていたのは、出口の見えない長期経済低迷だった。

その後、経済が本格的に再生することがないまま、日本は次の激震、リーマン・ショックに襲われてしまった。長期低迷を続けてきた日本経済の底が、突然抜けたようなものだ。バブル崩壊は過

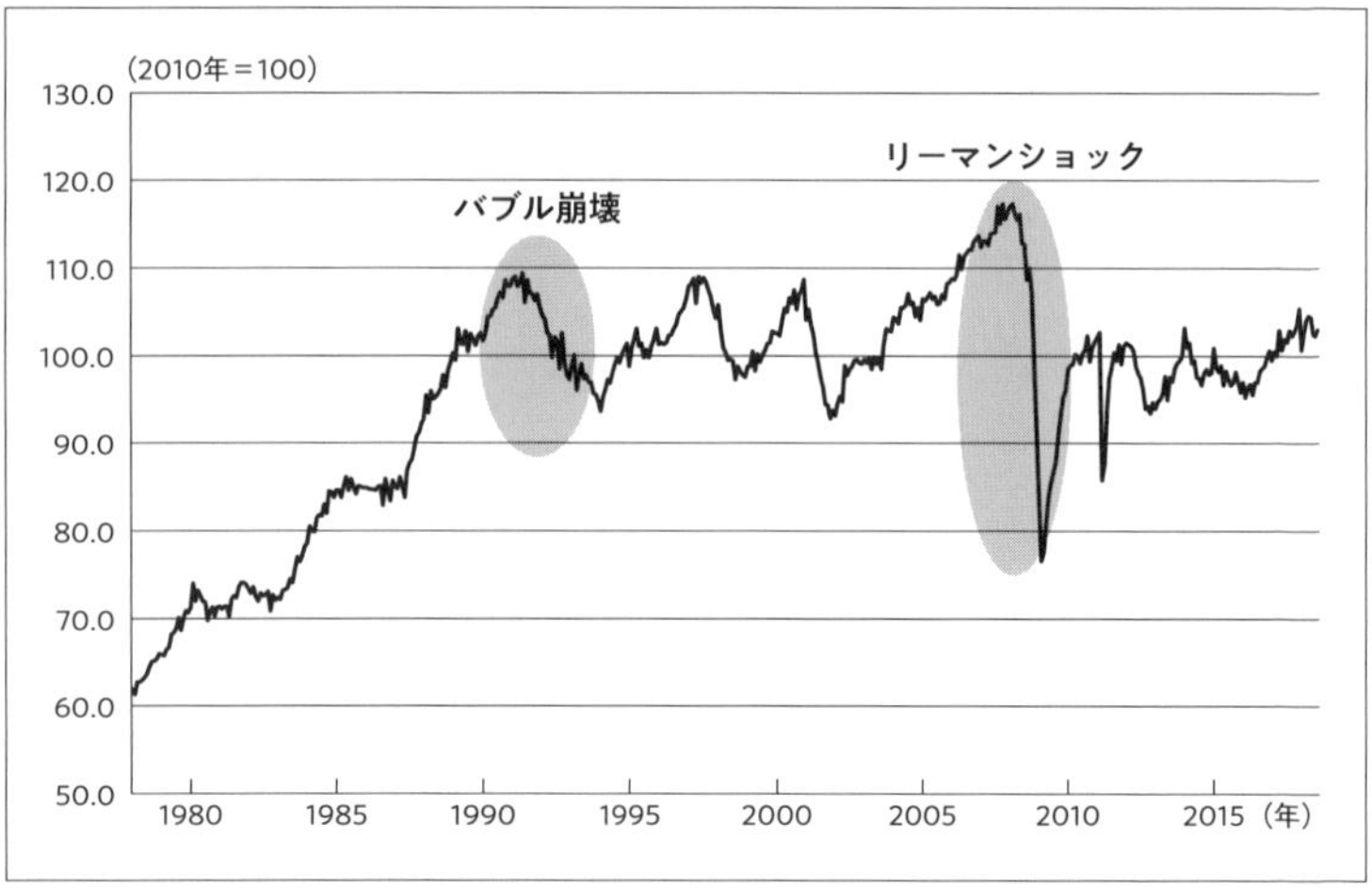


**図表1-1　鉱工業生産の長期推移**
（出所）経済産業省

度な楽観論、慢心など日本人が自ら招いた災いという側面もあったが、リーマン・ショックでは、米国での不動産市場及び金融市場のバブル崩壊に、当事者ではない日本が不幸にも巻き込まれたのだ、という一種の被害者意識が広まったのだろう。その前に、日本の経済、資産市場には目立った行き過ぎはなかったが、リーマン・ショックの震源地となった米国以上に、日本経済は大きな落ち込みを経験させられたのだった**【図表1-1】**。

二〇〇八年九月のリーマン・ショックから二〇〇九年二月までの五カ月の間に、国内鉱工業生産は約三〇%という劇的な下落を記録した。二〇〇九年一〇月までには、その下落の半分程度を取り戻したものの、その後もショック前の水準に戻ることはなく、現在でも鉱工業生産の水準はリーマン・ショック前の水準を一割程度下回ったままだ。

また、二〇〇八年七～九月期から二〇〇九年一

| | OECD加盟国 | G7 | 米国 | ユーロ圏 | ドイツ | 日本 |
|---|---|---|---|---|---|---|
| 2008年7－9月期 ➡ 2009年1－3月期 | -13.7% | -15.2% | -15.2% | -15.3% | -19.5% | -27.0% |

**図表1-2　リーマン・ショック後の各国での鉱工業生産の落ち込み**
（出所）OECD（経済協力開発機構）より野村総合研究所作成

〜三月期までの鉱工業生産の推移を他国と比較してみると、日本での生産の落ち込み幅は、リーマン・ショックを引き起こした当事国である米国の実に二倍近くにも達し、またOECD（経済協力開発機構）主要加盟国の中で最大を記録した【図表1－2】。

## 二度目のチャンスを活かせなかった

リーマン・ショックを受けて、震源地でない日本における生産の落ち込み幅が、どの国よりも大きくなってしまったのは、日本経済が経済、金融面で海外に依存する程度が過度に大きい、ということに根差していた。

リーマン・ショックは、金融機関が保有する不動産関連の金融資産の価格下落を通じて、多くの米国金融機関を破たんの危機にまで追い込んだ。そうしたリスクが急浮上したことを受けて、世界の金融機関の間では、貸倒リスクを恐れて他の金融機関への資金供給を一気に絞る動きが生じたのである。日本を含め米国以外の金融機関にとって特に深刻だったのは、ドルの資金調達が一時的にかなり困難となったことだ。ドルの借入れに基づいて融資や証券などのドル資産を多く保有する日本の銀行にとって、ひとたびドルの調達が難しくなれば、ドル建て債務の返済が滞り、デフォルト

（債務不履行）に陥るリスクが高まる。

他方、多くの日本の輸出入品はドル建て契約となっていることから、銀行のドル資金調達が難しくなると、輸入企業は十分なドル資金の手当てができなくなり、また、輸出企業も輸出先からの輸出代金をドルで受け取ることが滞る可能性がある、という状況が生まれる。そのもとでは、貿易活動全体が見合わされ、一時的に大幅に縮小してしまった。輸出の減少は国内での生産活動を落ち込ませ、また部品・原材料などの輸入が減少するとの見通しも、国内の生産活動に大きな支障を生じさせた。

ちなみに、二〇一八年上期における日本の輸出のドル建て契約比率は四九・二％、輸入のドル建て契約比率は六八・五％と、リーマン・ショック発生時の二〇〇七年下期における四九・八％、七四・七％と大きくは変わらない。貿易面でのドル離れは、この一〇年間で進んでいない。再び大きな金融ショックが起これば、リーマン・ショック時と同様に、ドル調達の支障から、日本の貿易活動が大きく妨げられ、経済が再び失速してしまう可能性がある。

こうした経験も踏まえ、リーマン・ショック後、主要国では金融機関の健全性を確保するための金融規制が強化されていった。さらに、主要国ではドルの資金調達に支障が生じないよう、中央銀行間でのドル融通の枠組みであるスワップ協定が結ばれた（正確には、各中央銀行がいずれの通貨でも流動性供給を行うことを可能とするスワップ取極）。

一方、三〇年も前の出来事であるバブル崩壊の後、日本経済が生産性上昇率、潜在成長率を高め、内需主導型成長へと構造転換を果たしていれば、リーマン・ショックから受けた打撃は、もっと小さかったはずだ。こうした反省を踏まえて、リーマン・ショックは、日本経済の潜在力をより高め、内需主導型へと転換させるきっかけとなる、いわば災い転じて福と成すための、二度目のチャンスであった。しかし、日本はそのチャンスを活かすことにまたも失敗したのである。

## 経済の潜在力は高まっていない

日本経済は現在、比較的良好な状況だ。現政権も、折に触れてその点を強くアピールしている。しかし、それは実際には、一〇年に及ぶ世界経済の異例な長期回復に助けられた部分が大きいのではないか。そしてそれこそが、外需依存度が高いという日本経済・金融の特性に依然変わりがないことの裏返しなのではないか。現政権がアベノミクスの成果として常に挙げるＧＤＰの増加、労働市場の改善、あるいは円高修正や株価上昇といった良好な金融市場の状況さえも、世界経済の長期回復によるところが実は大きいと考えられる。

他方で、生産性上昇率や持続的な成長のポテンシャルという、経済の「実力」を示す潜在成長率は、この一〇年の間に目立って改善した様子はない。日本銀行の潜在成長率の推計結果を見ると、現在〇・八％程度だ【図表１－３】。景気循環の影響を取り除いて考えると、潜在成長率はバブル崩壊後の一九九〇年前半に顕著に低下した後はほぼ横ばい、あるいは緩やかな低下傾向をたどっているようにも見える。アベノミクスが始まった二〇一二年、異例の金融緩和が始まった二〇一三年

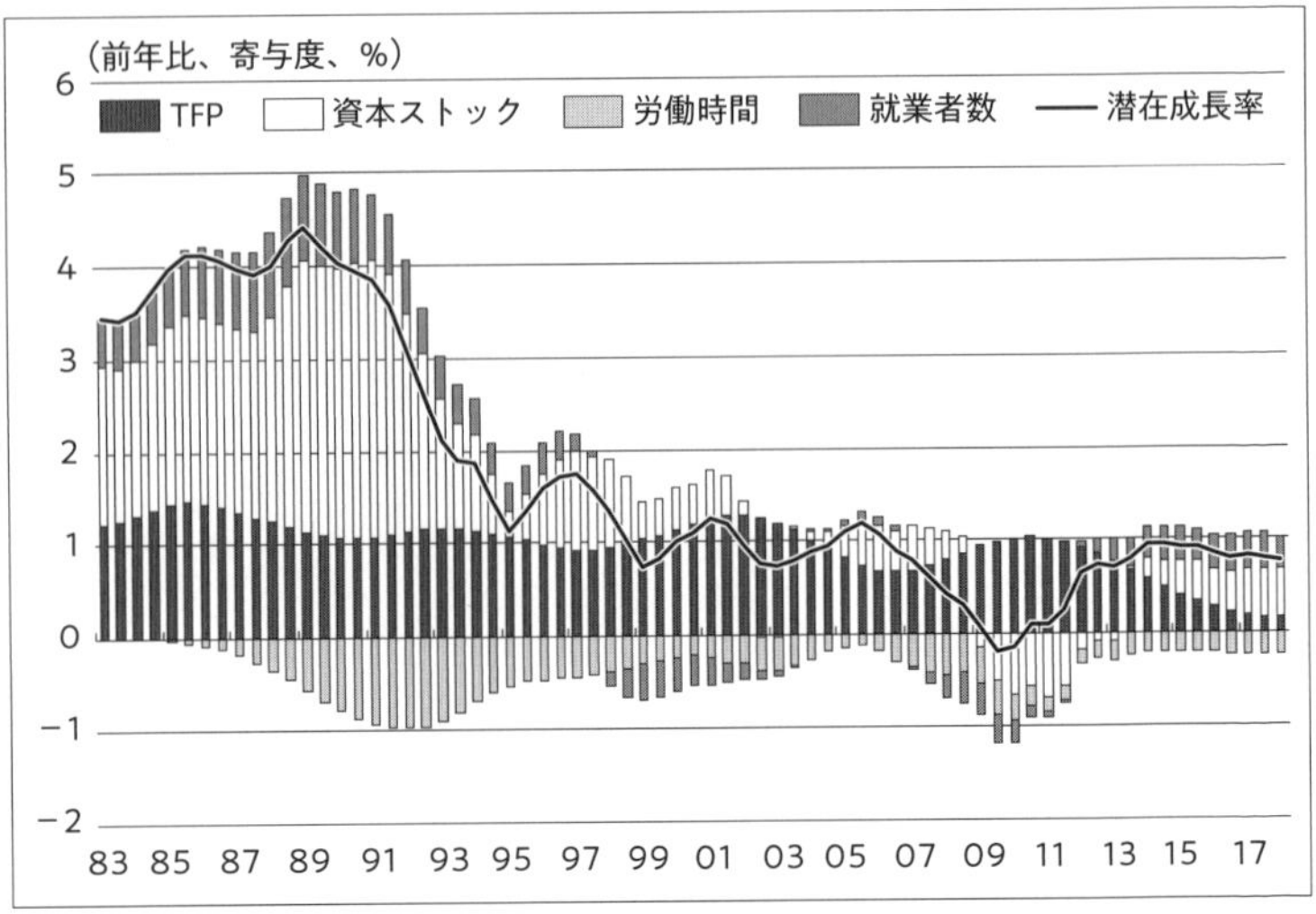


**図表1−3　潜在成長率の推移**
（出所）日本銀行

以降も、潜在成長率はほぼ横ばいで推移した。

さらに注目される点として、推計上の誤差を含むとは言え、企業の技術革新などを通じた生産性の向上を反映するＴＦＰ（全要素生産性）の寄与度が、近年、目立って低下していることが挙げられる。人口減少が潜在成長率を押し下げている、あるいはその向上を妨げているという印象を持つ向きが多いが、それは必ずしも正確ではない。むしろ、日本のイノベーションの力が落ちている、あるいはイノベーションが生産活動に十分に反映されなくなっていることこそが、潜在成長率の改善を大きく妨げているのである。

## 過去一〇年の経済政策は間違いだった

生産性上昇率および潜在成長率を高める経済政策は、いわゆる構造改革だ。ところが過去一〇年間、さらに過去六年超にわたる現政権のもとでは、構造改革よりも金融緩和に重点が置かれてきた感が強い。現政権は、発足当初からデフレ脱却という目標を掲げ、日本銀行の金融政策にその目標達成に向けた役割を多く担わせてきた。これは、デフレという国民の「敵」の存在を強くアピールし、それを退治する姿勢を見せることで政治的な求心力を高める戦略、という側面が強かったのではないか。

そして、日本銀行は、そうした政治的な目的に深く関与することを強いられていったのである。デフレ脱却という政府の目標、日本銀行の異例の緩和策は、ともに大衆の目を目先の利益に向けるポピュリズム的政策、という性格があるように思われる。

しかし、金融緩和策の効果に過剰な期待をすることは禁物だ。金融緩和には、需要を高める、より正確には将来の需要を前借りする効果が期待できるにすぎない。生産性上昇率や潜在成長率を高めるという、いわゆる経済の潜在力の向上、供給側（サプライサイド）の改善には直接的には貢献できない。日本経済の潜在力を高め、外的ショックに対する高い抵抗力を持つ内需主導型へと転換するための政策は、金融緩和ではなく、構造改革だ。

他方、規制緩和など構造改革には、より厳しい競争条件を強いられる産業、企業が出てくるなど、いわゆる「痛み」がともなう。それがために、痛みをともなう構造改革を急速に進めるよりも、政府は金融緩和策を優先させてきた感がある。

アベノミクスのように、構造改革とのパッケージで実施される金融緩和策は、構造改革の痛みを和らげ、構造改革のプラスの効果が生じるまでの「時間を買う」という役割を担うことが、本来期待されるはずだった。ところが、構造改革の時間を買う一時的な手段であった異例の金融緩和が恒常化していく一方、その間のＴＦＰや潜在成長率にも表れているように、実効性を持つ構造改革は十分に進められてはいない。

この過程で、日本は次の外的ショックに備えるための重要な時間を無駄遣いしてしまったのである。これは、非常に残念なことであった。

## ＩＭＦがアベノミクスの修正を提言

安倍首相が自民党総裁の三選を決め、第四次安倍改造内閣が発足したタイミングを見計らったかのように、二〇一八年一〇月にＩＭＦ（国際通貨基金）のラガルド専務理事が訪日し、日本経済の見通しや経済政策の評価について説明し、メディアからの質問にも応じた。また、それに先立って、ＩＭＦ四条協議に基づくＩＭＦ代表団の声明が公表されており、ラガルド専務理事の記者会見は、これを踏まえて行われた。この中で、アベノミクスをより実効性が高く、信頼性が高い形へと修正する旨のＩＭＦの提言が示されたのだった。

その時点で、ＩＭＦは二〇一八年の日本の成長率をプラス一・一％、二〇一九年の成長率をプラス〇・九％と予想していた。ともに日本銀行が推計する潜在成長率をやや上回るが、前年と比べれば下振れリスクが高まっているとの指摘がなされた。ところがラガルド専務理事は、これらの数字は潜在成長率を大幅に上回っていると説明している。日本銀行は、日本の潜在成長率をプラス〇・八％程度と推計しているが、ＩＭＦの推計する潜在成長率はこれよりもかなり低いのだろう。そして、この低い潜在成長率を高めることこそが、日本の経済政策の大きな課題だとＩＭＦは考えている。

ＩＭＦは、経済・物価環境を一層改善させ、潜在成長率を高めて、政府債務を持続可能な状態にするには、アベノミクスの戦略をさらに力強いものへと変えていくことが必要だとしている。具体的には、①中期的な財政枠組みの強化、②労働市場などでの構造改革進展、企業ガバナンスの強化、③明確なフォワードガイダンスをともなう金融政策と金融システムの安定に向けた政策強化、の三点が挙げられた。これは「三本の矢」の強化、修正を明確に提言したものに他ならない。

## 構造改革は進んでいない

二〇一八年六月に政府が示した経済財政改革の基本方針、いわゆる骨太の方針については、中長期的な観点から財政の持続性を高める取り組みは十分では無かったと、ＩＭＦは苦言を呈している。政府は、プライマリーバランス（基礎的財政収支）を黒字化する目標時期を、二〇二〇年度から二〇二五年度へと先送りしたが、修正後も引き続きかなり楽観的な経済見通しに基づいている、とＩＭＦは批判している。また、社会保障支出の増加を抑制する措置については、長期的な計画を欠いているとしている。

さらに、二〇一九年に消費税率が八％から一〇％に引き上げられることについて、ラガルド専務理事は、さらに漸次的な小幅な引き上げがあるべき、と明言している。これは、一〇％への引き上げ後の消費税について、何ら展望を示していない日本政府に対する批判とも読める。

ラガルド専務理事は、アベノミクスをより実効性の高い戦略へ変えるための鍵は、構造改革の進展であり、特に労働市場の改革が最重要課題としている。労働市場では、女性や高齢者の労働参加率が高まるなど、労働力の供給増という点では一定の進展が見られる。しかし、正規労働に就く意欲を損なうような税制・社会保障制度上の障壁を取り除く取り組みは、この一年で進展していないと指摘している。また、規制緩和の進展も鈍いという判断を示している。

## 市場との対話の改善を要求

金融政策については、かなり踏み込んだ提言がなされた。市場とのコミュニケーションに問題があり、それが政策への信頼性を低下させ、政策効果も減じている可能性がある、と解釈できる表現がなされた。そして、長期金利目標についてのフォワードガイダンス（先行きの方針）とインフレ目標との関係をより明確にすることをＩＭＦは主張している。二〇一八年七月の政策変更で、日本銀行は、政策金利を当分の間、極めて低い水準に維持するとのフォワードガイダンスを示した。しかしこれは、二％の物価目標達成が政策変更の条件であるという従来の説明とどのような関係にあるのかが分かりにくい。前者は、時間軸に基づくフォワードガイダンス、後者は経済条件に基づくフォワードガイダンスであり、両者が併存するのはそもそもおかしいことだ。ＩＭＦはこうした問題点を指摘しているのではないか。

さらに、低金利環境が地域金融機関の収益環境を損ない、金融システムを不安定にする問題をＩＭＦは指摘している。これは、長期にわたる金融緩和の副作用を明確に指摘しているものだ。金融緩和策が金融システムを不安定にするという論点は、前年の説明にはなかったものであり、ＩＭＦの新たな主張、あるいは警鐘と理解できるだろう。

## 経済の潜在力回復が最重要課題

このように、ＩＭＦは、日本経済が抱える深刻な構造問題を指摘したうえで、それに対応する観点から、アベノミクスをもう一度見直すことを強く提言している。

しかし、ＩＭＦに指摘されるまでもなく、潜在成長率の低迷に示される経済の潜在力低下への対応は、現政権にとって、経済政策面での最重要課題だ。それが、財政環境の持続性を高め、また、金融機関の収益性改善を通じて、金融システムの安定にも寄与することになるはずだ。

すでに見たように、潜在成長率の内訳でＴＦＰ（全要素生産性）、つまり技術革新などによる生産性上昇の寄与が顕著に低下している。推計上の誤差が含まれている点には留意が必要だが、人口減少といった要因よりも、日本経済が生み出す生産性向上の力が落ちていることを示すとすれば、これはかなり深刻な事態ではないか。過去のアベノミクスでは、こうした生産性向上に資するという観点から、様々な構造改革も試されてきた。三本の矢、女性活用、地方創生、新三本の矢、一億総活躍社会、働き方改革、生産性革命など、言葉だけ見ればかなり華々しいものがある。しかし、こうした政策が生産性を向上する効果を発揮した証拠は、潜在成長率の推計などからは見出すことができない。なぜ今まで実施されてきた構造改革が効果を挙げていないのか、どこに問題があるかを真摯に総括することを、新生アベノミクスの起点とするべきだろう。

## 2. 低下する世界経済の潜在力

### 下振れトレンドが続く生産水準

世界経済は、現在のところおおむね安定しているとはいえ、一〇年前に起こったリーマン・ショックの前の状況を完全に取り戻した訳ではない。リーマン・ショックは、世界経済に一時的に打撃を与えただけではなく、その軌道を変えてしまったと言える。

ＩＭＦの分析によれば、現在の世界の生産水準は、リーマン・ショック前のトレンドから大きく下振れた状況にある。その背景には、生産性トレンドの下振れといった経済の構造変化が見られる。リーマン・ショックをきっかけに、世界経済の潜在力は明確に低下してしまったのである。

まず、リーマン・ショック時に銀行危機に直接見舞われた国（銀行危機国）と、銀行危機に直接

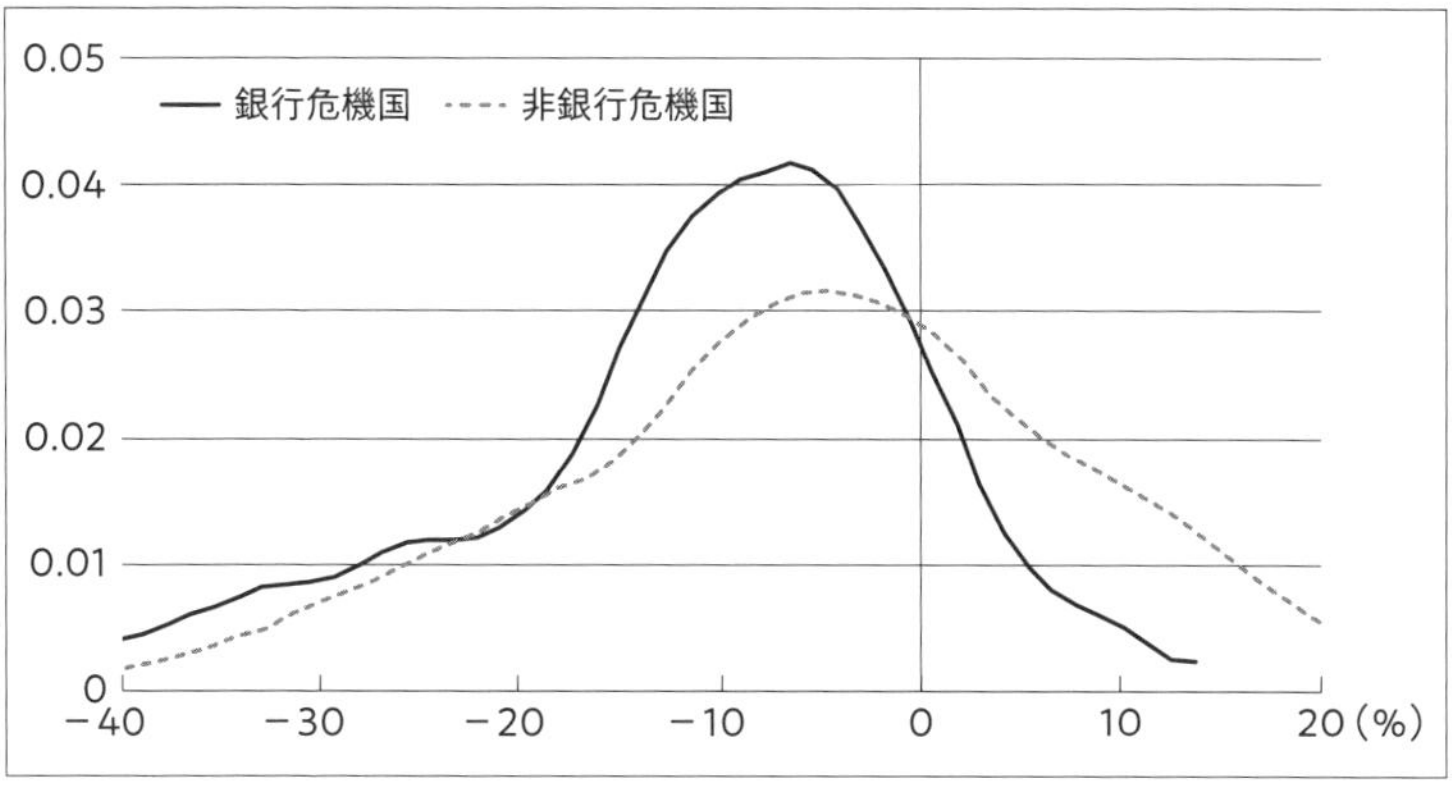


**図表1-4　リーマン・ショック前のトレンドからの生産水準の乖離率分布（2015年〜2017年）**

（出所）IMF, World Economic Outlook, October 2018　より野村総合研究所作成

見舞われなかった国（非銀行危機国）とに世界各国を分けてみよう。この分類は、IMF（Fabian Valencia, Luc Laeven 両氏）によるものだ。そのうえで、二〇一五年から二〇一七年にかけての各国での生産水準が、リーマン・ショック以前のトレンドからどの程度乖離しているかを示す、確率分布モデル図を描いてみる（カーネル密度推定）。これによると、分布は下方に大きく偏っており、銀行危機国のうち八五%では、生産の水準はリーマン・ショック以前のトレンドをなお下回っている【図表1-4】。

他方、銀行危機国ほどではないものの、非銀行危機国でもやはり、分布は下方に偏っている。非銀行危機国のうち六〇%では、生産の水準はリーマン・ショック以前のトレンドを下回っている。ともに、分布が最大値を示しているのは、乖離率がマイナス五〜マイナス一〇%程度の水準だ。

深刻な金融危機であったリーマン・ショックから一〇

年が経過しても、なお多くの国で、生産水準がそれ以前のトレンドを回復できていない背景には、金融面での問題が成長を制約し続けていることが推察される。それは、リーマン・ショックを受けて財務環境が悪化したことや、それ以降の国際金融規制の強化を受けて、銀行が貸出抑制傾向を強めた、といった資金の貸し手側の要因が考えられるだろう。また、リーマン・ショックを受けて企業や家計が保有する金融資産や不動産の価値が低下し、その結果、資産価値の目減りに合わせて債務を削減する動き（デレバレッジ）や、資産価値の下落が担保不足を生じさせたことなどから、企業や家計が資金借入れを抑制せざるを得なくなったという、資金の借り手側の要因も考えられるところだ。

さらに、こうした金融面での問題が需要に与える悪影響が、貿易を通じて銀行危機国から非銀行危機国へと波及し、その結果、金融危機の影響を直接受けなかった多くの非銀行危機国でも、生産の水準はリーマン・ショック以前のトレンドを下回っているのだろう。

## 生産性のトレンドも下振れが鮮明に

長く続くリーマン・ショックの後遺症は、このような需要面への影響にとどまらない。より深刻に捉える必要があるのは、経済の潜在力を損ねてしまったという経済の供給面への悪影響だろう。

リーマン・ショック後のＴＦＰ（全要素生産性）に注目してみよう。第1節でみたように、ＴＦＰとは、経済の成長を生み出す供給側の要因の一つで、資本ストックや労働力の増加といった量的な要因ではなく、質的な要因を意味するものだ。具体的には、技術進歩、生産工程の効率化、労働

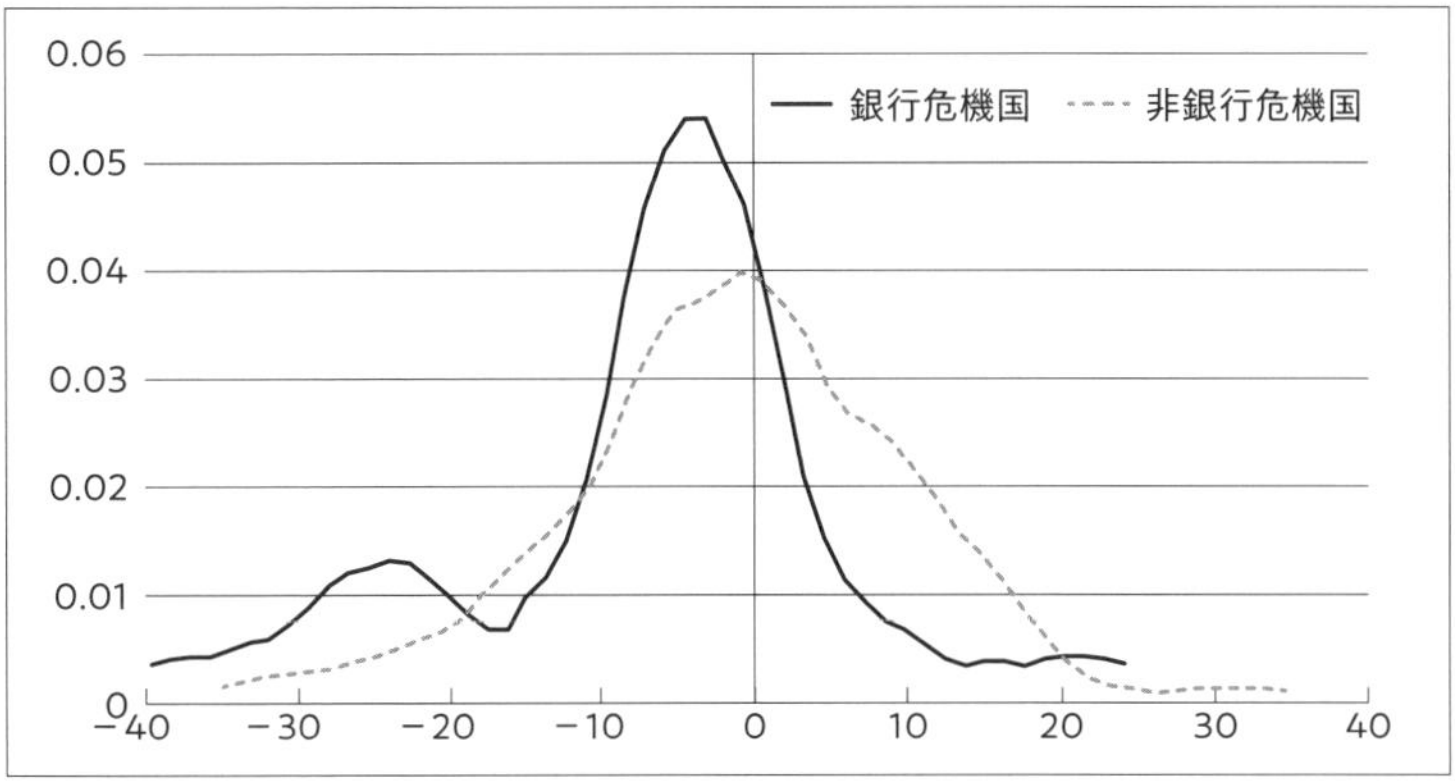


**図表1-5　リーマン・ショック前のトレンドからのTFPの乖離率の分布(2015年～2017年)**

（出所）IMF, World Economic Outlook, October 2018より野村総合研究所作成

者の質の向上など多くの要素を含んでいる。

そこで、【図表1－4】と同様に、二〇一五年から二〇一七年にかけての各国のTFPの水準が、リーマン・ショック以前のトレンドからどの程度乖離しているかを示す、確率分布モデル図を描いてみる。これによると、非銀行危機国については、リーマン・ショック以前のトレンドから下方に乖離する傾向は顕著にみられない。それに対して、銀行危機国では下方乖離がより顕著となっている【図表1－5】。

## 技術革新の効果が十分に発揮されない

このように、銀行危機国を中心に、TFPがリーマン・ショック以前のトレンドから大きく下振れた状態にある理由は、実は明確ではない。一つの有力な説明は、すでに見た金融面での制約や、企業の中長期の成長期待の低下などを反映した、設備投資の抑制傾向だろう。設備投資の抑制による資本ストックの増加率低下は、それ自体が潜在成長率を直接押し下げるが、それにとどまらず、ＴＦＰの増加率を鈍化させ、それを通じて潜在成長率を押し下げるという経路も考えられる。リーマン・ショック以後、仮に世界の技術進歩のペースは変わらなかったとしても、それが生産の効率化にどの程度貢献するかは、設備投資の量的な側面にも依存する。新たに生み出された技術が、実際に生産性の向上に結び付くためには、それを生産活動に反映させる新たな設備投資が必要なためだ。設備投資が全体として抑制されるなかでは、仮に技術進歩のペースは変わらないとしても、新たに生み出された技術が生産活動に導入、反映される程度が弱まり、生産性向上効果が削がれてしまうことが考えられる。

実際、二〇一五年～二〇一七年の各国の資本ストックに注目すると、リーマン・ショック以前のトレンドから下方に乖離した分布となっている。銀行危機国では、下方乖離となった国の数は全体の八〇％にも及んでいる。他方、非銀行危機国ではその割合は六五％だ。銀行危機国と比べて下方乖離率はやや小さいが、それでも下方乖離傾向は明らかだ。しかし、これは、非銀行危機国ではＴＦＰのトレンドからの下振れ傾向が明確ではなかった（**【図表1－5】**）ことと食い違う。この点から、設備投資の抑制がＴＦＰの下振れをもたらした唯一の理由ではないことがうかがえる。

銀行危機国を中心にＴＦＰの下振れ傾向をもたらした要因として、技術進歩のペース自体が鈍化した可能性も考えられるのではないか。たとえば、金融面からの資金借入れの制約や中長期の成長期待の低下を反映して、企業は、設備投資を目先の生産活動に必要なものに集中させる一方、中長期の観点から実施する研究開発（Ｒ＆Ｄ）投資を抑制する傾向が強まった可能性も考えられる。

その結果、技術進歩のペースが鈍化して、TFPが過去のトレンドから下振れた面もあるのではないか。実際、リーマン・ショック後に生産の落ち込みがより大きかった国では、そうでない国と比べて、GDPに占める研究開発投資の比率の改善幅が小さくなる傾向が確認されている。これは、先進国、新興国で共通してみられる現象だ。

## 金融危機が世界の出生率を低下させた

すでに見たように、リーマン・ショックは、需要の減退を通じて、世界経済に一時的に大きな打撃を与えただけにとどまらず、生産性上昇率、潜在成長率といった世界経済の潜在力の軌道をも下方に屈曲させてしまった。

ところで、リーマン・ショック後には、出生率や移民といった人口動態の変化をも通じて、世界経済の潜在力が損なわれた。つまり、リーマン・ショック後に多くの国で出生率が低下したことが、中長期的な成長期待を低下させ、経済活動を抑制してしまった面がある。また、リーマン・ショック後に見られた先進国での移民（難民や政治亡命を除く）流入の鈍化は、やはり潜在成長率や中長期的な成長期待を低下させてしまった面があるだろう。

こうした点を検証するために、まず、IMFの分析に基づいて、リーマン・ショック後の世界の出生率（ある期間に測定された女性の年齢別出生率を再生産年齢にわたって合計したもの）の変化を概観してみよう**【図表1－6】**。新興国での動きはやや異なるが、先進国ではほぼ一様に、二〇

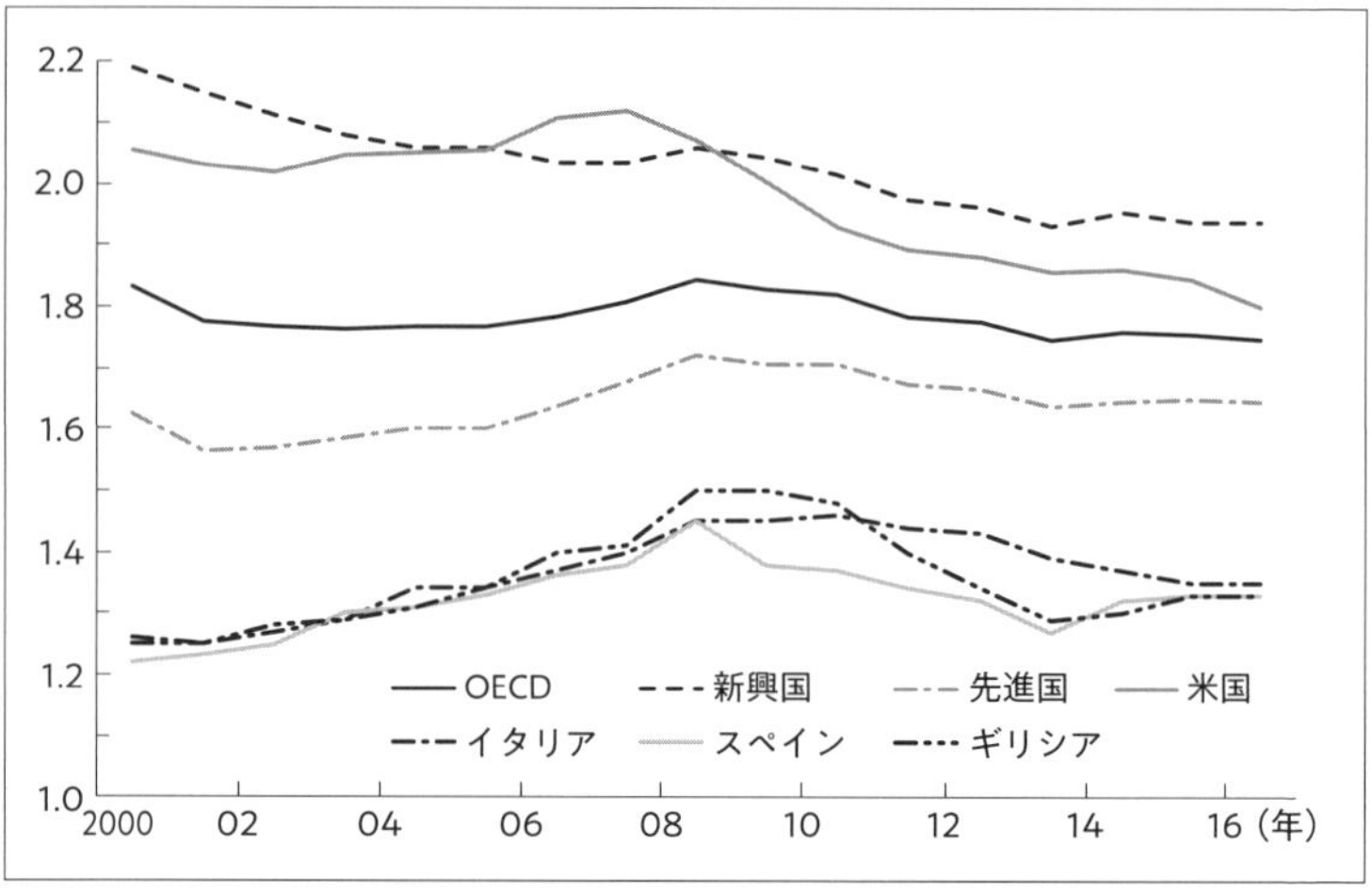


**図表1-6　各国の出生率の推移**
（出所）IMF, World Economic Outlook, October 2018より野村総合研究所作成

〇八年のリーマン・ショック前には出生率は上昇傾向を辿っていたが、リーマン・ショック後は低下傾向へと転じている。経済状況が悪化する場合には、経済的な理由から結婚や子供を持つことに慎重となる人が増えることから、リーマン・ショック後に出生率が低下したこと自体は自然なことだといえる。

しかし、ＧＤＰの減少、一人当たりＧＤＰの減少、雇用の減少の三つが、それぞれ同じ規模感（一標準偏差の変化）で生じる場合を想定し、それらが出生に与える影響を、リーマン・ショック前と後（二〇一一年～二〇一三年）とでそれぞれ計算する。そのうえで両者の差に注目すると、リーマン・ショック後には、それらが出生率に与えるマイナスの影響、つまり、出生率を押し下げる効果は高まっている。つまり、リーマン・ショックを境に構造変化が生じたのである。特に、雇用の減少という変化が出生率に与える影響度が、リーマン・ショック後には強まっている。

米国の出生率は、二〇〇七年のピークの二・一から、二〇一六年には一・八まで低下した。同時期に、経済面で金融危機の打撃を大きく受けた南欧のイタリア、スペイン、ギリシアでも、出生率は一・四程度から一・三程度へと低下している。これらの出生率の低下傾向は、それぞれの国で潜在成長率を押し下げている。

## リーマン・ショックは移民の流れを抑制した

次に、先進国、新興国、低所得国の三つに分けて、それぞれのネットの移民（流入―流出）の数の変化を五年単位で見てみよう。この移民には、二〇一五年以降に欧州地域で急拡大した、戦火から逃れた難民、本国政府からの迫害から逃れた政治亡命者は含まれてない。

先進国では、一九八五年から二〇〇五年までの二〇年間は、ネットの移民流入が拡大傾向を続け、移民比率（ネットの移民流入を人口で除したもの）も上昇を続けた。しかし、リーマン・ショックを含む二〇〇五年と二〇一〇年の間の時期には移民比率は横ばいとなり、二〇一〇年から二〇一五年の間では、その比率は三〇年ぶりに低下したのである**【図表1－7】**。

他方、ネットで移民流出となっている低所得国では、移民比率は一九九五年から二〇一〇年にかけては低下傾向、つまりネットで移民流出傾向が強まったが、二〇一〇年から二〇一五年の間では、その比率は二〇年ぶりに改善に転じ、移民流出傾向が弱まったことが確認できる。同じくネットで

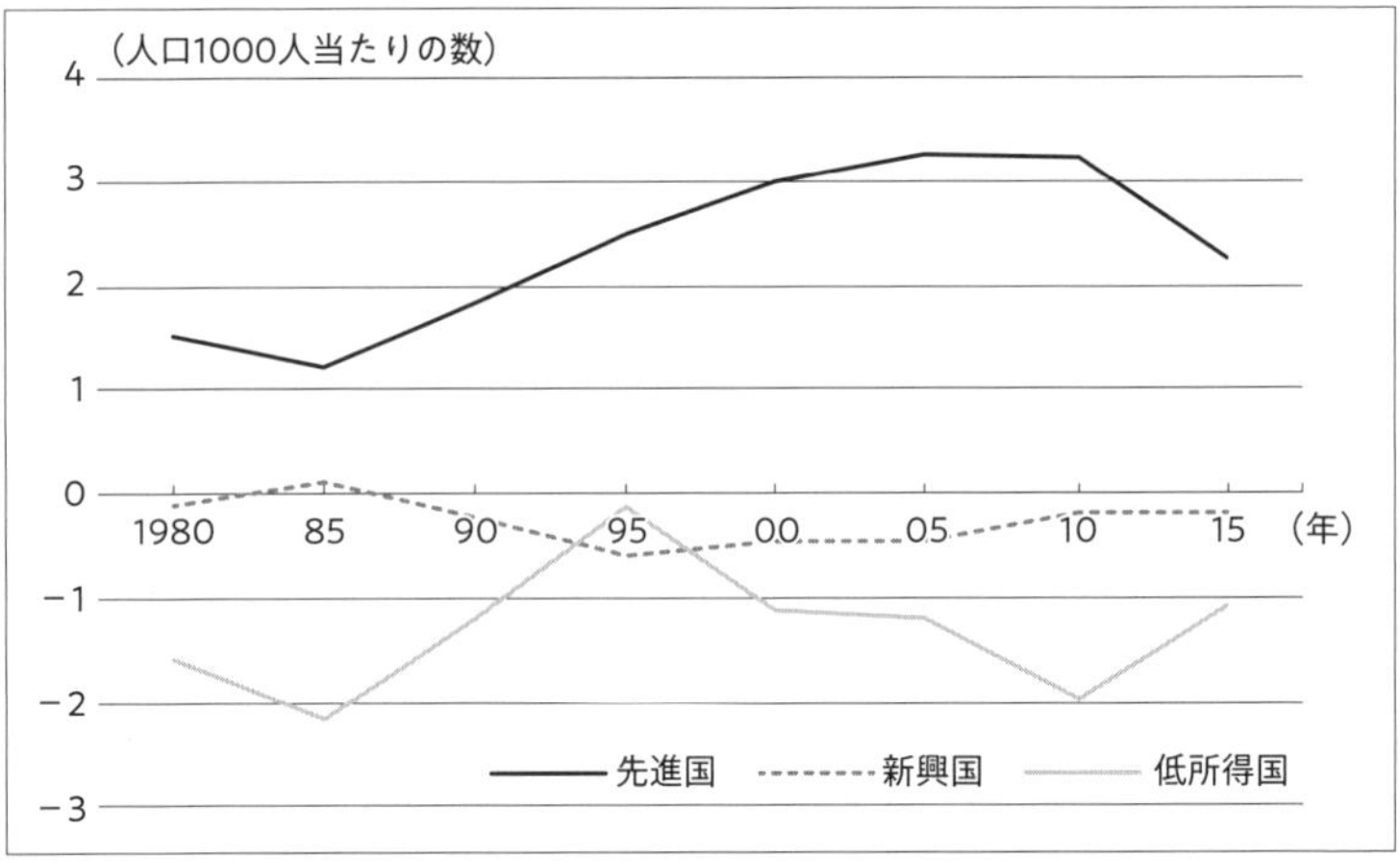


**図表1－7　純移民流入比率**
（注）（移民流入数－移民流出数）÷人口
（出所）IMF, World Economic Outlook, October 2018より野村総合研究所

移民流出となっている新興国でも、二〇〇五年と二〇一〇年の間では移民比率は改善し、移民流出傾向が弱まったことが示唆されている。

経済環境が悪化する際には、海外からの移民、外国人労働者の処遇は、一般に現地の労働者の処遇よりも厳しくなる。海外からの移民は、労働需給の調節に使われやすいという傾向があるのだ。つまり、人手不足が深刻化する局面では移民が積極的に雇用されやすく、景気情勢がひとたび悪化すれば、まず最初に移民が職を失うという傾向が一般的には見られる。その結果、景気情勢が悪化すると本国に帰る移民も増え、先進国に移民する新興国、低所得国の労働者の数が減りやすい。

## 移民を左右する諸要因

ＩＭＦの分析によれば、一人当たりＧＤＰと移民比率間には、明確な相関が見られる。リーマン・ショック後は、一人当たりGDPが一標準偏差分減少すると、移民送出国での移民比率は一〇%以上改善し（移民流出ペースが低下）、また移民受け入れ国での移民比率は一〇%以上悪化（移民流入ペースが低下）する。両者の関係は、リーマン・ショック前と比べてリーマン・ショック後には強まっており、景気情勢の変化に対する移民数の変化の感応度が高まっていることが確認できる。

また、経済以外の多くの要因も移民に影響を与えることが、分析で明らかになっている。たとえば、教育水準の向上は、移民をうながす要因となる。また、移民送出国で貧困対策がとられると、移民の流出を抑える効果が生じる。他方、リーマン・ショック後に移民受け入れ国側でとられた各種の移民受け入れ制限措置、たとえば受入総数の上限設定などは、実際に移民の抑制に大きな効果を発揮していることが分かる。

## 経済の潜在力低下と人口動態変化の悪循環

このように、リーマン・ショックで生じた経済環境の悪化は、出生率を低下させ、また移民の動きを鈍らせるなど、世界の人口動態に大きな影響を与えた。しかも、それは一時的な影響にとどまらず、経済情勢が改善しても、出生率が改善しない、あるいは移民の増勢が高まらないなど、大きな構造変化を生じさせてしまったのである。

そうした背景には、経済の潜在力、あるいは中長期の成長期待と人口動態との間に悪循環が生じたことが考えられるのではないか。金融危機という大きな経済的ショックが出生率を低下させ、また移民の動きを鈍らせると、それが人々の成長期待を低下させ、先行きの経済環境に対する悲観論を強める。それが出生率や移民にさらなる悪影響を与えるのである。

また、先行きの経済環境に対する悲観論は、移民の受け入れ国でより内向きの傾向、自国第一主義的なポピュリズムを強めやすい。それが移民受け入れに対する規制強化につながれば、中長期の成長期待がさらに低下し、それがさらにポピュリズムを強めるという悪循環も生じ得るだろう。

つまり、経済の潜在力、人口動態、ポピュリズムの三者の間で悪循環が強まるという傾向が、リーマン・ショック後には強まった可能性が考えられる。これは、先行きの世界経済を展望する際には、非常に大きな懸念でもある。

この悪循環を断ち切るためには、各国で経済の潜在力を高める構造改革を進める一方、政府あるいは国民も、短期的な自国利益に引きずられるポピュリズムの誘惑に打ち勝つ努力が求められるのではないか。

## 3. ポピュリズムと金融危機の深い関係

### 進まなかった構造改革

リーマン・ショックの発生直後から、各国では積極的な金融緩和策がとられた。また、国の債務問題が深刻化した欧州では、総じて財政健全化姿勢が維持された面があったものの、中国や日本では積極的な財政拡張策があわせて進められていった。

しかし、こうした金融緩和策や財政拡張策は、一時的な需要創出効果しか発揮しないと考えるべきだ。リーマン・ショックの後に、欧米では潜在成長率の低下傾向が見られたが、こうした経済の構造、いわば供給側（サプライサイド）の問題を解決することには、金融緩和策や財政拡張策は基本的には役に立たない。あくまでも、何らかのショックで需要が落ち込んだ際の、一時的な対応措置でしかない。そうした緊急避難的な措置としては妥当であっても、長期化すれば弊害が大きくなる。生活水準の向上につながる生産性上昇率の向上は、企業のイノベーションによって実現するが、それを支援するのは政府の構造改革である。

しかし規制緩和に代表される構造改革では、競争条件が悪化する分野、企業が出てくる。つまり痛みをともなう政策となりやすい。その結果、政府がポピュリズムの傾向を強め、目先の利益を重視する中では、痛みをともなう構造改革は概して進みにくい、あるいは先送りされやすいのである。本来であれば、現在のように経済情勢が比較的良好で、ある程度痛みを吸収できる環境下では、構造改革を思い切って進めておくべきだが、実際にはそうなっていない。

ＯＥＣＤは、各国の経済政策のうち、経済構造の改善につながる構造改革の比率を計算している。それによると、先進国でとられた構造改革の比率は、二〇一一年〜二〇一二年から二〇一七年にか

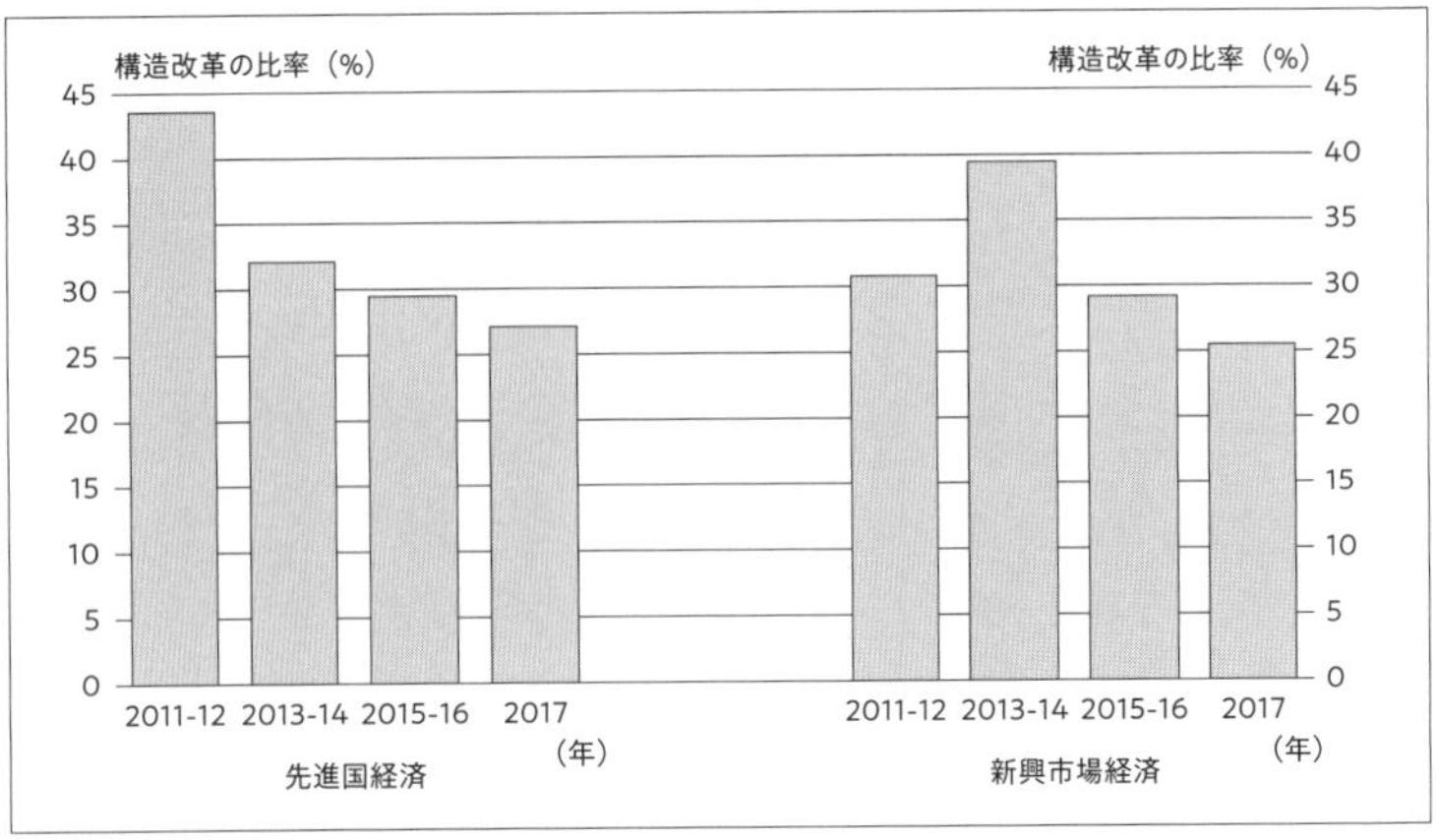


**図表1−8　各国経済政策のうち経済の潜在力を高める構造改革の比率**

（注）2017年には執行過程のものも含まれる

（出所）OECD, General Assessment of The Macroeconomic Situation, 2018　より野村総合研究所作成

けて、着実に低下しており、各国政府の構造改革の取り組みの消極化がうかがえる。また、新興国でもやはり、その比率は二〇一三年～二〇一四年以降、低下している【図表1−8】。

## さらなる構造改革の進展に期待

こうした状況が続けば、世界全体で、中長期的な企業の成長期待や国民の生活水準向上への期待は高まりにくい。その結果、各国で政治情勢が不安定化しやすくなるだろう。また、保護貿易的な傾向が世界に蔓延し、自由貿易推進に向けたモメンタムが低下してしまうことも考えられる。

労働者が新たな雇用を見出し、また迅速にスキルを習得できる環境づくりは、経済の効率を高める。特に日本では、そのための労働市場改革の進展がぜひとも期待されるところだ。

先進国では、貿易分野などでより競争促進的な構造改革策を進めていくことも重要だ。それを通じて企業の中長期の成長期待が高まれば、投資を促すことにもつながるだろう。それらはまた、特定企業で生じたイノベーションの、他の企業への迅速な波及を促進するかもしれない。非効率的な企業を円滑に清算し、その資源をより有効に使用しうる企業破産関連の法整備も、経済の効率性向上に役立つだろう。

新興国では、生産性上昇率を高め、生活水準を向上させるために、貿易、海外からの投資に関わる規制緩和をもっと進めていくべきではないか。さらに、金融システムの頑健性を高めていくことも、中長期的な成長率の向上に貢献しよう。労働市場改革、教育制度改革も同様な観点からさらに推進が望まれる分野だ。

こうした構造改革への積極的な取り組みこそが、グローバル金融危機が再び生じた際に、各国の経済がそれに対する抵抗力を高めることに貢献するだろう。それは、いわば、次の危機への重要な備えなのである。他方、こうした構造改革をはばむ要因として、国民の関心を目先の利益に向けさせるポピュリズム的な政治手法が挙げられる。

## 欧米で台頭する国家ポピュリズム

国際協調よりも自国にとっての目先の利益を、最優先する、国家ポピュリズムの台頭が、顕著となっている。二〇一六年は、まさにそれを象徴する年となった。六月には英国でＥＵ（欧州連合）離脱の是非を問う国民投票が行われ、僅差で離脱が決まった。ＥＵという地域統合の枠組みの中で、長年損なわれてきた国家の主権を取り戻すという主張や、海外から流入する移民によって雇用機会がうばわれるなど、英国民の利益が損なわれている、といった不満などが、予想外の離脱決定の原動力となった。

他方、米国では、一一月の大統領選挙でトランプ氏が予想外の勝利を収めた。国際協調という枠組みの中で米国の利害が長らく不当な形で損なわれてきたこと、不法移民が米国民の利益を損ねていること、などを中産階級の白人の米国民に強く働きかけ、当選を果たした。

二〇一七年一月二〇日に大統領に就任すると、トランプ大統領は選挙公約だった米国第一主義の実現を目指し、大統領令を打ち出した。ＴＰＰ（環太平洋パートナーシップ）協定交渉からの離脱、メキシコとの国境に壁を作ること、イスラム七カ国や難民のアメリカ入国規制、などの大統領令をわずか一週間のうちに次々に発動したのである。

さらに、二〇一八年に入ると、トランプ政権は貿易相手国に対する追加関税の導入を乱発し、保護貿易政策を一気に推し進めていった。その最大の標的は中国だ。トランプ政権は、追加関税を通じて中国に一気に圧力をかけるという、二国間での紛争解決という選択肢を選んだ。これは、貿易問題は多国間での枠組みのなかで解決していくという戦後のルールをまったく覆すものだ。米国の保護貿易主義政策、それが引き起こしている米中貿易戦争の激化は、長期にわたって景気回復を謳歌してきた世界経済の安定を脅かす、大きなリスクとなっている。また、それは後に議論するように、グローバル金融危機の引き金ともなりかねないのである。

## 好況下のポピュリズム台頭という謎

過去の経験に照らせば、保護貿易主義など内向きの経済政策は、景気情勢が悪化した時に強まるのが普通だ。その典型的な時期が、一九二〇年代末の世界恐慌後だろう。一九二九年の株価暴落を契機に世界は恐慌状態に陥ったが、その際に、主要国は自国産業の保護を優先して、為替の切り下げや関税引き上げなどの措置をとっていった。

最も有名なのは、米国が一九三〇年に導入したスムート・ホーリー法（Smoot-Hawley Tariff Act）だ。ここで採用された高関税や輸入制限等の措置は、他国での報復的な関税引き上げを招き、世界でブロック経済化が進んだ。これが世界の貿易を一段と縮小させて、七五カ国の輸入総額（ドル）は、一九三〇年に前年比マイナス一九%、一九三一年に同マイナス二八%、一九三二年に同マイナス三三%と、加速的に縮小し、世界経済はスパイラル的に悪化してしまった。こうして世界恐慌後に各国で広まった保護主義的な傾向、ブロック経済化が、貿易の縮小と世界経済の悪化に拍車をかけ、また、それが第二次世界大戦の遠因となったともされる。自国第一主義が、結局は自国の利益とはならないのだということを、世界はこの経験から学んだのである。

一九四八年にはGATT（ガット、関税及び貿易に関する一般協定、General Agreement on Tariffs and Trade）が発効するなど、第二次世界大戦後の世界の自由貿易体制の進展は、こうした経験が起点になっている。一時的には自国の産業に逆風になるとしても、関税やその他の貿易障壁を一律に削減し、各国が相対的に強みを持つ産業へと特化していく国際分業体制を整えることこそが、全ての国の利益を高める、との理解が広がっていったのである。

二〇〇八年のリーマン・ショックで、自由貿易体制は大きな試練に直面した。実際、自国産業への支援や雇用確保のために保護主義的措置の導入を求める政治的圧力が、各国で高まっていった。しかしそれでも、世界が再び世界恐慌後のような状態にまで戻ることはなかったのである。保護主義への防波堤として作られた、ルールに基づく多角的自由貿易体制を支える理念は実際のところ強固で、保護主義によって世界貿易が縮小し、世界大恐慌が第二次世界大戦を招いてしまったという歴史を繰り返してはならない、といった強い思いは各国にしっかりと共有されていた。

その結果、ＯＥＣＤ加盟国の輸入総額（ドル）は、二〇〇九年には前年比マイナス二五％と大幅に減少したが、二〇一〇年には早くも同プラス一八％と持ち直した。危機発生からほぼ二年で貿易は危機前の水準を回復し、世界恐慌後と比べて格段に素早い立ち直りを見せたのである。

ところが、こうした試練を乗り越えたにもかかわらず、その後、世界経済が良好な環境にある中で、保護貿易主義、あるいは自国第一主義の国家ポピュリズムが強まってきたのは、過去の経験に照らしてもやや不思議なことだ。その理由を、中東の地政学リスクの高まりを受けた欧州への難民流入や、強い個性を持つ実業家のトランプ氏が米大統領に就任したという、個別の事象だけで説明しようとするのは正しくないだろう。

## グローバル経済の潜在力低下が底流に

世界経済は、リーマン・ショックの影響から比較的早期に脱することができたと言えるかもしれない。しかし、経済活動の水準はある程度持ち直したものの、多くの個人は自身の生活や国の経済に、リーマン・ショック以前のような明るい展望を持てなくなってしまったのではないか。

自身の生活が先行きにおいて確実に改善し、また自国の経済が繁栄を続けていくという明るい展望を個人が持つためには、生産性上昇率、潜在成長率といった経済の潜在力が改善、あるいは安定していることが不可欠だ。生活水準を決めるのは主に個人の購買力で、それは名目賃金から物価の変動を除いた実質賃金によって決まる、と考えられる。他方、労働分配率（労働者に分配される所得の比率）が一定のもとでは、実質賃金上昇率は労働生産性上昇率と一致する。つまり、技術進歩や企業の投資活動などに左右される労働生産性上昇率こそが、個人の生活水準がどの程度のペースで先行き改善していくのかを決めるのである。

ところが、主要国では、この労働生産性上昇率が低下し、それを受けて潜在成長率は低下傾向にある。米国とユーロ圏では、リーマン・ショック後にそうした傾向がより強く見られるようになった**【図表1−9】**。日本については、三〇年ほど前のバブル崩壊後に潜在成長率の低下は顕著となっていたが、欧米ではリーマン・ショックが契機となって、日本の後を追う形で潜在成長率の低下傾向が強まったのである。

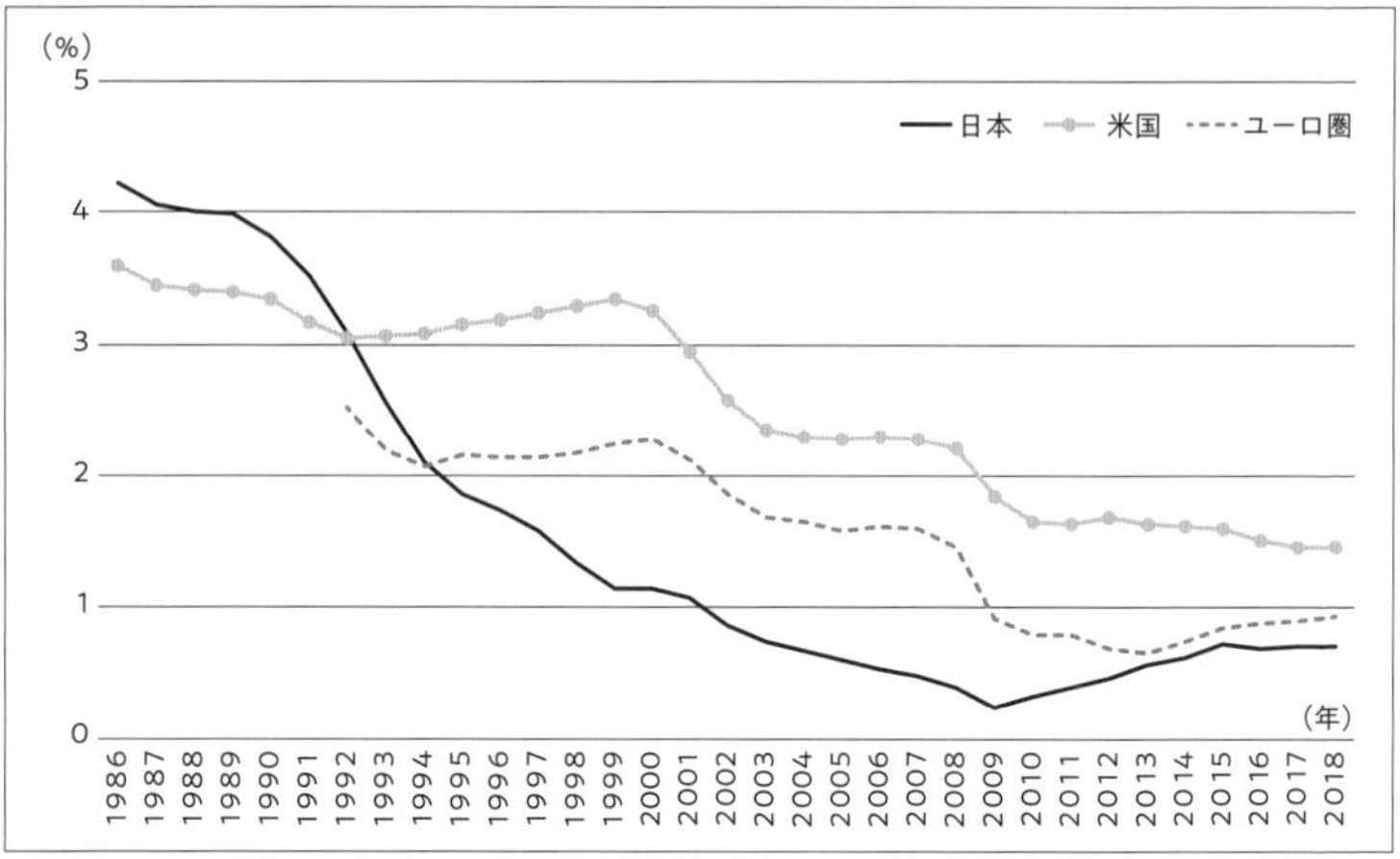


**図表1-9　各国の潜在成長率**

（注）2018年は予測値
（出所）OECD（経済協力開発機構）

こうした状況下では、多くの国で国民が自身の生活や自国経済について明るい将来展望を持てずにいる。その不安、不満に付け入って、国家ポピュリズムを前面に打ち出す政党が世界中で躍進し、その一つとして、トランプ政権の米国第一主義が急浮上したと考えられるのではないか。

さらに、こうした経済の潜在力の低下こそが、金融面での歪みを累積させ、再び世界規模の金融危機が起こりうる環境を準備してしまっている面がある。そして、その引き金を引いてしまうことが懸念されるのが、世界各国におけるポピュリズム政権の台頭だ。

第2章

# 危機は何度も現れる

LAST JUDGEMENT ON WORLD ECONOMY

近年、金融市場において楽観論が高まり、状況はリーマン・ショック前と似てきた。世界的に経済の潜在力が落ち、企業の成長期待が低下したため、賃金、物価上昇率は高まりにくく、景気が過熱しにくくなっている。そうした経済環境の下では、低金利環境が長期間維持され、金融市場の過熱は逆に促されやすい。リーマン・ショックを機に、主要国は異例の金融緩和を実施し、それが金融市場に大きなひずみを蓄積させた。その傾向が特に強いのは債券市場であり、現状はまさに債券バブルの状況とも言える。国際的な連動性の高さを踏まえると、債券市場を震源地とする次の金融危機は、世界同時型となりやすいのではないか。

日本の銀行は、人口減少を含む日本経済の潜在力低下、日本銀行の異例な金融緩和、金融行政などの複合的な要因から、収益性を著しく落としている。こうした環境が、貸出や有価証券運用での過度なリスクテイク行動をうながし、銀行システムをより大きなリスクに晒している。加えて、フィンテックによって、従来銀行が担ってきた業務が次々と切り崩されていることも、収益見通しを一層厳しくしている。

リーマン・ショック直後、ドル資金調達が困難になったことが貿易活動を滞らせ、経済の予想外の悪化を招いた。その後、国際銀行規制は強化され、自己資本の積み増し等が進んだものの、ドル資金調達の脆弱性はなお解消されていない。その傾向が最も顕著なのが日本だ。これは、経済・金融市場および銀行経営の安定性の観点からは、アキレス腱とも言えるだろう。

# 1．過度な楽観論の再燃

## 同じ過ちを何度も繰り返す

人類の歴史を振り返ると、経済や金融市場ではバブルの生成と崩壊が数限りなく繰り返されてきた。バブルの生成期には、経済や金融市場の活動の主体となる人々は、将来に対して過度に楽観的な展望を持つ。その時点では、人々が得られる効用（満足感）も一時的には高くなる。しかし、ひとたびバブルが崩壊すれば、経済・金融環境は著しく悪化し、人々は悲嘆に沈むことになる。しかも、バブル崩壊後の厳しい時期は、良い思いができたバブル期よりも長く続くのが普通だ。

結局は、一時的に良い思いをするバブル期の過度な楽観と崩壊後の長く続く悲観という両極端を経験することなく、安定した状態が一貫して維持された方が、全体で見た社会的効用は高いと考えるのが一般的だろう。そこで、より長い視点に基づいて運営される金融政策は、経済・金融市場の過度な振幅を抑え、できる限り安定した経済・金融市場の状態を長く維持することを目指すのだ。

それでも、過去にバブルの生成と崩壊が何度となく繰り返されてきたのは、人は、学習しないがゆえ、同じ失敗を何度も繰り返してしまう、ということになるのだろうか。しかし、バブルの生成と崩壊、それに続く経済・金融危機は、常に異なる分野、異なる形態で起こるため、過去の経験が役に立たないとも言えるだろう。「危機は常に違う顔で現れる」とはよく使われる表現だ。

バブルの生成と崩壊が繰り返されるのであれば、現状は果たしてそのサイクルのどの局面にあるのか。これを考える上で一つ注目したいのが、「ゴルディロックス（適温経済・相場）」だ。

## ゴルディロックスとは何か

近年、ゴルディロックスという言葉が、盛んに使われるようになってきた。これは、経済が強過ぎず弱過ぎない、いわば適温状態で拡大を続けるもとで、金融市場も安定した状態が長く続く、という状態を表現したものだ。金融市場での楽観論の高まりを反映している言葉とも言えるだろう。しかし、過去の経験を振り返ると、やや不気味なニュアンスが感じとられる。

二〇〇〇年代半ば頃にも、現在と同様にゴルディロックスという言葉が頻繁に使われていた。このときには、安定した経済・金融環境が長く続くという期待が高まる裏側で、米国での不動産市場、家計債務、各種金融商品などに大きな歪みが累積されていた。それが、二〇〇七年のサブプライム・ローン問題、二〇〇八年のリーマン・ショック、という歴史的な経済・金融の大幅調整につながっていったのである。

当時、ゴルディロックスという言葉と共に、過度な楽観論が金融市場に広まることがなく、多くの人がもっと慎重な姿勢を維持していれば、その後の経済・金融の調整は、一〇〇年に一度と呼ばれるほど深刻なものとはならなかった可能性もあるだろう。

ところで、多くの人が知るところではあるが、このゴルディロックスという言葉の語源は、イギリスの童話「ゴルディロックスと三匹のクマ（Goldilocks and the Three Bears）」である。森の中で三匹のクマの家を見つけ、その留守中に入り込んだゴルディロックスという名前の女の子が、ちょうど良い熱さのスープ、ちょうど良い大きさの椅子、ちょうど良い硬さのベッドを堪能するという話だ。ここから、ゴルディロックスは、強過ぎず、弱過ぎず、安定した経済状況が続いている状態を意味する言葉となった。

## 記事検索に見る楽観論の高まり

金融市場での楽観的な期待を反映するこのゴルディロックスという言葉が、実際、どの程度の頻度でメディアに登場したかを、日経テレコンで記事検索してみると、前回ピークに達したのは、サブプライム・ローン問題が本格的に浮上するきっかけとなった二〇〇七年八月のパリバ・ショックのまさに直前、二〇〇七年上期だった。その検索数は三一件だ。その後、検索数は低下したが、二〇一六年下期から再び増加に転じて、二〇一八年上期には二八八件にも達した【図表2－1】。

リーマン・ショック前の経験に照らせば、このことは、ゴルディロックス期待が大きく高まるもとで、金融市場や経済の楽観論はやや過大となっており、それがいずれは大きな調整へとつながる可能性を意識させるとも言えるのではないか。

検索数は二〇一八年上期にピークをつけ、二〇一八年下期には低下傾向に転じた。前回の経験で

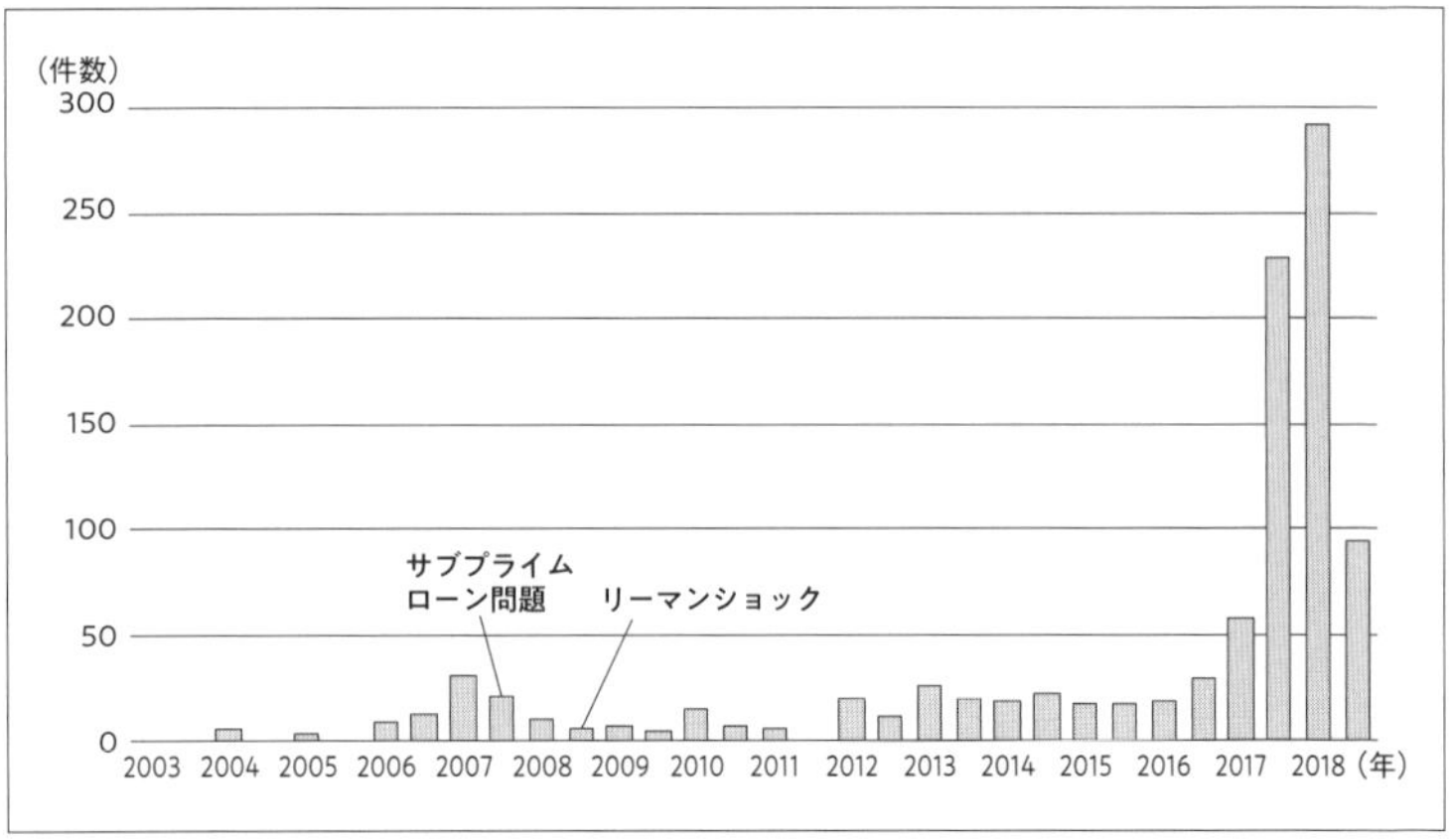


**図表2-1　「ゴルディロックス」の検索件数**
（注）日経テレコンを用いた「ゴルディロックス」という単語の検索件数
（出所）日経テレコン等より野村総合研究所作成

は、検索数がピークを付けた後、ほどなくしてから、サブプライム・ローン問題、リーマン・ショックと危機が深まっていった。足もとでの検索数のピークアウトは、この経験に照らすとやや不気味だ。

## 金融政策の正常化過程で強まる楽観論

ゴルディロックスとは、強過ぎず、弱過ぎずという経済状況だが、それがなぜ金融市場の強い楽観論と結びついているのだろうか。おそらくそれには、金融政策が深く影響していると考えられる。

景気回復が持続するなかで、インフレリスクが高まってくると、中央銀行はそれ以前の金融緩和状態を縮小する、いわゆる正常化策に着手するようになる。金融政策は、景気循環の振幅、金融市場や金融システムの安定に関わる信用サイクルの振幅を抑え、安定した経済、金融を維持することを目指した政策運営を行なうのが普通だ。

金融政策が金融緩和の縮小あるいは引き締め方向に転換される可能性を意識した時点で、金融市場は先行きの経済や金融市場の見方に慎重になっていき、政策変更がもたらす長期金利上昇や景気抑制効果などを警戒するようになる。最近では、FRB（米連邦準備制度理事会）が、資産買入れ額を縮小させる、いわゆるテーパリングの可能性を示唆したことをきっかけに、米国で長期金利が上昇し、他の先進国での長期金利上昇や新興国からの資金流出を促すなど世界の金融市場を混乱させた、二〇一三年春の「テーパー・タントラム（癇癪《かんしゃく》）」が、その典型的な例だろう。

ところが、ゴルディロックスと表現される経済環境下で、インフレリスクも限定された状況のもとでは、金融引き締めのペースが当初懸念していたよりも緩やかなものにとどまるとの期待が、その後は徐々に高まっていく。その結果、長期金利上昇や景気悪化の懸念が緩和されて、長期景気回復などへの金融市場の楽観論が徐々に強まっていく、という傾向が近年はより顕著になっているのだ。

実際、**【図表2－1】**でゴルディロックスという言葉の検索件数が目立って上昇し始めたのは、二〇〇六年前半と二〇一六年後半のことであったが、米国で政策金利の引き上げが始められたのは、それぞれ二〇〇四年六月、二〇一五年一二月（資産買入れペースの縮小、いわゆるテーパリングの開始は二〇一四年一月）であった。

やや意外ではあるが、金融政策が引き締め方向に変更された後に、ゴルディロックスという言葉とともに、むしろ金融市場の楽観論が高まりやすいのである。これは、かつては見られなかった現象だ。

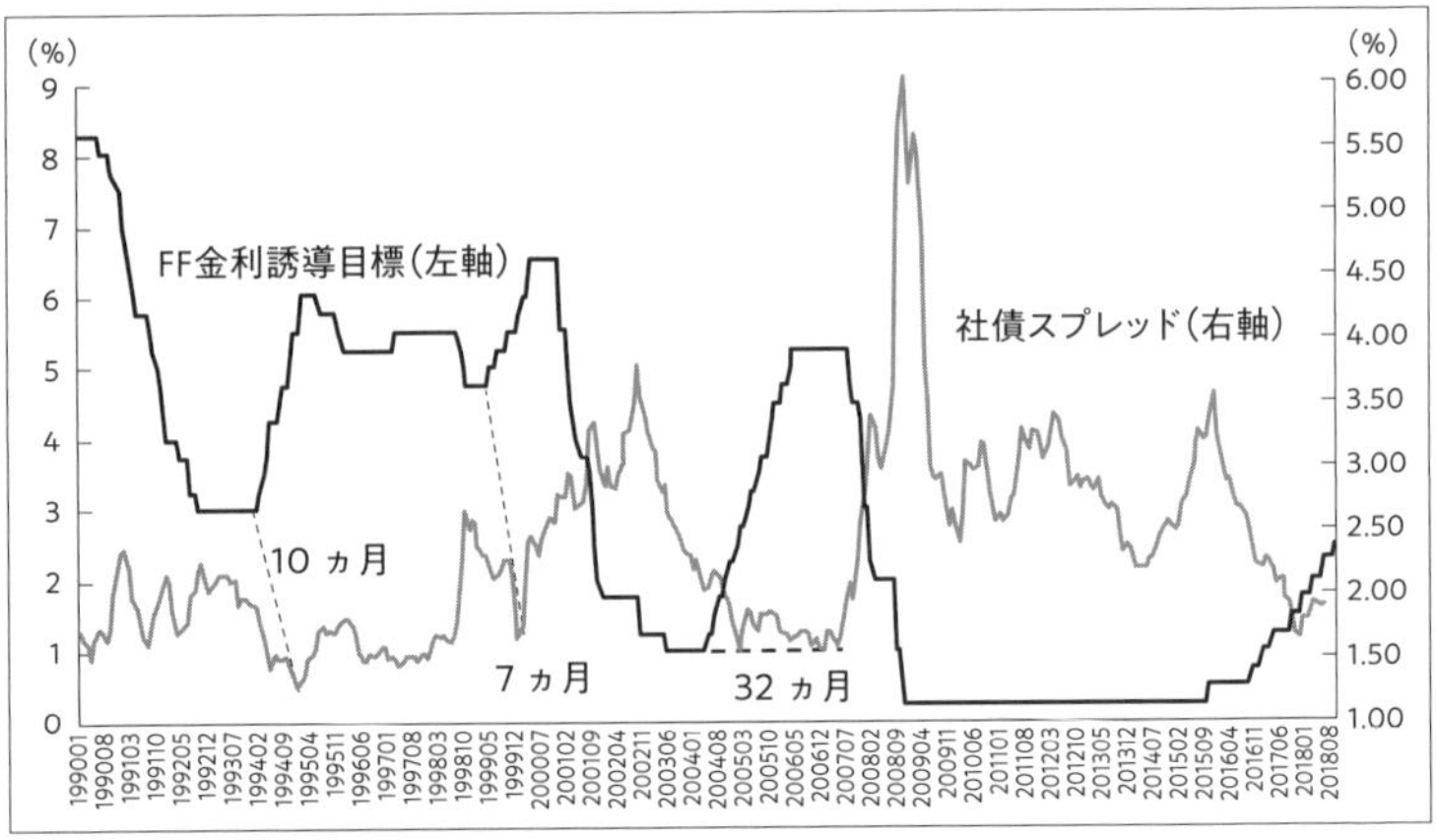


**図表2-2　米国金融政策と米国社債スプレッド**

(注) 社債スプレッドはBaa格社債利回り（ムーディーズ社）と10年財務省証券利回りとの格差

(出所) ムーディーズ社、FRB、セントルイス連銀から野村総合研究所作成

## 金融政策の転換後に不均衡、歪みが蓄積される

こうした点は、金融政策の転換と社債スプレッドとの関係からも、うかがい知ることができる。

【図表2－2】は、米国の政策金利であるＦＦ（フェデラルファンズ）金利の誘導目標と、社債スプレッド（社債利回りと国債利回りの差）との関係を見たものだ。市場の楽観の程度や、投資家がリスクをとるリスクテイクの度合いを示す指標の一つである社債スプレッドは、金融政策が緩和縮小方向に転じてから相当期間経過した後に、底を打って拡大に転じる傾向が、ここで確認できる。この点からも、金融政策が転換された後に、しばらくの間は金融市場での楽観論がむしろ一層強まり、それが将来の調整の幅を大きくするような不均衡、歪みの蓄積を進めることが推察できる。

さらに注目したいのは、金融政策が引き締め方向に転換されてから、投資家がリスク回避に動いて、社債のスプレッドが拡大に転じるまでの期間が、着実に長期化してきており、その分、不均衡や歪みが蓄積される期間が長くなっているという点だ。一九九〇年代の二回の本格的な政策金利引き上げ時には、その開始から社債スプレッドが底を付けるまでに要した時間は、それぞれ一〇カ月と七カ月であった。ところが、二〇〇四年六月に始まる前回の政策金利引き上げ時には、この期間が実に三二カ月にも及んだのである。

足もとでも社債スプレッドはなお、明確に上昇に転じたとは言えないが、二〇一五年一二月の政策金利引き上げ開始から既に三年以上経過している。また二〇一四年一月のテーパリング開始から計算すると、その期間は既に五年にも及んでいる。

## 景気が過熱しないぶん金融市場が過熱しやすい

このように、金融政策が引き締め方向に転換した後に、しばらくの間はむしろ金融市場の楽観論が一層強まる、またその楽観論が続く期間がしだいに長期化してきている。ゴルディロックスと表現される、過熱感のない安定した景気回復、インフレ圧力の抑制という環境のもとでは、かなり緩やかな金融引き締めが予想され、それが長期金利の上昇や景気悪化への懸念を抑制しているからに他ならないだろう。

しかし、ゴルディロックスの本質は、第1章で見たように、生産性上昇率や潜在成長率の低下といった経済の潜在力の低下であり、それがインフレ圧力も抑制しているのである。たとえば、中長期の成長期待が低い環境下では、企業は賃金の引き上げ、特に固定費の増加に繋がる正規社員の基本給引き上げに慎重になる。かなり人手不足が深刻化しても、である。賃金の抑制は物価上昇率を妨げるため、景気回復が長く続いてもインフレリスクが抑制され、景気は過熱しにくい。そのため、積極的な金融引き締め策がとられずに、比較的緩やかなペースで長い景気回復が実現されやすい。現在、世界経済の回復期間は歴史的な長さとなっているが、それは世界経済の潜在力が高まっているからではなく、逆に潜在力が低下しているためであることを理解しておかねばならない。

景気回復が長期化しても景気が過熱することがない反面、金融市場の楽観論が行き過ぎて、金融市場が過熱しやすいのである。経済の潜在力低下が、皮肉なことに金融市場の楽観論を促し、結果的に経済・金融の歪み、不均衡の形成を助長している面がある。

## 2．債券市場こそが震源地

### サーチ・フォー・イールドと債券バブル

リーマン・ショック後に潜在成長率は世界的に下振れ、これが企業の中長期の成長期待の低下を通じて、賃金の抑制、物価上昇率の下振れ傾向などを生んだ。また、そうした経済環境の変化は、自然利子率（経済に中立的な実質金利水準）や市場の予想物価上昇率の低下を通じて、名目金利の水準を大きく押し下げることになった。

こうした経済的な要因に加えて、主要各国で実施された異例の積極金融緩和措置も、追加的に金利を押し下げた。従来の短期政策金利の操作という伝統的な金融政策のみならず、国債を大量に買入れる異例の非伝統的金融政策が主要各国でそろって実施されたことから、金利水準は歴史的低水準にまで達し、その状態が長期化しているのが現状だ。

こうした環境のもとでは、リスクが小さく、その分、金利水準が低い安全資産の国債に投資するだけでは、投資家は十分なインカムゲイン（利子収入）を上げることができなくなってしまった。そのため、国債に比べて信用リスク（債務不履行リスク）が高く、それに見合って金利水準が高い債券に投資する傾向が、投資家の間で強まっていった。その一つが、投機的な格付けで信用リスクの高い社債、ハイ・イールド債（ジャンク債）への投資、あるいは投資適格の最下位で信用リスクが高めのBBB格社債などへの投資だ。こうした投資行動は、サーチ・フォー・イールド（利回り追求）と呼ばれている。

サーチ・フォー・イールドが行き過ぎる過程で、企業が破綻するリスクなどを無視して社債が買い進められ、価格が押し上げられた（金利は低下）。そうした行動が広がることで、あらゆる債券の金利が一段と低下し、信用力の高い国債と信用力の低い社債との金利差、いわゆるスプレッド（格差）が歴史的な低水準にまで達した。そうなると、投資家はもはやインカムゲインを得る機会が大幅に低下してしまったのである。

異例の金融緩和策によって、国債の金利が経済環境を反映するいわゆる実勢と比べて大きく低下したことに加えて、投資家によるサーチ・フォー・イールドの投資行動が、それ以上に社債などの金利を大きく押し下げた。その結果、債券市場全体で金利の水準は大幅に低下した状態となったのである。これは、まさに債券バブルと呼べる状態であり、これこそが、現在の世界の金融市場における最大の歪みだと考えられる。

## 金融資産のボラティリティも低下へ

そのような局面では、金融資産のボラティリティ（価格変動率）もまた大きく低下しやすい。投資家はインカムゲインを得る機会の大幅低下に加えて、価格変動が小さくなったことで、短期的にキャピタルゲイン（売却益）を稼ぐ機会もまた低下してしまうという、いわば八方塞がりのような状況に陥ってしまったのである。

株式を例に考えてみよう。株式と債券との間に価格の裁定メカニズムが働くため、債券利回り（金利）の低下は株式運用利回りを低下させることになるが、これは株価の上昇によってもたらされる。例えば、株主への配当が変化しないなかで株価が上昇すれば、配当利回り（一株当たり年間配当額÷株価）は低下する。これは、債券利回りの低下が株価を上昇させ、その結果、株式運用利回りも低下して、両者間で運用利回りの相対的な関係が維持される、という裁定のメカニズムを示している。

さらに、このようにして債券価格、株式価格がともに上昇する（債券利回りは低下）局面では、それと並行してそれぞれのボラティリティが低下する傾向が、一般には見られる。

債券利回りの低下を受けて株価が上昇すると、この先株価がさらに上昇し、キャピタルゲインを得られるという投資家の期待は低下していく。つまり、インカムゲインが低下するとともに、先行きのキャピタルゲインへの期待も低下してしまうのである。通常は、先行きの投資収益への期待（期待リターン）と先行きのボラティリティ（価格リスク）への期待はバランスしていることから、利回りの低下傾向は、ボラティリティの低下傾向と同時に生じやすい。

これが、債券、株式など金融資産の価格が上昇する局面では、並行してボラティリティが低下する傾向が見られる、という経験則を説明している。

## 仮想通貨がサーチ・フォー・ボラティリティの対象に

金融市場の環境がこのような局面に至ると、ハイリスク・ハイリターン型の投資を好む投資家は、短期的にキャピタルゲインを稼ぐことができる、ボラティリティの高い資産を投資対象として積極的に探すようになる。これがサーチ・フォー・ボラティリティ（価格変動の追及）の投資行動といえるだろう。このようにして、サーチ・フォー・イールドの投資行動は、サーチ・フォー・ボラティリティの投資行動をも引き起こしていくのである。

こうした昨今の環境下で、投資対象としての注目を集めたのが、ボラティリティの高さを大きな特徴とする仮想通貨だ。個人投資家に続いて、機関投資家も資金をシフトさせた結果、仮想通貨の取引量が大きく拡大した局面もあった。多くの金融資産でボラティリティが顕著に低下するなか、仮想通貨のボラティリティがなお高水準を維持しているのは、仮想通貨は、他の金融資産との連動性が概して強くなく、両者間で裁定関係が働きにくい、いわば異質の存在であるためだ。

同じリスクに対してリターンの大きさがどの程度になるかを図る指標であるシャープレシオでみると、ビットコインは他の金融資産に比べてシャープレシオが大きい、との分析もある（※）。仮りにこれが正しいとすれば、ビットコインへの投資は合理的な投資行動と言えるだろう。ただし、ビットコイン投資のリスクとリターンの関係を正確に測るには、仮想通貨取引の歴史はまだ短い。

※「通貨の将来と仮想通貨の意義」、参議院財政金融委員会調査室、小野伸一、二〇一七

## 市場の低ボラティリティはノーベル経済学者にも謎

ところで、行動経済学の研究で二〇一七年のノーベル経済学賞を受賞したシカゴ大学のリチャード・セイラーは、ロイターのインタビューに応じて、「(近年、世界中で株価が着実に上昇を続けていることに触れて）私には謎だ。世界的に非常に大きな不確実性が存在する局面で信じられないほどボラティリティが低いというのは、不思議なことに思われる」と述べたという（二〇一七年一〇

月一一日)。この発言が、低いボラティリティへの注目を改めて集めるきっかけとなった。

IMFは二〇一七年一〇月に発表したグローバル金融安定化報告(Global Financial Stability Report)の中で、金融市場でのリスクプレミアムの低下と並行して強まる低いボラティリティに注目した分析をおこなっている。それによれば、市場の先行きの株価変動の見通しを示す指数である米国のVIX(Volatility Index)の二〇一七年に入ってからの下振れのうち、①経済環境の改善という「経済ファンダメンタルズ」、②企業収益の改善という「企業パフォーマンス」、③中央銀行による流動性供給など緩和的な金融政策という「資金調達・流動性環境」の三つの主要要素で説明できるのは、全体の半分程度にとどまるという。

さらにIMFは、低いボラティリティが、金融システムをより市場リスクに晒す、と指摘している。金融資産のボラティリティが低下すると、そのリスク量が低下することで、投資家のリスク許容度は拡大する。つまり、より大きなリスクをとることができるようになる。それがレバレッジ(借入れ)拡大をともなう投資の増加をうながし、その結果、投資家はより大きな市場リスクに晒されてしまうのである。

## ボラティリティ・ターゲッティング投資戦略の広がり

そうしたリスクをさらに増幅するとして、IMFが指摘しているのが、ボラティリティに目標を設定して投資を行う戦略である「ボラティリティ・ターゲッティング投資戦略(volatility-targeting investment strategy)」の広がりだ。これは、保有金融資産のボラティリティを一定の範囲に収めることを目指す投資戦略で、実際、そうした戦略に基づくファンドは多数ある。

既に見たように、ボラティリティと期待リターン（投資収益）の間には相関関係があるが、「先行きのボラティリティを予想するのは、先行きの投資収益を予想するよりも容易であることから、安定したリターンを挙げるにはこの戦略が良い」、と説明するファンドもある。

ただしこの戦略に基づくと、保有金融資産のボラティリティが低下する際には、レバレッジ（借入れ）を拡大する形でリスク資産投資が拡大することになる。そのもとでひとたびボラティリティが上昇に転じれば、投資家は、保有するリスク資産を一気に投げ売りして、資産・債務の削減（デレバレッジ）を急速に進めることになる。それは金融市場を不安定化させ、場合によっては金融システムの安定を損ねる可能性もあるだろう。実際、二〇一五年八月にはそのようなことが起こったのだという。

このように、ボラティリティ・ターゲッティング投資戦略には、市場のボラティリティが低下している際には、投資の拡大による資産価格の上昇を通じてそのボラティリティをさらに低下させ、また市場のボラティリティが上昇する際には、逆に、保有資産の削減を通じて、市場のボラティリティをさらに上昇させる効果があるように思われる。これはまさに、この投資戦略自体が、安定したリターンを得るという本来の目的とは裏腹に、市場のボラティリティを高める結果をもたらしているとも考えられる。

## 債券市場のボラティリティは異例の低水準

現在、すべての主要な金融資産で、そのボラティリティは極めて低水準となっている。第1節で見たように、金融緩和策の修正が進む中で、金融市場の楽観論は逆に強まり、投資家による過剰なリスクテイクがなされやすくなっている。この点は、ボラティリティの面からも確認できるところだ。

米国での株式については、実績のボラティリティもインプライド・ボラティリティ（予想変動率）も、ともに金融引き締め局面（二〇〇六年まで過去三回の金融引き締め）では小さくなる傾向が見られる（データは一九九〇年以降）。各期間について、それぞれ価格の標準偏差でボラティリティを測り、そこから標準偏差の長期平均値を引いて算出した乖離は、金融引き締め局面では概ねマイナスの領域に入っている。さらに足もとの乖離（マイナス幅）は、過去の金融引き締め局面をも下回っているのである。

ところが、金融引き締め局面での米国債券のボラティリティは、株式のボラティリティとは全く異なる動きを示している。債券のボラティリティは、金融引き締め局面においても、平均的な水準を維持する傾向が過去には強かった。ところが今の引き締め局面では、ボラティリティは著しく低水準にあり、また足もとでは、一九九〇年以来最低水準まで低下しているのである**【図表2－3】**。これが意味することは、極めて重要だ。

| | 株式（予測） | 株式（実績） | 債券（予測） |
|---|---|---|---|
| 上限 | －0.29 | －0.13 | 0.43 |
| 下限 | －0.96 | －0.70 | －0.68 |
| 最新 | －1.25 | －1.17 | －1.56 |

**図表2-3　金融引き締め局面での株式・債券のボラティリティ（標準偏差）の平均からの乖離**

（注）ベースとなるデータは1990年以降。米国市場の数値
（出所）BIS Quarterly Review, September 2017より野村総合研究所作成

すでに議論したように、価格が均衡水準から乖離して上昇するほど、そのボラティリティは一時的に低下する。このＩＭＦの計算は、やはり、債券市場においてこそ、今の金融市場の歪みが最も大きくあらわれている可能性を示唆している。そして、そのことは、次の世界金融危機が、債券バブルの崩壊によってもたらされる蓋然性の高さを示しているのではないか。

## 価格発見機能の低下

金融引き締め時には、投資家はリスクテイクの傾向をむしろ強めやすく、その影響は、多くの金融資産のボラティリティの低下として表れる。しかし、そうした傾向が従来は顕著ではなかった債券においても、今回は、ボラティリティが大きく低下しているのである。これは、株式など資産市場よりも、債券市場により大きな歪みが蓄積されているという、現在の金融市場の特徴を表しているのだろう。

その背景には、金融規制強化による銀行のマーケットメイク（顧客の売買の相手方となり取引を成立させる）機能の低下、という要因もあるだろう。しかし、それ以上に、中央銀行が国債を大量に買入れているこ

との影響が大きいと考えられる。それによって債券の市場機能が低下し、市場価格が経済ファンダメンタルズの変化などを反映する「価格発見機能」が著しく低下していることを、異例なボラティリティの低下は意味しているのではないか。

価格発見機能が低下しているということは、平時には価格変動を小さくする方向に働く面もあると思われるが、ひとたび予期せぬ大きなショックが生じると、ファンダメンタルズを反映した理論値に短期間で収斂するというメカニズムが働きにくいことから、価格変動が増幅されやすく、また市場の混乱が長期化しやすくなるだろう。

国債は、すべての金融商品の価格あるいは資産価格のベースとなることから、国債価格（金利）のボラティリティ上昇は、それら全ての価格を不安定化させてしまう。社債市場では、累積されてきた歪みが一気に解消する方向に向かい、スプレッドが急拡大するかもしれない。また国債価格のボラティリティ上昇は、そのリスクプレミアムを高めることで、金利上昇に繋がりやすい。それは、経済活動にも悪影響を与えよう。また、その際には、ベースとなる国債金利の上昇とスプレッド拡大の双方から、社債市場は大幅な調整に追い込まれるリスクがある。これは、企業の資金調達の大きな障害となり、経済活動に甚大な打撃を与えるだろう。

債券市場のボラティリティの異例な低下という形で、既にウォーニング・サイン（警告）が出ている点を踏まえると、日本銀行が依然として大量の国債を買入れ続けていることは、非常に懸念されるところであり、それは先行きの世界経済、金融市場の安定性にとって大きなリスクとなっている。

## 国債市場の流動性に関する国際的な議論の高まり

中央銀行が国債を大量に買入れるもとでは、国債の取引が細り、いわゆる流動性が極度に低下しやすい。その下では、何らかの外的ショックによって、国債市場のボラティリティは、歴史的な低水準から大幅上昇へと急変し、これが金融危機の引き金ともなり得るだろう。

近年、国債市場の流動性に関する議論が、国際的な高まりを見せている。その背景には、①主要中央銀行が、非伝統的金融政策の手段として大量の国債を買入れてきたこととの影響、②国際的な銀行規制強化の影響、の二点への関心が強まっていることがある。日本ではもっぱら前者に焦点が当てられているが、海外では後者の点も注目されている。

海外で議論が高まる契機となったのは、二〇一四年一〇月一五日に米国で生じた「flash rally」と呼ばれた、国債市場の混乱だった。この際には、一〇年国債金利が一日の間に〇・三七%も変動したのである。これを受けて米国の政府関係者、金融機関関係者、学者などからは、金融規制強化が国債市場の流動性を低下させている、との懸念が相次いで示されることになった。

これに対して、二〇一五年七月に五つの金融当局（財務省、FRB〈米連邦準備制度理事会〉、ニューヨーク連銀、SEC〈米証券取引委員会〉、CFTC〈米商品先物取引委員会〉）は「二〇一四年一〇月一五日の米国債市場」と題する共同報告書を公表し、この中で、「規制がディーラーのマーケット・メイキングに影響を及ぼした証拠は、現時点では限定的」との判断が示された。他方で、国債市場のボラティリティ上昇の背景には、「High Frequency Trading（HFT）」などの自動化された高速取引戦略をとる市場参加者のプレゼンスの高まりといった、市場の構造変化がある可能性が指摘された。また、市場の流動性及び取引の効率性は頑健であるとしたものの、ストレス下におけるボラティリティの急騰や流動性低下のリスクが高まっている可能性についても言及された。

グローバル金融危機以後、米国債券市場で構造変化が生じたことについては、概ね異論はないところである。しかし、金融規制がその主因なのか、あるいはそうした構造変化が市場の流動性を低下させたかどうかについては、なお議論が収斂していない。その背景には、そもそも市場の流動性については、その定義が明確でなく、それゆえに数値化することも難しいということもあるだろう。

ただし、リーマン・ショック後に進んだ国際金融規制が、市場の流動性を低下させる構造変化を引き起こしたのであれば、それは、異例の金融緩和がもたらした市場の流動性低下のリスクをさらに増幅するものとなるだろう。これらがいずれ、金融市場に大きな調整、あるいは金融危機をもたらすのであれば、それは結局、金融機関の経営を揺るがし、金融システムを不安定にしてしまう。これは、国際金融規制の強化を通じて世界が目指してきたことと、全く逆の結果である。

## 市場流動性の定義とは

二〇一四年四月に大量の国債を買入れる量的・質的金融緩和を導入して以降、日本銀行は、多方面から国債市場の流動性を把握することに腐心してきた。

ＢＩＳ（国際決済銀行）は、市場流動性が高い状態とは、「大口の取引を小さな価格変動（ボラティリティ）で速やかに執行する能力が市場にあること」と定義している。これを踏まえて日本銀行は、「市場流動性」を四つの概念、評価軸で捉えている。第一が、市場における売値と買値の差（Tightness）、第二が、市場の厚み（Depth）、第三が、市場の弾力性（Resiliency）、第四が、市場の取引量（Volume）である。

そして、それぞれの市場流動性の四つの概念、評価軸を示す代表的指標を九つ取り出し日本銀行が定期的に公表してきたのが、「国債市場の流動性指標」である。収集が容易な長期国債先物市場のデータに加え、現物国債市場のデータも活用している点が、同調査の大きな特徴となっている。

こうした指標は、今のところ、国債市場の流動性低下が極めて深刻であるとの結論を必ずしも示していない。また実際に、国債市場の流動性が国債市場に大きな混乱をもたらしているような事例も、未だ観測はされてはいない。しかし、日本銀行は、こうした定量的な情報のみでは、国債市場の流動性を正確に捉えるには不十分であると考えており、市場関係者からの聞き取りなどの情報も重視し、多方面から国債市場の流動性への監視を今も続けている。

## ハイ・イールド社債の指標性は低下か

最後に、社債市場の現状をやや詳細にみてみよう。二〇一八年秋に、ハイテク株主導で米国株式市場が調整色を強める中、株式市場の調整局面ではその早期警戒指標とされてきた、ハイ・イールド債（ジャンク債）の指標性に注目が集まっている。

投機的格付けのハイ・イールド債市場は、米国株式市場の大幅調整を、数カ月程度先取りした動きを示す傾向が、過去には見られてきた。例えば、一九九八年のロシア危機の際には、ハイ・イールド債のスプレッド（財務省証券との利回り格差）は、株価急落の数カ月前から拡大傾向にあり、一〇日程前からは急拡大を示していた。二〇〇七年のサブプライム・ローン問題の際には、株価急落の五〇日前頃から、スプレッドは拡大傾向を鮮明にしていた。

二〇一八年一〇月に、S&P五〇〇指数は七％の下落と過去七年間で最大の下落幅を記録したが、それ以前に、ハイ・イールド債のスプレッドはむしろ縮小傾向を示していた。さらに、株価が大きく下落した一〇月のハイ・イールド債指数（ICE BofAML）の価格は、二％の比較的小幅な下落にとどまった。こうした動きから、ハイ・イールド債は、もはや株式市場の先行指標としての役割を失っているのではないか、との見方も出てきている（※）。

ハイ・イールド債市場は、それを取り巻く環境変化によって、株式市場あるいは金融市場全体のリスクの高まりを予め知らせる、シグナリング効果を低下させている可能性が考えられる。今まで見てきたように、異例の金融緩和策が作り出す低金利環境の影響で、投資家によるサーチ・フォー・イールド（利回りの追及）が過度に進んだ結果、ハイ・イールド債市場のスプレッドが、企業の信用リスクを高めるような経済環境の変化を反映しなくなっている可能性があるだろう。

また、ハイ・イールド債市場と株式市場を構成する企業分野の乖離が広がっていることが、両者間の連動性を低下させている面も考えられるところだ。近年の米国株式市場でその構成比率を急速に高めてきたのが、ハイテク分野の企業であるのに対して、ハイ・イールド債市場で構成比率を高めてきたのは、エネルギー分野の企業である、といったミスマッチが広がっている。

S&P五〇〇指数を構成する銘柄で、アップル、アマゾン、グーグルといった巨大IT企業の株式時価総額で見た構成比率は、足もとで四分の一を超えた。一〇年前には、その構成比は一六%程度だった。ハイ・イールド債市場でのハイテク企業の構成比率は、六%程度に過ぎない。ハイ・イールド債市場を構成する最大の分野は、現在ではエネルギー関連だ。一〇年前にはエネルギー分野は四番目の規模であったが、いわゆるシェール革命以降、エネルギー関連企業は、ハイ・イールド債の発行を通じた資金調達を急増させたのである。

このような、米国株式市場とハイ・イールド債市場の双方の構造変化を踏まえると、ハイ・イールド債市場にかつてほど、株式市場の先行指標としての役割を求めるのは難しいのかもしれない。株価の大幅下落、あるいは金融危機などの前兆を探るのであれば、投資適格ゾーンも含めた社債市場全体に目を配っていく必要があるだろう。特に注目しておきたいのが、投資適格最下位のBBB格の社債市場の動向だ。

米国の社債市場でやや不思議なのは、より信用力が高い投資適格社債は調整色を示しているなかで、ハイ・イールド債市場が比較的安定を維持している点だ。ハイ・イールド債市場の過熱感、投資家のリスクテイクの程度は、未だそれほど深刻な状況には至っていないようにも見える。他方で、投資適格の中で最も格付けが低いＢＢＢ格社債では、二〇一七年にスプレッドが著しく低下した後、二〇一八年年初から、スプレッドは拡大傾向にある。

ハイ・イールド債とＢＢＢ格社債との間に見られるこうした乖離は、それぞれを構成する社債の質の変化を反映している面があると考えられる。ハイ・イールド社債の中で、シングルＢ、Ｃなど格付けが最低水準の社債は減少する一方、信用力は低いがぎりぎり投資適格となったＢＢＢ格社債の発行が増えている。

企業は自社の社債が投機的格付けにされない範囲を計算しつつ、資金借り入れを行っている。投機的格付けとなれば、借り入れコストの急増につながるためだ。欧州では、こうした傾向がより強い。それは、ＥＣＢ（欧州中央銀行）が社債の買い入れ対象を投資適格に限定していることで、投資適格と投機適格との間での金利水準の乖離が拡大し、企業は投資適格の社債を発行する動機を著しく強めたためである。

米インターコンチネンタル取引所（ＩＣＥ）のデータによれば、二〇〇七年の時点で社債全体の中でＢＢＢ格の比率は二六％、ユーロ圏では二〇％にとどまっていた。ところが、米国ではその比率は二〇一八年夏に初めて四〇％を超えた。欧州ではさらに高い水準だ。

※ "Junk Bonds Hold Steady as Volatility Returns", Wall Street Journal, November 16, 2018

## ＢＢＢ格社債市場のリスクに注目

以上から、ハイ・イールド債の指標性はかつてよりも低下する一方、投資適格の中で最も低い格付けの社債により注目する必要があるだろう。その点から、既に市場調整の黄色信号は示されていると言えるのかもしれない。また、注意したいのは、ひとたび景気情勢が悪化すると、ＢＢＢ格の社債のうちハイ・イールド社債に格下げされるものが急増する可能性が高いという点だ。それは、信用リスクの上昇を通じて市場全体の調整を加速させ、投資家に大きな損失をもたらすだろう。

日本においては、地域銀行が、債務者区分で不良債権にぎりぎり入らない正常債権の最下位の企業向け融資を増やしている。いわゆるミドルリスク融資である。景気情勢が悪化した際には、こうした貸出は不良債権に再区分されるようになり、予想外の規模で不良債権の増加と信用コストの増加を生じさせ、銀行の財務リスクを一気に高めてしまう可能性がある。表面的な債務者区分だけをみていると、金融システムのリスクを見落としてしまうのだ。

これと同様に、依然安定しているハイ・イールド社債だけを見ていては、社債市場全体に積み上がった潜在的なリスクを見落としてしまうのではないか。少なくとも現状では、伝統的な金融危機の早期警戒指標であったハイ・イールド社債ではなく、ＢＢＢ格社債の方をより注目しておく必要があるだろう。ＩＭＦもすでに二〇一七年から、ＢＢＢ格の社債の発行比率が高まっていることは、投資家が保有する社債の信用リスクの高まりを意味するとして、強い警鐘を鳴らしてきた。

## 3. なお残る銀行のドル調達問題

### 銀行は本当に健全性を取り戻したのか

リーマン・ショックから一〇年以上が経過したが、この間、国際金融規制の強化が進展してきたことなどを背景に、世界で主要銀行の財務体質の健全性は大幅に改善した。特に自己資本（資本金、法定準備金、剰余金など）の積み増しは顕著に進んだといえる。しかしながら、自己資本比率（自己資本の資産に対する割合）、流動性カバレッジ比率（高品質の流動資産÷三〇日間の純資金流出額で算出。金融危機の発生時の流動性確保の度合いを示す）などといった、銀行財務の安定性を示す一般的な数字では、必ずしも把握できない脆弱性が、依然残されている。その一つが、主に米国以外の銀行が抱えるドルの流動性確保の問題だろう。以下では、ＩＭＦの分析（※）に基づいて、この点を検証してみよう。

欧州やアジアの銀行は、主に海外支店網を通じてドルを調達しているが、短期の調達手段、特に為替市場でのスワップ取引（デリバティブ、つまり金融派生商品の一つ）に依存する傾向が強い。こうした取引のもとでは、市場環境が逼迫する際に、銀行はドル建て債務のロールオーバー（借り換えによる借入れの継続）が難しくなり、ドルの流動性リスクに直面しやすくなる。そうなれば、

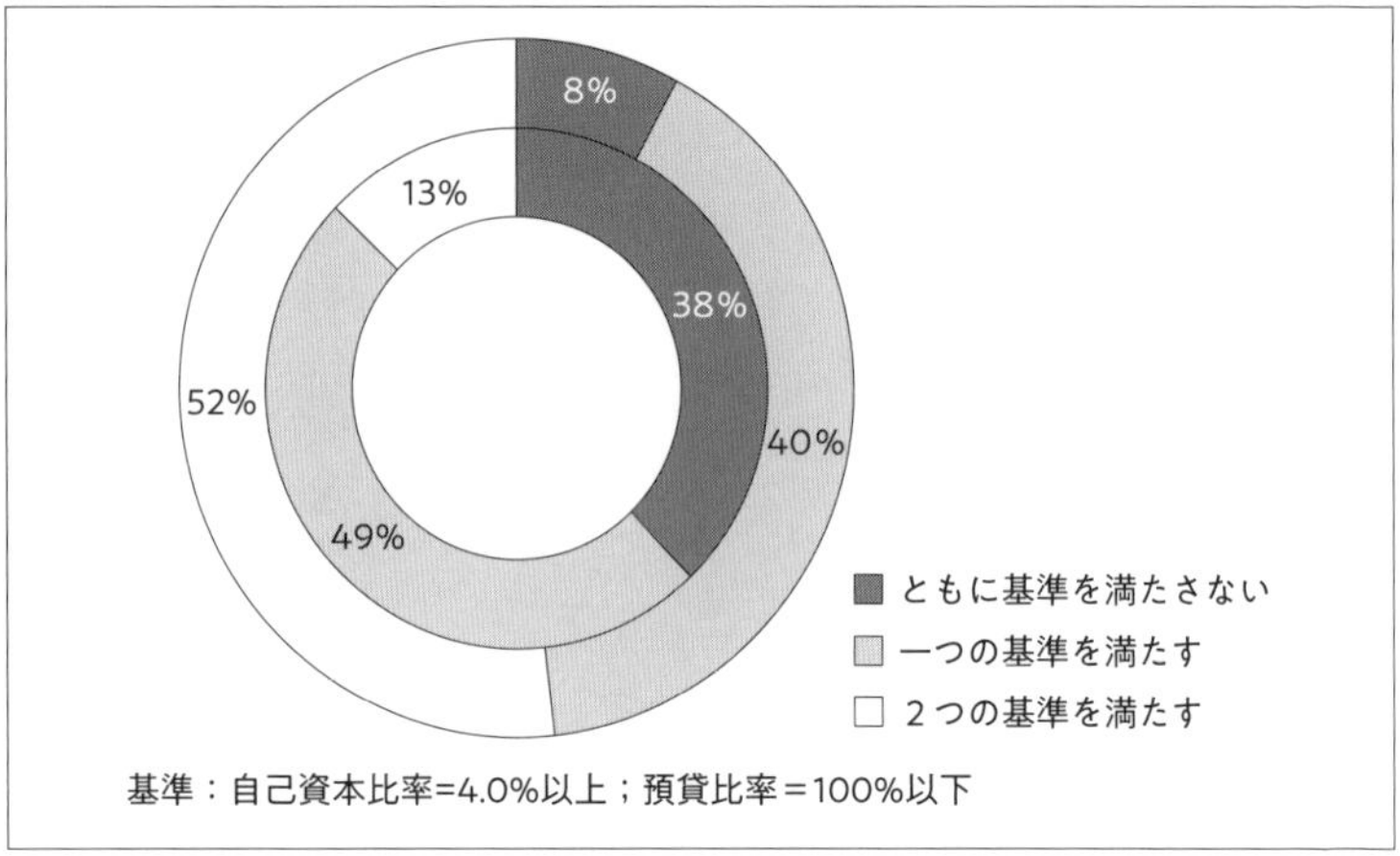


**図表2-4　銀行のバランスシートの健全性**
（注）内側が2007年、外側が2017年
（出所）IMF, Global Financial Stability Report, April 2018より野村総合研究所作成

銀行はドルの流動性を確保するために保有するドル資産の投げ売りを行ない、金融市場を不安定にしてしまうだろう。また悪いケースでは、銀行破綻にも繋がりかねない。

銀行のバランスシートの健全性に関して、客観的指標に基づく評価は概して高いと言える。先進各国の七〇〇程度の銀行をＩＭＦが調べたところ、二〇〇七年と比べて二〇一七年時点では、自己資本比率、預貸比率（loan-deposit ratio）の二つの指標で見た銀行の健全性は大きく高まっている。銀行の損失吸収力を示す自己資本比率（自己資本÷総資産）については、四・〇％を基準（これを上回るほどより健全）、銀行の財務の健全性、収益性を示す預貸比率（貸出額÷預金額）については一〇〇％を基準（これを下回るほどより健全）とした場合、二〇〇七年時点では、双方ともに基準に達しない銀行の割合が三八％にも達していた。

他方で、双方ともに基準を上回る銀行は、一三％に過ぎなかった。

　ところが二〇一七年時点で見ると、双方ともに基準に達しない銀行の割合はわずか八％に過ぎず、他方、双方ともに基準を上回る銀行は五二％にも達している【図表２－４】。

※　"Global Financial Stability Report, April 2018", IMF

## 市場の評価は厳しい

　しかし、これとは全く対称的に、銀行のバランスシートの健全性に関する金融市場の評価は高くない。ＩＭＦの調査によれば、二〇一八年三月時点で、ＰＢＲ（Price Book-value Ratio）、つまり株価が一株当たり純資産の何倍かを示す株価純資産倍率が一を下回っている世界の主要銀行が、実に半数近くにも上っているのである。ここには、先行きの銀行の収益環境悪化の観測などが、反映されているのだろう。

　さらに、米国の銀行のＰＢＲがほとんど一倍を超えているのに対して、ユーロ圏の銀行のＰＢＲは大半が一倍を下回っており、欧米で明暗が大きく分かれている。またアジアの銀行の半数ほどでも、ＰＢＲは一倍を下回っている。

　リーマン・ショック以降、自己資本は大幅に拡充されたものの、金融市場はなお銀行経営の安定性、健全性に強い疑念を持っているのが現状だ。

また、既に見た預貸比率でも、健全性の目途となる一〇〇％（これを下回るほどより健全）を超えるユーロ圏の銀行の比率は、全体の六五％（二〇一七年）に達しており、米国の四％と比べて著しく高い。それは世界の主要銀行全体の三四・六％と比べても二倍近い水準であり、ユーロ圏の銀行が抱えるリスクを示している。ユーロ圏の銀行に顕著な、預金に対して貸出の割合が高いというこの問題は、バランスシート全体からドル建ての預金と貸出を取り出してみた場合に、より深刻であることが確認できる。

## 銀行のドル調達構造の脆弱性

ドル建て資産に対する需要は、世界で増加を続けている。それは原油、金などの各種商品の多くがドル建てで取引されることや、貿易金融、新興国の社債などでもドル建ての比率が高いことによる。また、日本のように超低金利の国では、より高い金利を海外に求めて、金融機関がドル資産を購入する傾向が強まっている。

米国以外の銀行は、主に米国支店を通じて、海外でのドル取引を仲介している。そこでは、米国外からのドル資金の調達と、米国外へのドル資金の供給の双方が活発に行なわれているが、二〇一一年以降は、ネットで後者が前者を上回っている。他方で、米国以外の銀行の米国現地法人は、ドル取引の仲介業務では米国支店のような大きな役割は果たしていない。また、個人から集めるドル預金の規模も限られている。そこで、米国以外の銀行によるドル取引の動向を見る際には、米国現

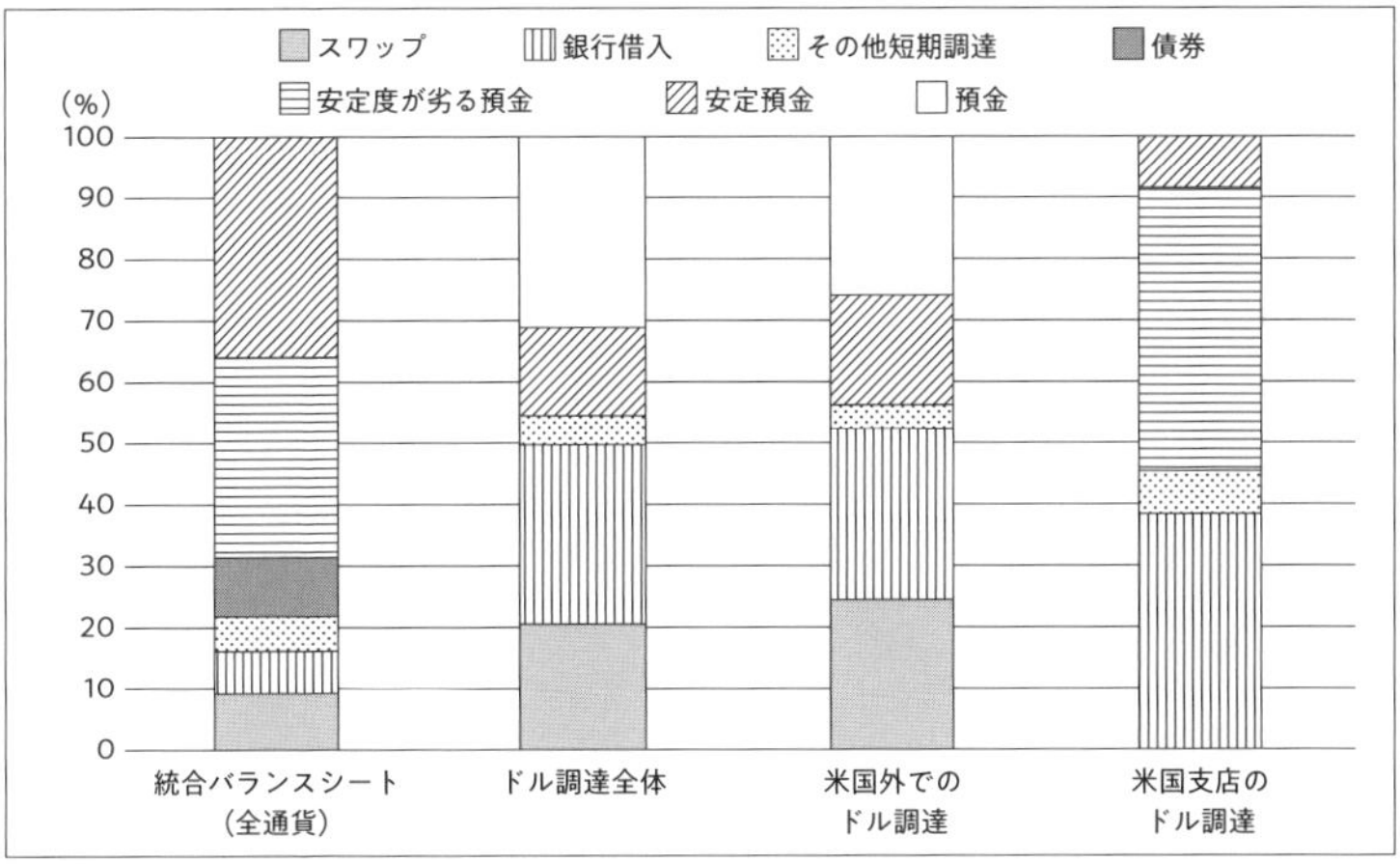


**図表2-5　米国以外の銀行のドル資金調達構造**

（注）計数は2016年
（出所）IMF, Global Financial Stability Report, April 2018より野村総合研究所作成

地法人ではなく米国支店に注目するのが妥当となる。

　ＩＭＦの調査から、米国以外の銀行の資金調達（負債）構造を全通貨について見ると、その六八・四％（二〇一六年）が、概して流動性が低い手段、つまり一気に流出しにくく安定している顧客性預金で調達されており、安定的な資金調達構造が維持されているようにも見える。

　しかし、その中でドル建て債務を取り出して見ると、顧客性預金の比率は三一・〇％しかなく、流動性が高い短期の調達手段である、スワップ、銀行借入、ＣＰ（コマーシャルペーパー）、ＣＤ（譲渡性預金）などその他の短期調達手段の比率が高くなっている**【図表２－５】**。これは、米国以外の銀行にとって、ドルの資金調達が必ずしも安定した構造にはなっておらず、それがいわば経営のアキレス腱となっていることを示唆しているだろう。

リーマン・ショックの際には、グローバルに深刻なドルの調達難が生じ、それが銀行の破綻リスクを高めるなど金融システムを不安定にした。また、貿易金融の混乱などを通じて、世界経済にも深刻な悪影響を与えた。そうした経験に照らせば、これはとても看過できない問題だ。

## 二つの指標で見るドル調達の脆弱性

以下では、二つの代表的な指標を用いて、銀行のドル資金調達の脆弱性を浮き彫りにしてみたい。第一の指標は流動性比率だ。これは、高品質で流動性の高い金融資産を、ストレス時に生じ得るドル調達の減少額（資金流出額）で割ることで求める。ストレス時に、手持ちの資産を売却することで、どの程度の期間、債務返済に応じることができるか、デフォルト（債務不履行）を回避することができるか、を示す指標だ。

第二は安定調達比率である。これは安定した資金調達、つまり顧客性預金、長期の債券、長期のスワップの合計を貸出額で割ることで求める。

全通貨とドルについてそれぞれ計算してその推移をみると、流動性比率、安定調達比率ともに、ドルについては全通貨を下回って推移している。さらに近年は両者の差には明確な拡大傾向が見られ、ドル調達構造の相対的な脆弱性が一層強まっていることが確認できる**【図表2－6】**。

さらにこの二つの指標の水準、あるいは変化について、主要国ごとに確認してみよう。二〇一七

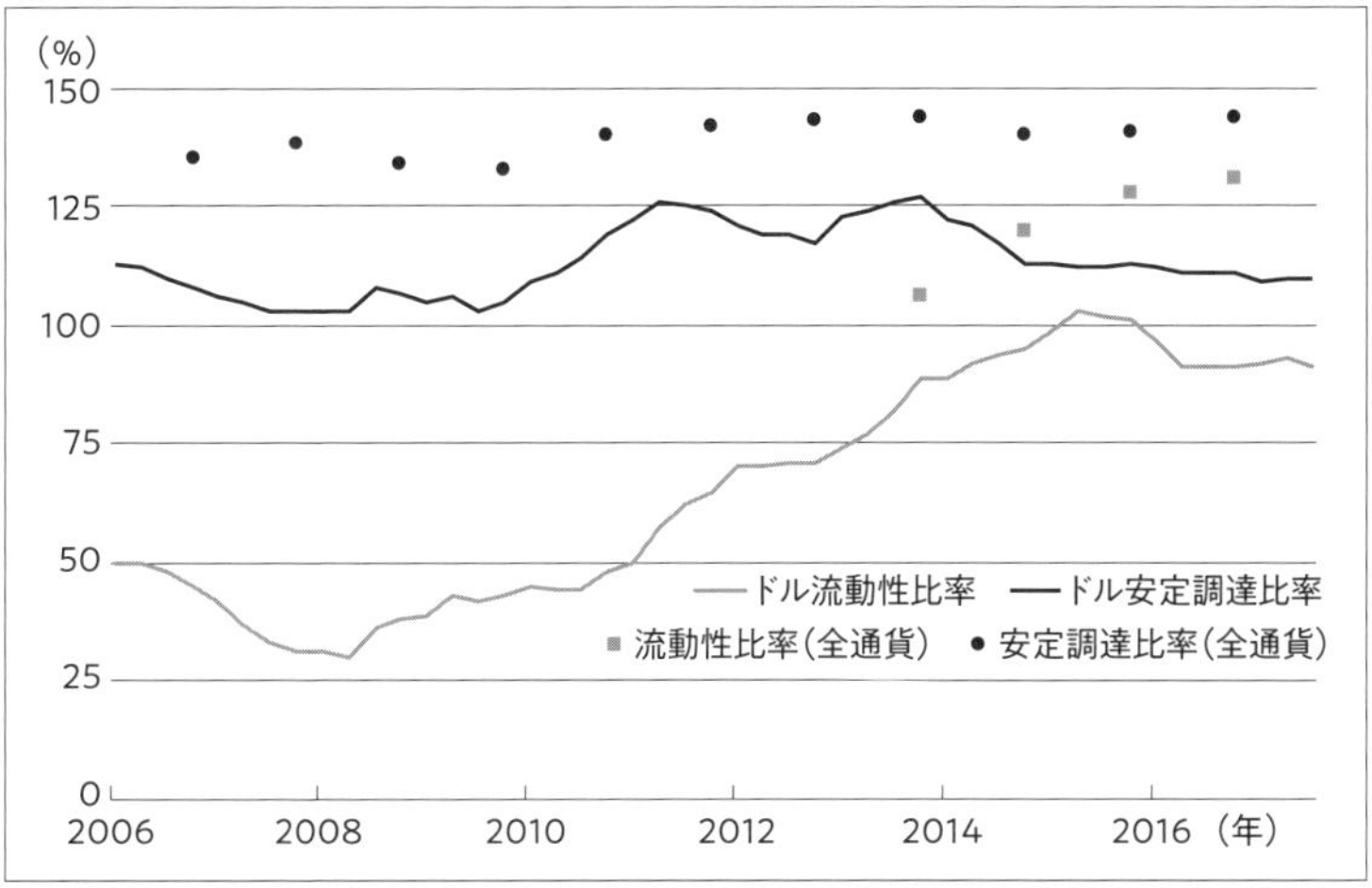


**図表2－6　流動性、安定調達比率の推移**
（出所）IMF, Global Financial Stability Report, April 2018より野村総合研究所作成

年のドル流動性比率については、ドイツとフランスの銀行で、その比率の低さが目立っている【図表2－7】。しかし、比率の変化に注目すれば、多くの国では、二〇〇六年から二〇一七年にかけてドル流動性比率が高まったことが分かる。それは、国債や中銀当座預金など、高品質の安全資産の保有が増えたためである。他方、日本の銀行については、主要六カ国中で唯一、この間に同比率が低下している。それは、ドル建ての貸出や証券投資を増加させるとともに、そのためのドル調達手段として銀行借入を拡大させたためだ。

　また、ドル安定調達比率については、ドイツの銀行の低さが目立っている【図表2－8】。さらにここでも、フランス、スイスと共に、日本の銀行の比率が二〇〇六年から二〇一七年にかけて低下している。これは、より高い利回りを目指して、ドル建て貸出を増加させたことを反映したものだ。

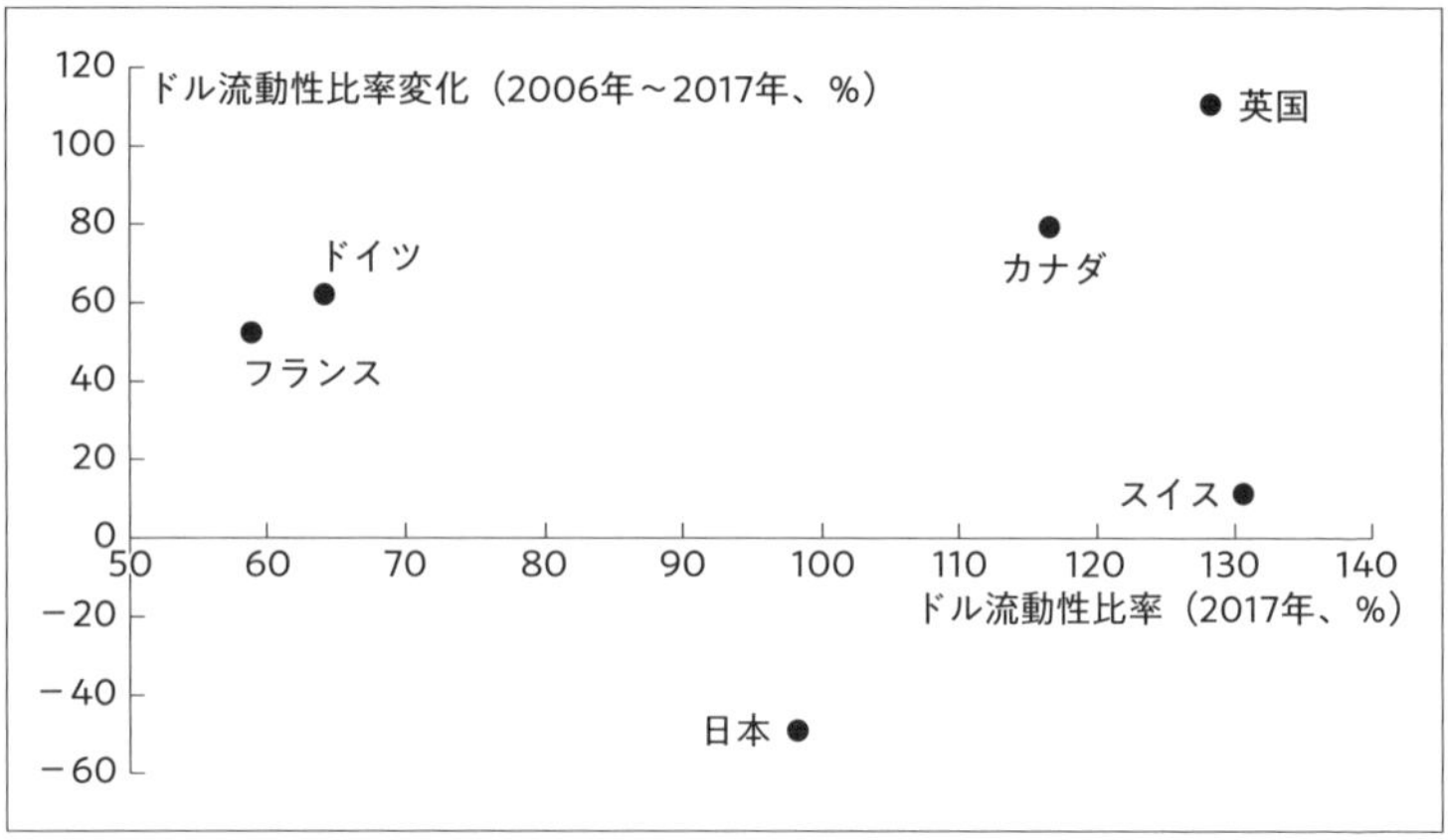


**図表2-7　銀行のドル流動性比率の各国比較**
（出所）IMF, Global Financial Stability Report, April 2018より野村総合研究所作成

他方で、ドル建ての顧客性預金の獲得はそれには追い付かず、結果として調達と貸出との間で期間のミスマッチ傾向が強まっていったのである。

一方、英国とドイツの銀行でドル安定調達比率が改善したのは、調達構造の変化によるというよりも、同様のミスマッチのリスクに配慮して、ドル建て貸出を抑制したためである。

## 突出する日本のスワップ市場でのドル調達依存

米国以外の銀行は、ドルとその他通貨を交換するクロスカレンシー・スワップを通じたドル調達を、過去一〇年程度のうちに拡大させていった。そして、スワップを含むデリバティブを通じたドル調達に依存する傾向が最も高いのが、日本の銀行なのである**【図表2－9】**。

スワップ取引を通じたドルの調達は、その他の短期ドル調達手段であるレポ市場や銀行間市場と

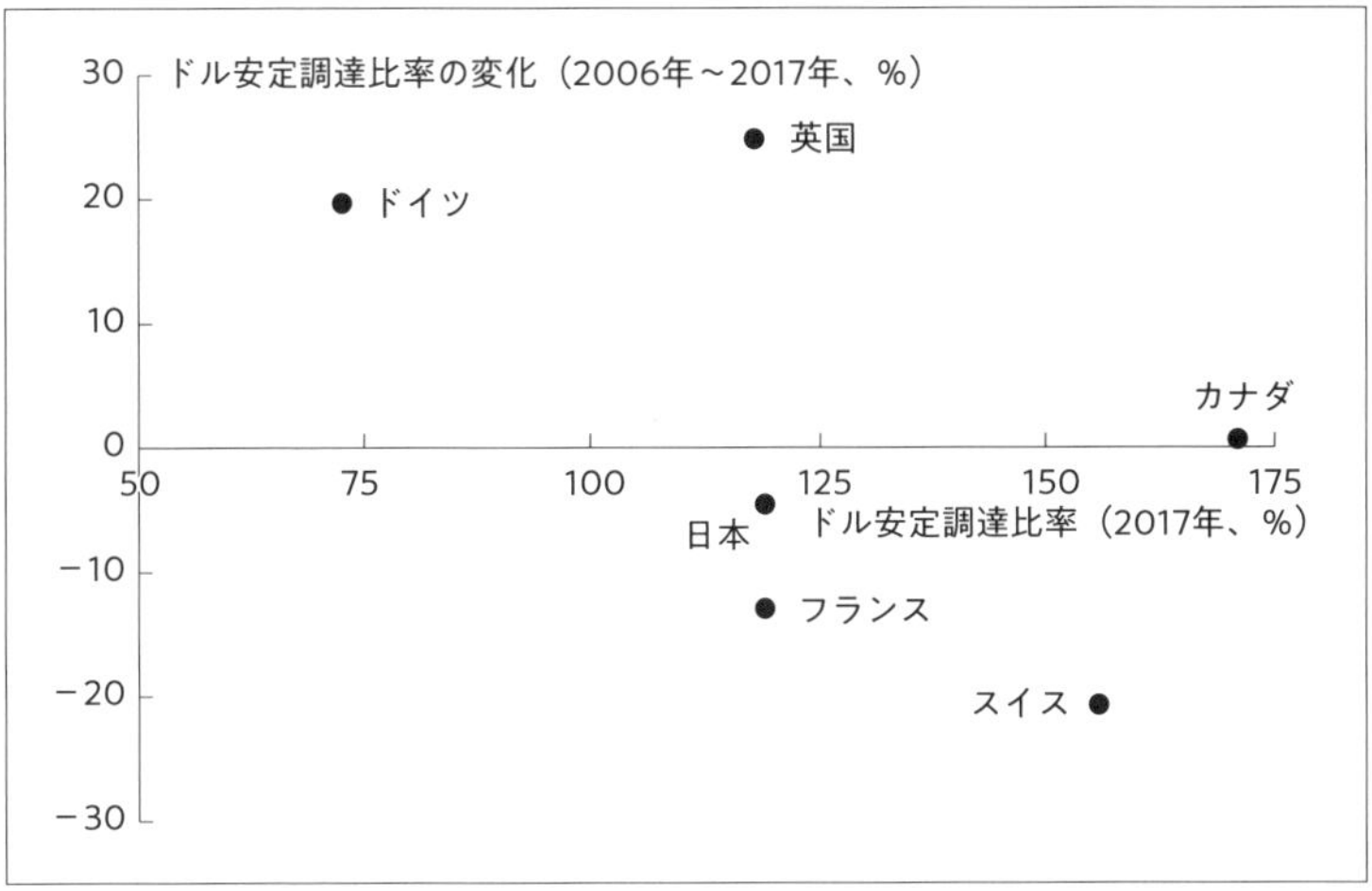


**図表2-8　銀行のドル安定調達比率の各国比較**

（出所）IMF, Global Financial Stability Report, April 2018より野村総合研究所作成

比べてもより不安定だ。この点から、金融市場が混乱するようなストレス時には、スワップは安定したドル調達手段とはならない。

日本の銀行の外貨調達構造をより詳細に見ると、大手行の外貨の安定調達比率は、顧客性預金の増加などを背景に改善傾向にあるものの、なお一以下の水準であり、安定資金調達額は、貸出額全体を一割程度下回った状態にある。さらに顧客性ドル預金の中で、安定感の高い個人の預金は僅かであり、ストレス時に流出しやすい金融機関の預金や満期の短い大口定期預金などが大半だ。この点から、ドルを中心とする外貨の安定調達にはなお課題が残されている（日本銀行「金融システムレポート」二〇一八年四月）。

大手行の外貨調達の三分の一強が顧客性預金、三分の一弱が銀行借入（インターバンク調達）となっており（日本銀行「金融システムレポート」

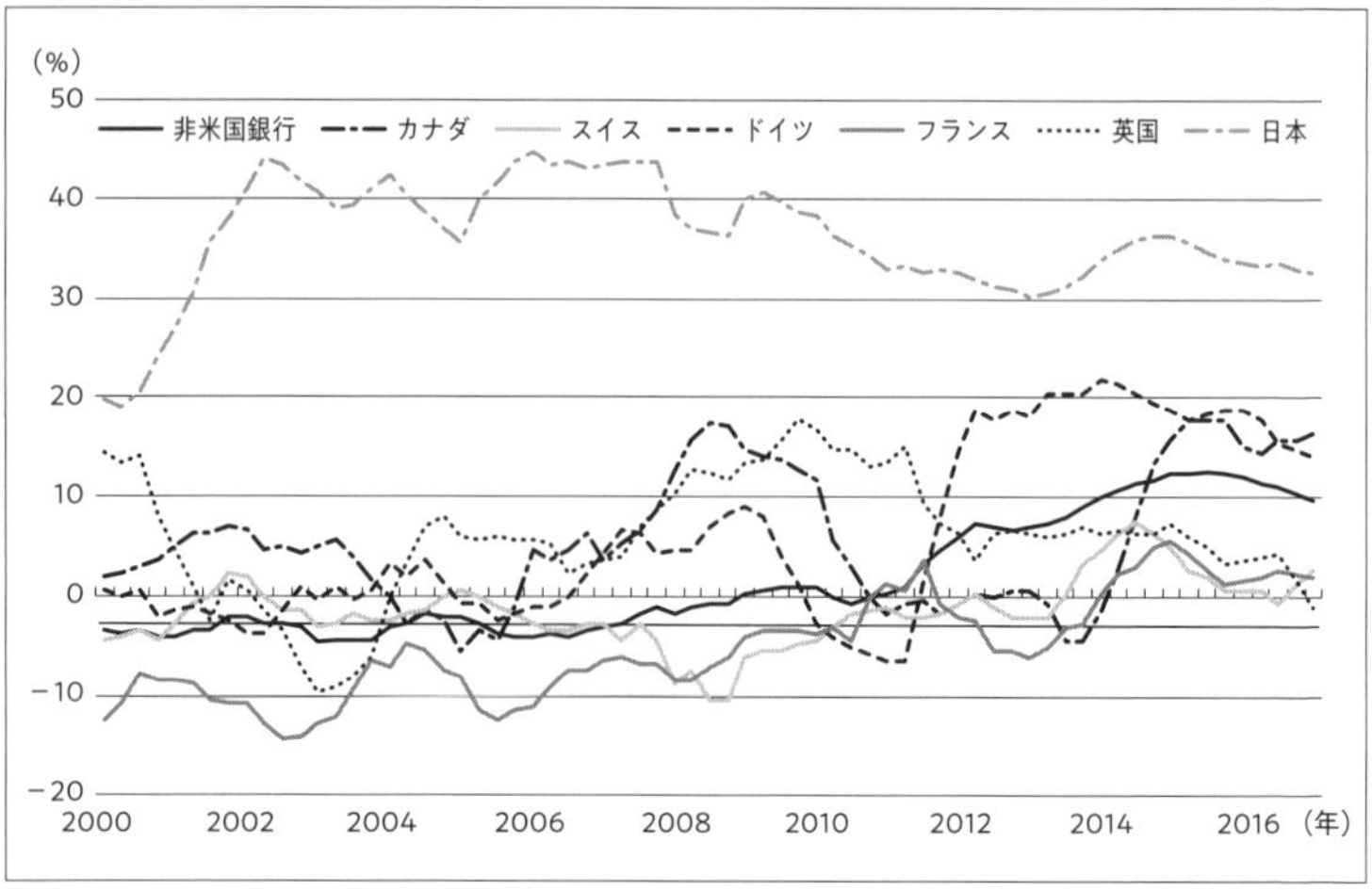


**図表2-9　ドル調達額（ネット）に占めるデリバティブの比率**
（出所）IMF, Global Financial Stability Report, April 2018より野村総合研究所作成

二〇一八年四月）、これは【図表2－5】でみた米国以外の銀行全体のドル調達構造と概ね近いものである。

しかし、日本の地域銀行の外貨調達構造は、大手行よりもかなり脆弱である。顧客性預金の比率は二割弱と低い一方、レポや短期円投といった短期調達の比率が半分近くを占めている。こうした中、ストレス時には外貨調達に支障が生じ、保有する外貨建て証券の売却を余儀なくされる可能性も考えられるところだ。

## ストレス時のドル調達に潜在的リスク

日本の生命保険会社は、主な投資対象である日本国債の利回りが低下するなか、より高い利回りを求めてドル債などへの投資（円投）を拡大させた。その際に、為替リスクをヘッジするためにスワップ市場を活用する傾向が強い。

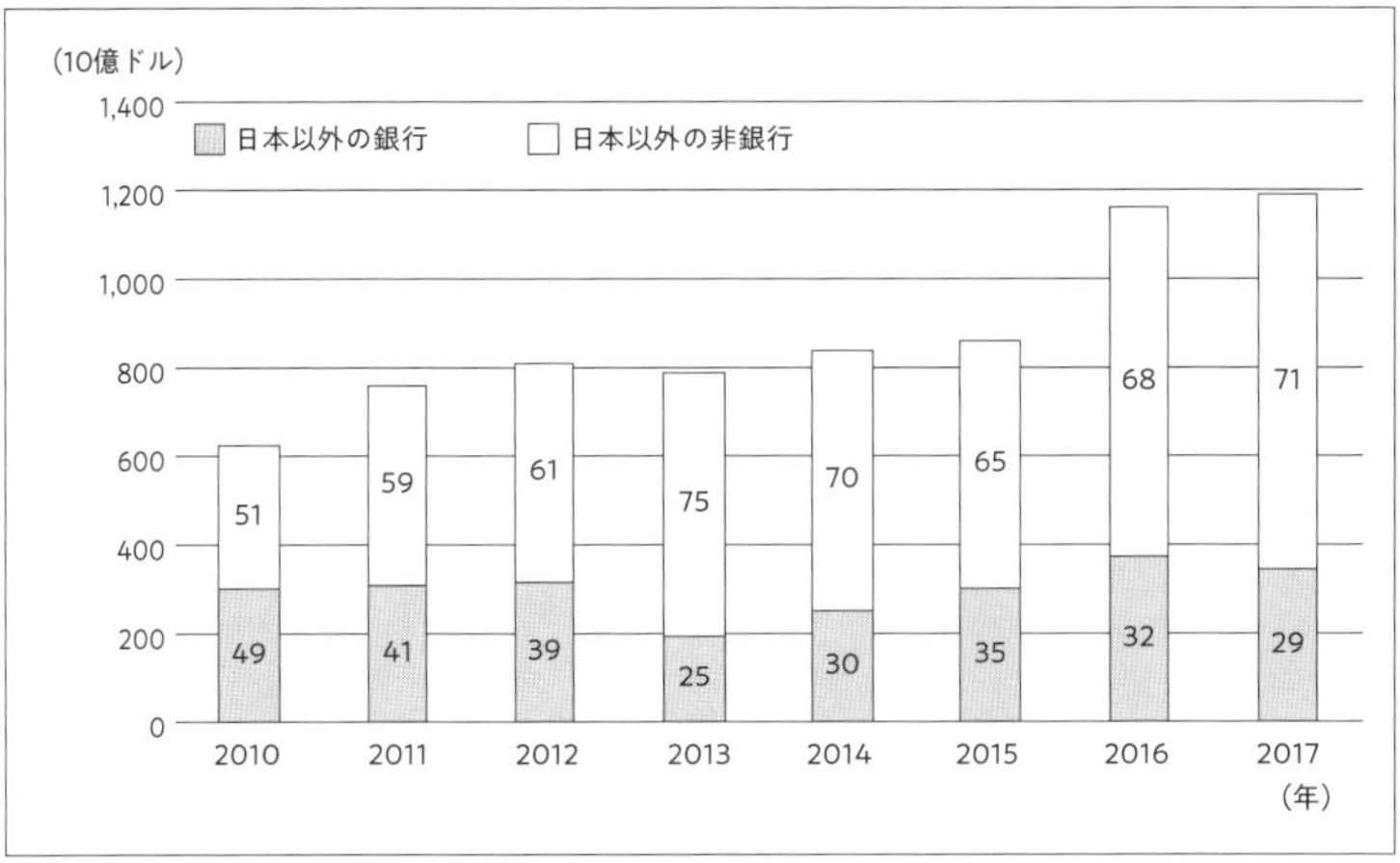


**図表2-10　日本の金融機関に対するデリバティブでの外貨資金供給**

(注) 2017年9月時点。図中の数値は構成比(%)
(出所) IMF, Global Financial Stability Report, April 218より野村総合研究所作成

他方、米銀などは、金融規制の影響などから、スワップ市場での強いドル需要に応えきれなくなってきている。それを補う形で、日本の銀行、機関投資家にドルを供給し始めたのがヘッジファンドやソブリン・ウェルス・ファンド(政府系ファンド)だ。日本の金融機関がスワップ市場で外貨を調達する際、こうした銀行以外の機関が供給する比率は、今や七割にも達している【図表2-10】。

しかし、それら非銀行の日本の金融機関へのドル供給姿勢は、欧米の銀行と比べるとかなり振れが激しいのが通例だ。なぜなら、それらはスワップ市場でドルとの交換で入手した円を、日本の短期国債で運用する傾向が強いためである。その結果、投資姿勢は日本短期国債市場の環境によって大きく左右され、またその発行額によって規定されてしまう。日本銀行による大量購入によって、現在では、短期国債は深刻な品不足に陥っており、これが、スワップ市場での日本の金融機関へのドル供給を慎重にさせている面もある。日本の金融機関によるスワップ市場でのドル調達は、潜在的に不安定なものとなっている点に十分留意しておきたい。

このように米国以外、特に欧州と日本の銀行が、脆弱なドル調達構造を抱えるなか、ひとたび金融市場にストレスが掛かり、スワップ市場でのドル供給が滞れば、銀行のドル調達に支障が生じ、銀行の経営不安やドル資産の投げ売りなどを通じた金融市場の大きな混乱に繋がりかねない。

リーマン・ショック直後も、ドル調達の困難化、ドル不足が貿易金融を滞らせ、実体経済の予想外の悪化を招いたという苦い経験がある。その後、国際銀行規制は強化され、自己資本の積み増しがなされたものの、残念ながら、ドル調達構造の脆弱性は解消されていないのである。

日本を含む米国以外の銀行が抱えるドル調達構造の脆弱性は、経済・金融市場の安定性や銀行経営の安定性の観点からは、いわばアキレス腱のようなものと言えるのではないか。そして各国の金融当局には、金融市場のストレス時に、金融機関のドル調達に支障が生じないよう、最大限の配慮が求められる。

# 4. 債務残高の増加と不確実な金融規制の効果

## 過去最高水準を超えた世界の債務残高

　世界で金融危機が再び発生するリスクが果たしてどの程度高まっているのか、それを大まかに推し量る指標として注目されるのが、世界の債務残高の水準だ。それは、過去の金融危機は例外なく過剰債務問題と結びついていたためだ。

　危機を引き起こした直接的なきっかけが、不動産価格や株価の行き過ぎた上昇、いわゆるバブルであり、また企業の過剰な設備投資であったとしても、不動産価格や株価の下落や過剰投資による企業の収益性の悪化だけでは、深刻な金融危機は生じない。不動産、株式、設備を保有する個人、企業がそれらを取得するために借金をしている場合に、それら資産の価値の大幅な下落が深刻な金融問題を引き起こすのである。それは、不動産や株式の保有者が、その価格の下落によって、債務の返済を滞らせてしまうためだ。その債務が銀行借り入れの場合には、銀行の不良債権問題を引き起こし、銀行を破綻に追い込むこともある。また、その債務が企業の発行する社債の場合には、社債価格が下落して、それを保有する投資家に大きな損失を生じさせる。

　ＩＭＦによれば、二〇一六年末の世界の債務残高（民間及び政府）は過去最高の一六四兆ドル

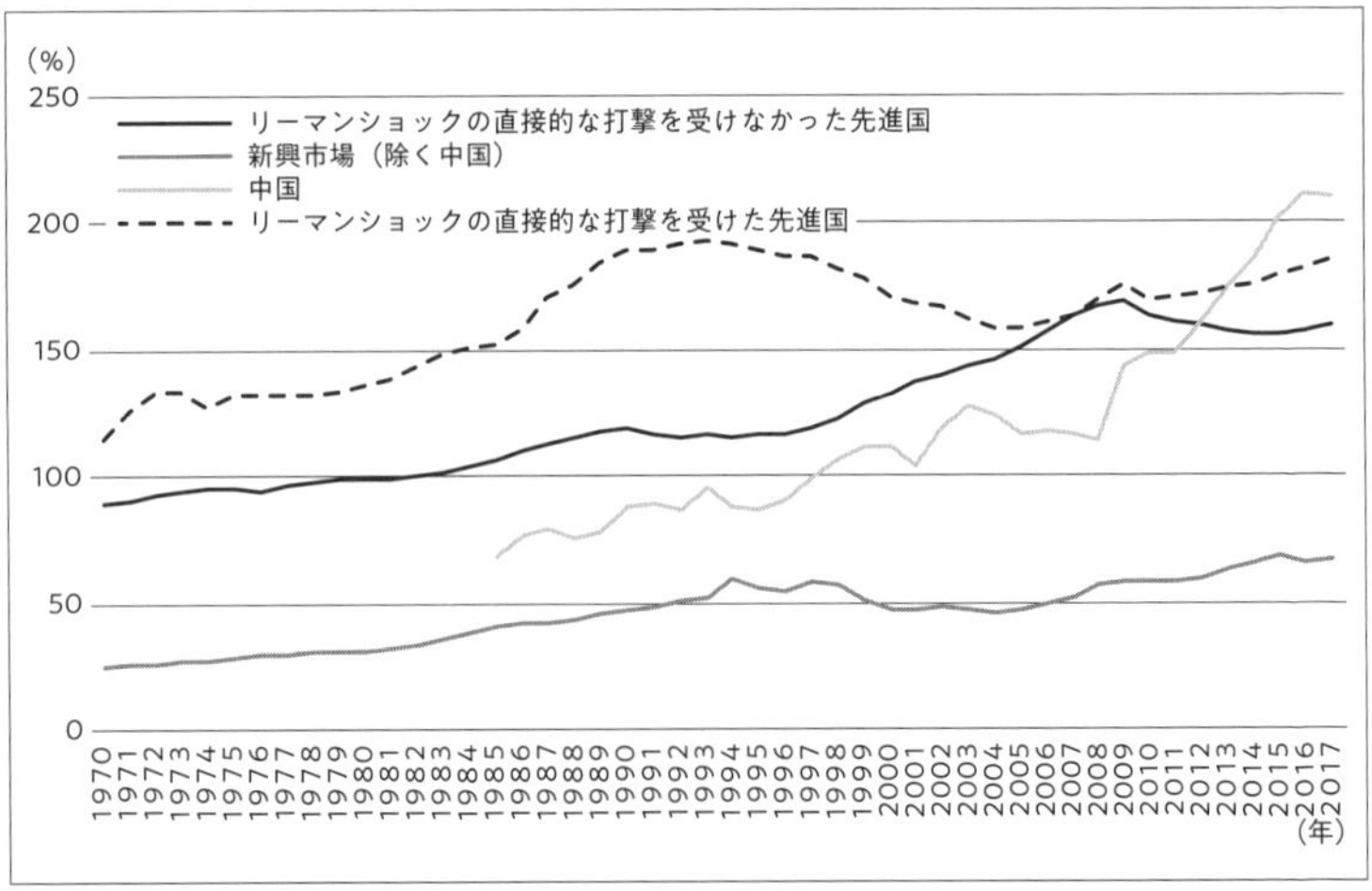


**図表２-11　民間債務GDP比率の推移**

（出所）IMF（国際通貨基金）より野村総合研究所作成

（当時の換算レートで約一京九、二〇〇兆円）、ＧＤＰ比率で二二五%に達した。リーマン・ショック後の二〇〇九年末につけた前回のピークの水準を、二〇一六年末時点で既に約一二%上回っている。また、この間の債務残高増加のうち、日本、米国、中国の三カ国が半分以上を占めている。

さらにＩＩＦ（国際金融協会）は、二〇一八年三月末時点での世界の債務残高は二〇〇八年末と比べると四三%増加し、ＧＤＰ比率はこの間二・九倍から三・二倍に拡大したと試算している。

やや長い視点で見ると、第二次世界大戦後の世界の債務増加は、民間部門が主導しており、一九五〇年以降のおよそ六〇年間で、民間債務残高はほぼ三倍にまで増大した。さらに国毎に見ると、民間債務残高の増大は主に先進国で生じていた。しかし、近年の動きに注目すれば、中国での増加が突出している。ＩＭＦによると二〇一二年には、中国の民間債務残高GDP比率は先進国を上回り、二〇一七年末には二一〇・五％に達している【図表2－11】。

## リスクはシャドー・バンキングで累積

このように、世界の債務残高が過去最高水準を超えて増大し続けていることは、金融危機が再燃するリスクが高まっていることを示唆しているようにも見える。この債務の増大を強く促したのは、異例の低金利環境の長期化だ。

ところで、二〇〇八年のリーマン・ショックによって、欧米の銀行、投資銀行が破綻、あるいは破綻の危機に直面したことを受けて、過去一〇年間のうちにとられた、金融危機再燃の回避に向けた金融当局の試みは、銀行への規制強化に集中した感がある。国際銀行規制であるバーゼルⅢや各国・各地域での銀行規制では、銀行の自己資本の拡充、バランスシートの規模抑制、流動性リスクの低下などに焦点が当てられた。また、米国のボルカー・ルールのように、銀行が自らの資金（自己勘定）で金融商品に投資することを制限し、投資の損失が銀行の財務を悪化させることを回避する規制も導入された。それでも、前節でみたようにドル建て資産、債務に注目すれば、欧州やアジアの銀行の財務は十分に健全とは言えない。

他方、この一〇年の間に、金融面でのリスクは銀行から銀行以外の金融機関あるいは金融商品である「シャドー・バンキング（Shadow banking）」に累積していった面がある。金融システムの安定のために各国での協調を進める金融安定理事会（Financial Stability Board）は、シャドー・バンキングを、銀行部門による与信活動を除いた信用仲介活動の総称、と整理している。

銀行への規制を強化すればするほど、リスクはシャドー・バンキングへと移っていくのである。例えば、一定水準以上の自己資本比率が求められる規制のもとでは、銀行は貸出を抑制する傾向が強まる。自己資本をリスク資産で割ることで求められる自己資本比率は、リスク資産の一部である貸出が増加すれば低下してしまうためだ。さらに、厳しい自己資本比率規制のもとでは、同様の理由から銀行は社債への投資を控える傾向も強まる。ボルカー・ルールのある米国ではその傾向は特に強い。その結果、銀行以外の投資家、保険会社、運用会社など、シャドー・バンキングが社債への投資をより拡大することになる。

## 銀行規制強化が金融危機のリスクを高める

また、リーマン・ショック以前の米国では、銀行が国債、社債などの売値、買値を常に公表し、自身が保有する国債、社債で他の機関からの売り買いの注文に応じるという、マーケットメイク機能を担っていた。しかし、それも厳しい自己資本比率規制や、ボルカー・ルールのもとでは制限されるようになっていった。

銀行が大量の債券を保有してマーケットメイク機能を担うことで、いわゆる市場の厚みが増すことになり、債券価格の安定に大いに貢献していた。市場に何らかのショックが生じて投資家が大量に債券を売り買いする際には、銀行が債券を逆方向で売買することで、価格が過度に変動するリスクが減じられていたのである。

しかし、リーマン・ショック後の厳しい銀行規制のもとで、銀行のマーケットメイク機能が低下するなかでは、市場の価格変動リスクは潜在的には高まっている面がある。銀行に代わってシャドー・バンキングの運用機関がマーケットメイク機能を担ってきた面はあるものの、例えば債券価格が急落する際には、こうした機関も手持ちの債券を投げ売りすることで、市場の不安定化を増幅してしまうリスクもしばしば指摘されている。

さらに、リーマン・ショック以降の米国金融市場でのもう一つの大きな構造変化は、個人投資家の影響力が高まったことだ。債券市場、株式市場では、個別の銘柄ではなく指数に連動するETF（指数連動上場型投資信託）への投資が拡大しており、それを主導しているのは米国では個人投資家だ。個人投資家の投資行動は一方向に偏りやすく、何らかのショックで価格が下落した場合には、保有する金融商品を一斉に投げ売る傾向がある。株式ETFの場合、個別銘柄のファンダメンタルズ（経済の基礎的条件）に関わらず個人がパニック的にそれを売れば、幅広い銘柄の株が一斉に売られてしまい、市場全体をより不安定にさせてしまうことも懸念されるところだ。

このように、銀行規制を強化するなかで、銀行以外のシャドー・バンキングに金融面でのリスクが移り、さらにそれにとどまらず、リスク全体をむしろ高めてしまっている可能性がある。こうした点は規制当局も十分に認識してはいるものの、対応が追い付いていないのが現状だろう。

シャドー・バンキングが金融危機の中核となる場合、銀行以外の機関に破綻リスクが生じ、その結果、多くの金融商品が投げ売りされるなかで、金融市場全体が混乱する、といったタイプの金融危機となるだろう。そのもとでは、企業が株式、社債の発行を通じた資金調達ができない、あるいはドルなどの資金を手当てすることができないなどの事態が生じ、リーマン・ショックと同様に経済活動にも大きな打撃が及ぶことになるだろう。

## イタリアで欧州債務問題が再燃

ＯＥＣＤ（経済協力開発機構）の分析（General Assessment of The Macroe-conomic Situation, November 2018）を踏まえて、主要国の中でも銀行システムの問題が顕著に高まっている、イタリアの例をみてみよう。

最近では、財政政策を巡るポピュリスト連立政権とＥＵ（欧州連合）との対立など、イタリアの政治情勢の不透明感が高まっている。それが、イタリア国債の利回り上昇を招き、イタリアの銀行の信頼感を損ねている面もある。まさに、欧州債務問題が再燃しているかのようだ。

イタリア国債の利回りは、足もとで過去三年間の平均水準を一％以上上回って推移している。これは、イタリア国債を大量に保有するイタリアの銀行に、損失をもたらし、また資金調達コストの上昇を通じて、先行きの経営環境への不安を生じさせている。その結果、二〇一八年四月末から秋にかけて、イタリアの銀行の株価は三～四割も下落し、破綻リスクを示すＣＤＳ（クレジット・デフォルト・スワップ）は、一気に二倍程度にまで高まった。欧州債務問題が深刻化した際に明らかになった、財政と銀行システムの相乗的な悪化のリスクが、イタリアでは再燃しているのだ。

イタリアの銀行の財務環境は、一時期と比べれば改善している。自己資本比率（Ｔｉｅｒ１ベース）は、足もとで一四・六％と、この一〇年間で二倍の水準まで高まった。また、不良債権の削減も進んできた。ただし、貸出に占める不良債権の比率は九％程度と、まだ高い水準にある。さらに、先行きのイタリア経済に対する不透明感から、不良債権処理も滞ってきたのが足もとの状況だ。

ＯＥＣＤの分析によると、イタリア国債の利回り上昇、自己資本比率の上昇、不良債権比率の上昇の三つが、イタリアの銀行の貸出金利を時間差で上昇させる傾向が見られる。このうち、既にイタリア国債の利回り上昇は顕著となっている。今後、それが貸出金利上昇を通じて経済活動に悪影響を与えれば、イタリアの銀行の収益を損ねることや、貸出の焦げ付きを通じて、さらなる貸出金利の上昇へとつながっていく可能性がある。その場合、イタリアの銀行の財務環境悪化と経済環境の悪化が相乗的に高まる事態となってしまうだろう。

## 銀行の財務環境と経済環境の相乗的な悪化の連鎖

二〇二〇年六月から二〇二一年三月の間に、イタリアの銀行は、ＥＣＢ（欧州中央銀行）から、ＴＬＴＲＯ（長期資金供給オペレーション）を通じて借入れた七〇〇億ユーロの返済期限を迎える。これは、総負債額の七％にも達する規模だ。イタリアの銀行は、この債務返済のために新たに資金調達を強いられ、それは資金調達コストを一段と高めることにもなるだろう。

イタリアの銀行が保有するイタリア国債は、平均で自己資本（Ｔｉｅｒ１ベース）の七〇％近くにも達している。こうしたもとで、政治・経済情勢の不透明感からイタリアの国債利回りがさらに上昇（価格が下落）すれば、イタリアの銀行に損失が生じ、自己資本比率は低下していくことになる。この際、自己資本比率を高めるために増資を行えば、イタリアの銀行の株価はさらに下がってしまうだろう。それを回避するには、貸出を中心にリスク資産の削減を進めることが必要となるが、それはイタリア経済を一段と悪化させ、イタリアの銀行の財務環境の悪化に跳ね返ってくる。

このように、イタリアの銀行問題は、容易に出口を見いだせない厳しい状況に陥っている。

## 5．日本の銀行は脆弱化が進む

### 地銀の収益環境は着実に悪化

日本では、地域銀行（地銀）の収益環境が着実に悪化している。二〇一七年度の決算を踏まえた金融庁の分析によると、地域銀行の過半数となる五四行で本業利益（貸出・手数料ビジネス）が赤字となった。さらに、そのうち実に五二行が、二期以上の連続赤字だった。連続赤字の銀行は年々増加傾向にあり、赤字体質が定着してきていることがわかる。

最終赤字に陥る地域銀行はわずかだが、景気回復による貸倒引当費用の低下と債券、投資信託の売却、解約による益出しで、最終的な決算が表面的に取り繕われている面が強い。ひとたび国内景気が減速すれば、信用コストは一気に高まり、銀行の収益を圧迫することは避けられない。さらに、債券及び株式の価格が下落していけば、益出しの原資もなくなるだろう。こうしたもとでは、最終赤字に陥る地域銀行の数が、将来的には急増していくことが避けられないのではないか。

このような収益環境の悪化は、いずれ銀行経営を脅かし、銀行システムの不安定化に繋がる。さらに、こうした環境下で銀行が収益改善を図ろうと、過度なリスクテイクを行なうことで、将来の収益環境がむしろ一段と悪化し、銀行システムの脆弱性を増幅してしまうことが懸念される。

## 景気下振れのリスクが高まる

日本銀行は、国内金融システムの安定性を評価する観点などから、年に二回「金融システムレポート」を公表している。

二〇一八年一〇月に発行したレポートでは、「金融循環の面で過度な過熱感は窺われない」とする従来の判断が維持された。しかし、金融当局が公表するこの種のレポートでは、直接的にリスクを指摘することが、金融面での大きな調整、場合によっては金融危機の引き金（トリガー）となってしまうことを警戒して、金融システムの安定性を脅かしかねない問題点などを意識的に控えめなトーンで指摘するのが普通だ。こうしたレポートの特性を考慮に入れて読んだ場合、この二〇一八年一〇月のレポートは、金融機関のリスクテイク姿勢にかなりの警戒感を示す内容となったのではないか。

二〇一八年四月のレポートでは、日本銀行は、低採算先の上位グループであるミドルリスク企業向けの融資拡大に注意を促したが、今回は、証券投資も含めて、金融機関のリスク資産全体の拡大が、将来の景気や金融システムの安定に与える悪影響について、一歩議論を進めた感がある。

このレポートで、いわば目玉となったのは、足もとでバブル崩壊期以降のピークを更新した金融ギャップ（金融面での偏り）が、先行きの経済にどの程度の変動リスクをもたらすかを計測する、GDP at Risk（GaR）という手法を用いた分析だ。それによると、先行き三年間の需給ギャップの変化幅についての確率分布を計測すると、従来と比べて、需給ギャップがより悪化する方向へと、確率分布の形状が変化している。つまり、景気の下振れリスクが高まっていることが確認できる。

このレポートでは、先行き三年間といったやや長い目で見ると、バランスシートの調整圧力を溜め込むことで、下方のテールリスク（生じる確率は低いが、実際に生じると甚大な影響をもたらすイベントのリスク）を高める方向に作用している、と指摘されている。

## リスク資産の拡大で自己資本比率低下

金融機関の財務環境については、自己資本比率が近年緩やかに低下していることもこのレポートで指摘されている。その背景には、リスク資産保有を拡大する一方、そこから得られる収益が十分に高くないこと、つまり、リスク資産の拡大に見合った収益をあげにくくなっていることがある。

金融機関のリスク資産では、低採算先向けの融資拡大が、引き続き注目されている。ここでいう低採算先とは、財務内容が相対的に悪い企業のうち、景気循環を均した信用リスク対比で、金融機関が貸出金利を低めに設定している先、と定義されている。

金融機関の低採算先貸出比率は、近年上昇傾向をたどっている。また、日本銀行が地域金融機関に対して実施したアンケート調査の結果では、「ミドルリスク企業向けの貸出金利は、景気循環を均した信用コストに見合っていない」と回答した金融機関が、五割以上にも上っている。こうした中では、景気情勢がひとたび悪化に転じた場合、信用コストの増加から金融機関の収益環境がにわかに厳しくなるだろう。

さらに、足もとで改めて注目を集めている、不動産業向けの貸出比率については、依然として上昇傾向をたどっている。地域金融機関からは、最近の融資申し込み案件で、利払い能力の低い投資家層の増加、賃貸物件の期待利回りの低下、借入期間の長期化など、質の悪化を懸念する声が増加しているという。

## 低下する金融機関のストレス耐性

リスク資産の中でも、融資ではなく証券投資に注目すると、地域金融機関は投資信託を積み増し、リスクテイクを積極化させていることが分かる。投資信託が多様化するなか、そのリスクを十分に補足できていない先も少なくない。日本銀行が実施したマクロ・ストレステストで、内外の金融経済情勢が、リーマン・ショック時並みに悪化するテールイベントを想定した場合には、金融機関の株式関係損益のマイナス幅は、リーマン・ショック時よりも大きくなる。これは、地域金融機関を中心に、投資信託の保有が拡大しているためだ。

テールイベント・シナリオのもとでのストレステストの結果を、過去にさかのぼって比較してみると、金融機関の当期純利益や自己資本比率は、徐々に下振れる傾向が見られる。低金利の長期化や競争激化から、金融機関の利鞘の縮小傾向が続くなか、過剰なリスクテイクをともなうリスク資産の増大が、金融機関の自己資本比率を低下させていることが、その背景にある。

このように、金融機関の過大なリスクテイク姿勢が、先行きの景気の下振れ傾向を大きくするリスクを高める一方、経済・金融面のショックに対する、金融機関の抵抗力（ストレス耐性）を低下させているのが現状だ。その結果、経済・金融環境と金融機関の財務環境との間で、将来、スパイラル的な悪化が生じるリスクが高まっている。

金融機関の過大なリスクテイクを抑制する手段として、日本銀行は考査などを通じた金融機関への働きかけを進める一方、過大なリスクテイクの誘因となっている収益環境の悪化を、預貸利鞘の拡大、および安全資産投資の収益性回復の観点から緩和すべく、環境が許せば、市中の長期金利の上昇を促す金融調整を、この先は進めていくと予想される。

## 活路が塞がれてきた地域金融機関

二〇一八年に、スルガ銀行の不適切融資問題が発覚した。スルガ銀行は、女性専用のシェアハウス「かぼちゃの馬車」や、それ以外の投資用不動産で、不適切な融資を行なっていた。借り入れ希望者の年収や金融資産額を水増ししたり、実際の取引価格と異なる契約書が提出されたりしていることを行員は知りながら、融資をしていたとされる。スルガ銀行あるいはそれ以外の地域金融機関でも発覚している不適切行為、不正行為は、決して正当化されるものではない。ただし、それらが生じた背景の一つに、すべての銀行に共通する厳しい経営環境があったことも否定できないところだろう。

厳しい経営環境の下で一定の収益を上げるために銀行が取り組んできた、いわば活路を見出すための試みは、今までことごとく阻まれてきた、とも言える。その取り組みとは、アパート・マンションローン、カードローン、外債投資、経営統合などだ。

地方を中心に拡大し、資産家の節税対策とも関連しているアパート・マンションローンについては、空室率の上昇などを受けて、金融庁が数年前から慎重な融資を銀行に呼び掛けている。また、収益性の高いカードローンは、多重債務者増加を懸念する世論に配慮して、銀行は自粛を強いられた。

国内の国債利回りが低下するなか、銀行はより高い利回りを求めて米国国債など外債投資を拡大させたが、海外国債利回り上昇を受けて大きな損失を負ってしまった。これを受けて金融庁は、証券投資のリスク管理をより強化するように、地域金融機関に働きかけるようになった。

そして、地域金融機関の構造改革手段の一つと金融庁が位置付ける合併・統合は、各地域で相応に進んできたものの、長崎県でのＦＦＧ（ふくおかフィナンシャルグループ）と十八銀行との統合については、統合後の県内融資シェアの高さを理由に、公正取引委員会が承認しない期間が二年半も続いた。最終的には、統合は承認されたが、その過程で他行に貸出債権を移す「債権譲渡」という異例の手法がとられたことから、同一県内など近隣同士の地域金融機関の合併については、ハードルが上がってしまった感がある。

このように、収益改善のために銀行が行なってきた取り組みが、いずれも障害に直面し、銀行は活路を見出すことができない状況にある。

## 金融政策による銀行の収益環境の悪化

銀行に厳しい収益環境をもたらしている低金利環境は、潜在成長率の低下など、以前と比べて日本経済の潜在力が低下してしまったことに起因する部分が多い。経済構造の変化を反映して生じた新たな低金利環境に、銀行ビジネスが十分に対応できてこなかった、という側面もあるだろう。

しかし、近年の日本銀行による異例の積極金融緩和策が、経済の実力に照らした妥当値を、大幅に下回る水準にまで金利を押し下げ、銀行の収益環境を一段と損ねてしまっていることもまた確かだろう。例えば、経済環境に照らした一〇年国債利回りの妥当値は一％強程度ではないかと思われるが、実際の水準はそれより一％程度も低い。

この政策がいずれは効果を発揮し、経済の活性化、インフレ率の上昇につながれば、低金利も修正されて銀行の収益環境は改善するが、それは到底期待できないだろう。既に、金融緩和の追加的な効果はほぼ無くなり、銀行の収益を悪化させ、金融仲介機能を損ねるといった副作用のみが累積を続けている状況、と考えざるを得ない。

日本銀行が二〇一八年七月末に公表した政策修正は、イールドカーブのスティープ化を主に意図した措置と考えられる。異例の金融緩和策の継続にともなう、上記の副作用の軽減を狙ったもので、事実上の正常化策だ。しかし、この程度の措置では、金融機関の収益見通しを改善させるには、なお力不足だ。

## 金融庁による融資拡大要請の問題

多くの地域金融機関が、不正ではないにせよ、不動産融資などで過度なリスクをとっている背景には、金融庁による融資拡大要請も影響を与えているのではないか。

地域密着型のビジネスモデルに根差して、企業に対する目利きを効かせた融資の拡大を、金融庁は地域金融機関に求めてきたが、そうした融資を拡大できる余地も、もはや限界に達しているのではないか。そうした中で無理に融資を拡大しようとすれば、低金利戦略で他行の融資を肩代わりしていく他はない。

しかし、それによって貸出金利が一段と下がれば、融資量が多少増加する中でも、利鞘縮小によって銀行の収益はむしろ悪化してしまう。実際、こうした貸出金利引き下げの過当競争が、地域金融機関の収益悪化に拍車をかけているのが現状だろう。

こうした点を踏まえれば、金融庁が地域金融機関に融資拡大の要請を安易に強めることには問題がある。恐らくその背景には、政府の政策「地方創生」と平仄を合わせる意図があるのではないか。しかし、地域経済活性化を優先するなかで、地域金融機関の収益が一段と悪化し、いずれ金融システムの不安定化に繋がってしまうようでは、金融庁は本来の職責を果たせないことになるだろう。

貸出金利引き下げの過当競争のもとで、信用リスクに見合わない低金利での貸出が、既にかなり拡大してしまった可能性がある。ところが金融庁は、リスク管理よりも、銀行融資の促進を優先させる方向に、舵を切ってきた。そして、適切な不良債権管理のため、銀行による債務者区分を、しっかりとチェックする業務を後退させてきた。景気情勢がひとたび悪化すれば、予想以上に地域金融機関の不良債権は拡大し、金融システムを揺るがす事態にまで発展する可能性はあるだろう。

一九九〇年代の終わりから、二〇〇〇年代初頭にかけて、国内の金融不安が収束する過程で、金融システムの安定維持に関する金融行政の優先度が低下してしまったのである。二〇一八年七月に実施された金融庁の組織改正も、そうした考え方が背景にある。それが行き過ぎ、銀行検査が簡素化され過ぎたことが、金融庁がスルガ銀行の不適切融資を、長らく見過ごしてしまった、その遠因となった面もあったのではないだろうか。

## 当局は金融システムの安定により目配りを

日本銀行には「物価の安定」と「信用秩序の維持（金融システムの安定）」という二つの使命（マンデート）がある。本来は、双方の使命をバランスよく達成することが求められる。しかし、近年は、政府からの強い要請もあり、デフレ克服を優先するとの方針のもとで、「物価の安定」という使命に過度に偏った金融政策運営がなされてきた。その結果、すでに見たように銀行の収益環境は大幅に悪化し、将来的には金融システムの不安定化に繋がるリスクを高めてしまっている。「信用秩序の維持（金融システムの安定）」というもう一つの使命が、明らかに軽視されてきたのである。

こうした、バランスを欠く日本銀行の金融政策と、同様に金融システムの安定維持の優先順位を低下させた、金融庁の金融行政とが重なることで、現在の地域金融機関の厳しい経営環境が作られている面がある。そしてそれは、いずれ銀行経営の悪化と、金融システムの不安定化に繋がるリスクを秘めている。

両当局には、スルガ銀行の不適切融資問題などを、そうした金融政策、金融行政を見直し、転換するための教訓として欲しい。

# 6. 銀行はフィンテックで苦境に

## コスト削減としてのフィンテック

前節でみたように、日本の銀行、特に地域銀行は、人口減少を含む日本経済の潜在力低下、日本銀行の異例な金融緩和、金融庁の金融行政の影響など複合的な要因から、中核業務である預金貸出分野、そして証券運用分野での収益性を、著しく落としてしまった状態にある。こうした収益環境が、貸出や有価証券運用で過度なリスクテイク行動を促し、将来の銀行システムの不安定化に繋がるリスクを、着実に高めていることが懸念されるところだ。

これに加えて、いわゆるフィンテック企業によって、従来銀行が担ってきた業務が切り崩されてきており（アンバンドリング）、それも、銀行の収益を損ねている。フィンテックとは、ファイナンス（金融）とテクノロジー（技術）を組み合わせた造語で、二〇〇八年のリーマン・ショック後に米国で生まれたとされている。その本質は、「ＩＴを駆使した、革新的で、既存金融機関のサービスを一掃するほどの力がある、顧客利便性の高い、新たな金融商品やサービス」と定義できるのではないか。

ただし、現在、日本の銀行が積極的に活用しているフィンテックは、コスト削減を目的としたものが中心であるように見受けられる。二〇一七年一〇月末には、メガバンクグループのリストラ（構造改革）計画が相次いで明らかになった。その前年の二〇一六年の二月には、長引く低金利環境に追い打ちをかけるように、日本銀行が日本で初めてのマイナス金利政策を導入していた。収益見通しを一段と悪化させた銀行が、生き残りをかけて大幅な人員調整を含む構造改革を実施せざるを得なくなったのだ。

各行それぞれの計画のなかで注目されるのは、経費削減の手段として、フィンテックの活用が盛り込まれたことだ。その中には、RPA（ロボティック・プロセス・オートメーション）と呼ばれるソフトウエアを活用して、自動化する計画も含まれている。RPAは、人が処理している高度な業務を、AI・ロボット技術を活用して自動化する仕組みだ。

やや皮肉なことだが、日本では、顧客利便性の向上策としてよりも、大手銀行の人員削減とコスト削減のために、フィンテックが大いに活用される見通しとなっている。

## 金融のアンバンドリングで「土管化」する銀行

金融庁の金融行政には、当初はフィンテック企業から、既存の金融機関を守る傾向が見られていたが、その後、利用者の利便性向上などに配慮して、フィンテック分野で、銀行とフィンテック企業との間の競争を促進する方向へと、方針転換されていった。そのため、金融機関、特に銀行の伝統的業務がフィンテック企業に取り崩されていくアンバンドリングが、否応なく進展することが予想される状況となっている。

金融機関のフィンテック企業への出資をより容易にさせた、二〇一六年の銀行法改正は、サービスの供給側である金融機関や、フィンテック企業というよりも、需要サイドである利用者の利便性に重きを置くものだった。さらに、金融庁が既に正式な方針として掲げているように、金融法体系を業態別から業務別の規制へと変えていくことは、それぞれの業務への新規参入を容易にし、競争を促進する一方、既存の業務のアンバンドリングに拍車をかけることになる。アンバンドリングが進むと、銀行はいわゆる「土管化」する怖れがある。

フィンテック企業は、銀行システムを利用して、利便性の高いサービスを顧客に提供している。フィンテック企業が顧客の送金や決済を代行して、銀行の業務が一部奪われても、手数料は銀行に支払われ続ける。しかし、その場合には、決済の頻度が低下するなどして、銀行の手数料収入は減少していく。さらに、顧客との接点（インターフェース）は、フィンテック企業に奪われてしまう。日々の取引を通して蓄積される膨大な顧客情報、および取引履歴などのビッグデータは、フィンテック企業に集中して蓄積する。銀行はそのシステムを顧客に利用されているにもかかわらず、将来のビジネス展開に役立つような情報は蓄積できず、存在感は低下していく。これらが「銀行の土管化」だ。

## 決済ビジネスで攻め込まれる銀行

フィンテック企業が始めた新しい金融サービスを黙ってみているだけでは、銀行は「土管化」してしまう。そこで、そうしたサービスに何らかの格好で参入していくことを検討してきた。大手行が検討しているデジタル通貨の創設も、そうした流れのなかにある。

しかし、参入していけば、ジレンマにも遭遇するだろう。一つは、今まで得ていた手数料収入を失いかねないことだ。銀行がデジタル通貨を発行すれば、顧客利便性が高まるだろう。しかし、そのデジタル通貨がクレジットカードに代わって利用されれば、銀行預金を使った既存の決済の一部が代替されてしまう。その場合には、銀行は預金決済で得られるはずの手数料を失うことになる。銀行の新規のビジネスが、自らの伝統的なビジネスの収入を、減らしてしまうというジレンマが生じるのである。

ここで、無料対話アプリを運営するLINEのスマホを使った決済サービス、「LINEペイ」を例に挙げてみよう。LINEはLINEペイを大幅に広げていく方針を、二〇一八年の夏に発表した。日本でのLINE利用者は現在（二〇一八年二月）七八〇〇万人と、人口全体の実に六割強に達している。銀行最大手の三菱UFJ銀行でも、預金口座数は四〇〇〇万程度だ。LINE利用者が一気にLINEペイの利用を始め、また拡大させていけば、その影響力は絶大だろう。

LINEペイの利用を飛躍的に拡大させるために、二〇一八年八月からLINEが始めたのが、手数料無料化という戦略だ。LINEは、スマホにインストールするだけで決済端末となる専用アプリを、店舗に無料配信している。このアプリを使って決済した場合には、店舗（中小業者）側の手数料が三年間無料になるというものだ。販売額に応じて課される決済手数料は、日本では現在三〜四％が主流だ。その他の企業でも、店舗側の手数料を無料化する動きが広がっており、それが業界標準になりつつある。

ところで、LINEやそのライバル会社らが、決済サービスを無料で提供しても、ビジネスとして成り立つというのは不思議であるが、それは、もともと決済サービスで儲けるというビジネスモデルではないからだ。この点が、手数料収入で成り立っている銀行の伝統的な決済サービスとは根本的に異なり、それゆえにスマホ決済などを巡る戦いでは銀行が不利となる。

LINEペイの場合には、無料アプリを使って顧客の決済を行うと、店舗の公式アカウントがその顧客とLINE上で「友だち」になれるという特徴がある。店舗側はその後、キャンペーンやクーポン発行などのメッセージを顧客に届けられるようになるが、その際に広告収入がLINEに入る仕組みだ。

このように、決済サービスを無料で提供しても、その利用が拡大していけば、儲けることができるビジネスモデルとなっている。また中国のアリババグループ傘下のアリペイも、決済サービスをほぼ無料で利用者に提供しているが、そこから得られる取引履歴、つまり誰がいつどこで何を買ったか、などといった情報を蓄積し、それを自社のネットショッピングでのターゲット広告等に利用、または他社に販売することで稼ぐというビジネスモデルだ。つまり、決済サービスは本業ではなく、そこで儲ける必要がないため、無料で提供できるのだ。

## 銀行が勝てない手数料無料のビジネスモデル

ところが銀行にとっては、この決済サービスはまさに本業中の本業、業務の中核であり、今まではそれから手数料収入を得てきた。また、それ以外のビジネスモデルは全く経験がない。

銀行が、現在すでに計画されているように、スマホ決済サービスに本格的に乗り出していけば、顧客の取引履歴を入手することはできる。だが、ネット企業のようにそれを本業に活用することはほとんど期待できないだろう。またそれを外部に販売して儲けるというビジネスにも不慣れだ。

従って銀行が手数料収入にこだわれば、スマホ決済サービスの分野で競争していくのはかなり難しいのではないか。また、先行するＬＩＮＥペイなどによって、スマホ決済の手数料無料化が、一気に業界標準となってしまえば、銀行はこの分野に新たに参入することを、見直さざるをえなくなるかもしれない。

## 負の遺産（レガシーコスト）が銀行の重荷に

ネット企業などによるスマホ決済が広がると、クレジットカードでの決済や銀行預金による決済が減っていくことになる。クレジットカード会社を系列に持っていることも考え合わせると、これは大手銀行にとって、大きな収益減となってしまう。それを何とか食い止めようとして、銀行も自らスマホ決済サービスに乗り出そうとしているのだが、それも、既存の決済手数料収入を、自ら減らしてしまうことに変わりはない。

さらに、銀行は、決済インフラに既に巨額の資金を注ぎ込んでいる。これはいわば負の遺産（レガシーコスト）だ。安定した決済システム、いつでも引き出し可能なATM、一万三〇〇〇店にも上る実店舗など、銀行が決算業務関連で抱えるインフラは、合計で一〇兆円規模にも上るという。銀行預金の決済取引が減れば、その分、固定費の重みはさらに増してしまう。

このように銀行にとっては、スマホ決済サービスに乗り出すことは、自らの収益基盤を切り崩すことにもなるという、大きな自己矛盾を抱えている。それゆえ、この分野に一気にリソースを全力投入していくのは難しいのではないか。レガシーコストもないネット企業らとスマホ決済分野で勝負すると、どうしても銀行が劣勢となってしまうように思われる。

たとえば、三菱東京UFJ銀行（当時、現三菱UFJ銀行）の二〇一七年三月期の有価証券報告書を基に試算すると、年間七七九億円の利益が失われる計算となる。

その計算の内訳を詳しくみてみよう。報告書にある決済関連手数料は一五五八億円だ。決算関連の減価償却費は約三七六億円と計算できるため、決済関連の収支、つまり手数料収入は一一八二億円ほどだと予想できる。決済のうち、これまでATMなどを利用していた送金の半分が、デジタル通貨を利用した無料のスマートフォン決済に代替されると仮定すると、手数料収入は七七九億円とほぼ半減する。一方、利用が減っても減価償却費は減少しない。その結果、収支は現在の三分の一の四〇三億円となり、七七九億円もの減少となる。この減少分は三菱ＵＦＪ銀行の二〇一七年三月期の純利益四八一五億円の一六・二％にも相当するのだ。

## 7．次の金融危機は世界同時型

### 次の危機はどんな顔か

危機への対応がまた次の危機を準備する、といった循環論に立てば、深刻な金融危機が再び発生する可能性は、小さいとは言えない。約一〇年前に起こったリーマン・ショックを機に、主要国が異例の積極金融緩和を実施し、それが金融市場に大きなひずみを蓄積してきたためだ。

リーマン・ショック、あるいは一九九〇年代初頭の日本のバブル崩壊と比較した場合、次に起こるかもしれない金融危機は、特定の震源地を持たない、世界同時型になりやすいのではないか。

リーマン・ショックでは、米国の不動産市場が主な震源地だった。また、日本のバブル崩壊では、日本の不動産、株式市場が震源地だった。他方、今回蓄積された最も大きなひずみは、世界の債券市場全体に広がっているのだろう。

リーマン・ショック後に多くの主要国で採用された金融緩和策は、中央銀行が国債を大量に買入れるという、伝統的な金融政策とは異なる資産買入れ策だった。その狙いは、短期金利の低下余地が限られる中、長期国債の金利をできる限り低下させ、景気刺激効果を発揮させることだった。

長期国債の金利低下は、投資家に深刻な運用利回り低下をもたらし、それは、できるだけ高い金利の債券に投資を傾けていくという、サーチ・フォー・イールド（利回り追及）の動きを加速させた。その過程で、社債の金利と国債の金利との格差、いわゆるスプレッドが、信用リスクと比較して過度に縮小するという、いわゆる債券バブルが形成されていった。

不動産と比較すれば当然だが、株式と比較してもなお、債券市場の各国間での連動性はより大きく、そのバブル形成と崩壊は、グローバルに連動して生じやすいだろう。

債券バブルの崩壊は、世界経済の悪化による社債の信用リスクの顕著な上昇か、国債の金利上昇、あるいは国債市場のボラティリティの上昇、のどちらかが引き金となりやすい。債券バブルの形成と崩壊は世界同時となりやすいとしても、その引き金を引くのは特定地域、特定国、特定イベントだろう。

## トランプ貿易戦争、金融政策がきかっけに

第3章でより詳細に議論するが、グローバル金融危機の引き金となりうる、リスクの高いイベントとして、米中貿易戦争の激化や自動車・自動車部品への追加関税導入といった、トランプ政権の保護主義政策が、よりエスカレートすることがまず挙げられる。

さらに、米国での双子の赤字問題がより深刻化すれば、ドルの信認が低下し、海外からの資金流入が滞ることで、米国債の金利上昇が生じやすくなる。いわゆる悪い金利上昇だ。双子の赤字拡大の背景にある、大型減税実施などによる財政需要超過を削減する国内構造改革にトランプ政権が着手すれば、そのリスクは軽減されるが、現状では米国の貿易赤字拡大の原因を、貿易相手国の不公正貿易や通貨安政策に求め貿易戦争を仕掛ける、トランプ政権の姿勢に変わる兆しはない。

他方、国債買入れ策を最も積極的に実施してきた日本で、国債の流動性の低下から、国債市場のボラティリティがにわかに高まる事態となれば、それも世界の国債市場のボラティティ上昇につながり、債券バブルの崩壊を引き起こす可能性があるだろう。

日本銀行はそのリスクを軽減させるために、国債買入れ増加ペースの縮小や、イールドカーブコントロールの修正という、事実上の正常化策をすでに進めている。しかし、国内経済が悪化した場合、政府が国債増発をともなう形での財政出動を実施し、日本銀行に対してその協調策として国債買入れの再拡大を要請する可能性が十分にあるだろう。日本銀行がそうした政府からの要請を拒否できなければ、国債買入れの再拡大が国債の流動性を極度に低下させ、国債市場のボラティリティを大きく高めてしまうリスクが、再び現実味を帯びる。

このように、次のグローバル金融危機の引き金となりうる火種は、世界に多数散らばっているように思われる。他方で、ひとたび金融危機が生じた場合に、金融緩和で対応できる余地は、一〇年前よりも格段に限られている。財政政策についても同様だろう。また、リーマン・ショック直後のように、中国が四兆人民元（当時の為替レートで約五三兆円、ＧＤＰ比一三％）の巨額の景気対策で、再び世界経済を救ってくれることはないだろう（第5章参照）。

非常に厳しい現実に、今の世界は直面しているのである。

第3章

# 危機の引き金は何か

LAST JUDGEMENT ON WORLD ECONOMY

金融危機の引き金となり得るイベントとして、米中貿易戦争など、トランプ政権の保護貿易主義がエスカレートすることによる世界経済の悪化がまず挙げられる。また、米国の双子の赤字問題がより深刻化し、ドルの信認低下とともに海外からの資金流入が滞ることで、米国債の金利が大きく上昇することも懸念される点だ。他方、金融政策として国債買入れが最も積極的に進められてきた日本で、流動性の低下から国債市場のボラティリティ（価格変動率）がにわかに高まる事態となれば、世界の国債市場の混乱にもつながり、債券バブルの崩壊を引き起こしてしまう可能性もある。

さらに、米中貿易戦争が中国の経済を悪化させれば、社債価格の下落などをきっかけに、リーマン・ショック前の米国の状況にも似た、中国の複雑な金融リスクを一気に表面化させてしまう可能性もある。

金融危機の引き金となるこれらのイベントには、世界的なポピュリズムの台頭が影響している。日本での異例の金融緩和策の実施も、その背景には、デフレ脱却というポピュリズム的な政治目標があったと考えられる。物価と景気が相乗的に悪化する深刻なデフレスパイラルは、世界大恐慌以降、先進国では一度も起こっていない。マイルドデフレに、過度な金融緩和策で対応すれば、資産インフレとその後の資産デフレを招き、経済に深刻な打撃を与えてしまう可能性がある。

日本銀行は、国債市場の流動性低下のリスクにも配慮して、国債の買い入れ増加ペースを縮小させる、事実上の正常化策を既に進めている。しかし、この先景気情勢が悪化すれば、政府からの要請などを受けて、日本銀行は再び国債の買い入れを拡大させ、金融危機の原因ともなる国債の流動性の極度な低下のリスクを、自ら高めてしまう可能性もなお残されている。

# 1．貿易戦争が経済・金融危機を引き起こす

## 強まる米国の保護貿易主義

米トランプ政権は、政権発足二年目の二〇一八年に入るとにわかに保護貿易主義的な政策姿勢を強め、制裁関税を乱発していった。その最大の標的となったのは中国だ。トランプ政権は、制裁関税を通じて中国に一気に圧力をかけ、二国間で紛争を解決するという選択肢を選んだのである。貿易などの問題は他国間の交渉で解決していくという、米国が主導して作り上げた戦後の世界経済のルールを、米国自らが覆してしまった。

米中貿易戦争の本質は、経済、先端産業、そして軍事力を巡る二国間の対立であり、単純な貿易不均衡の問題ではない。この点から、両国とも簡単には譲ることができず、今後も解決策は容易に見出されないだろう。

米中貿易戦争は、両国にとどまらず、世界経済全体にとっても大きなリスクだ。米中貿易戦争がさらにエスカレートすれば、世界経済には大きな打撃が及び、また日本経済は景気後退に陥るリスクも生じるだろう。

二〇一八年六月にトランプ政権は、中国の知的財産権侵害への制裁措置として、輸入される五〇

○億ドル（約五・五兆円）分の中国製品に、二五％の追加関税を課すことを発表した。これを受けて中国政府は、米国製品に同額の報復関税を課した。さらにトランプ政権は、中国からの輸入品二〇〇〇億ドル（約二二兆円）相当について、新たな追加関税対象のリストを七月に公表し、九月に実施した。

中国への追加関税対象がこの規模まで広がれば、米国では輸入品価格が相当に高まり、消費者に相応の痛みが生じることが避けられない。中国に対する制裁措置が、米国経済にも打撃となって跳ね返る「ブーメラン効果」が、今後は本格的に生じるだろう。

このように、世界のＧＤＰの第一位と第二位の米中両国が、消耗戦となる貿易戦争を繰り広げることは、世界経済にとって大きな下振れリスクだ。また、日本にとって、両国は輸出先の一位と二位であり、合わせて日本の輸出全体の四割弱を占めている。両国間での消耗戦は、日本経済を支える輸出の環境が、この先、長きにわたってかなり悪化する可能性があることも意味している。

## ＩＭＦが示した試算値

ＩＭＦ（国際通貨基金）は、トランプ政権による追加関税が与え得る世界経済への悪影響を試算し、二〇一八年一〇月に公表した。ＩＭＦは、米国がすでに実施した鉄鋼輸入制限、中国の知的財産侵害を理由とした年五〇〇億ドル相当の中国製品への追加関税、二〇〇〇億ドルの対中追加関税を前提にして、今後の追加措置ごとにケース分けして試算値を示している。この時点で、既に米国及び中国のＧＤＰは〇・三％ずつ押し下げられる計算だ。

第一のシナリオは、五〇〇〇億ドルを超える中国からの輸入品全体に、追加関税が課せられるケースだ。この場合、米国のＧＤＰへの影響はマイナス〇・五％、中国のＧＤＰへの影響はマイナス〇・六％となる。

第二のシナリオは、さらに米国がすべての自動車、自動車部品に二五％の追加関税を課すケースだ。この場合、米国のＧＤＰへの影響はマイナス〇・九％、中国のＧＤＰへの影響はマイナス〇・六％となる。そして、世界のＧＤＰへの影響はマイナス〇・四％となる。

こうしたシナリオのもとでも、世界経済は一気に失速するほどの悪影響は生じない。しかし、マクロ経済モデルに基づいた以上の試算では、グローバル・バリューチェーンの混乱を通じた悪影響は、十分に補足されていないだろう。また、米国の保護主義的な政策がもたらす金融面への影響、例えば後に議論する中国の金融問題への影響などを考慮に入れれば、試算結果よりも大きな影響が世界経済に及ぶ可能性は、十分に考えられるのではないか。

ちなみに、第二のシナリオの場合、日本のＧＤＰへの影響はマイナス〇・六％～マイナス〇・七％程度になると推察される。ただし、今後本格化する日米貿易交渉の影響を踏まえれば、悪影響はもっと大きくなる可能性があるだろう。例えば、貿易交渉の結果、日本が対米自動車輸出を半減することを強いられれば、それは日本のＧＤＰを直接的に〇・五％、波及効果も入れればそれ以上押し下げることになる。その影響は、日本経済を後退局面に陥らせるのに十分だろう。

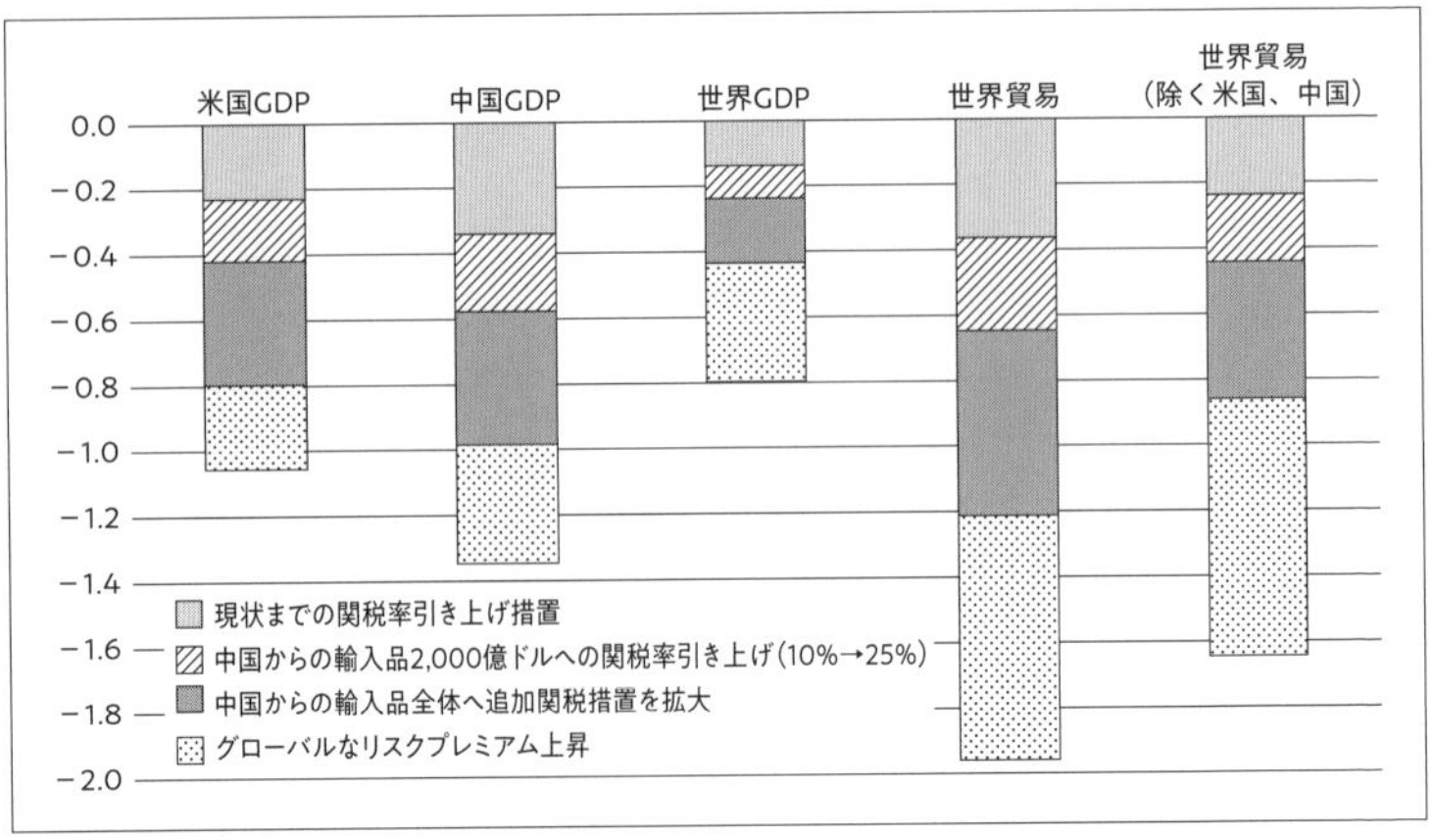


**図表3−1　貿易戦争による世界経済への打撃(OECDの試算値)**
(注)関税率引き上げによる2021年までの経済効果
(出所)OECD, General Assessment of The Macroeconomic Situation, 2018より野村総合研究所作成

## OECDが示した試算値

米国の保護貿易主義が世界経済にもたらす悪影響については、このIMFをはじめ、多くの機関がその試算値を示している。二〇一八年一一月には、OECD(経済協力開発機構)が、その世界経済見通し(OECD Economic Outlook)の中で、世界経済の大きな下方リスクとして、その試算値を紹介した【図表3−1】。

既に実施された米国による追加関税措置(鉄鋼・アルミへの追加関税、中国からの輸入品五〇〇億ドルへの二五%の追加関税、中国からの輸入品二〇〇〇億ドルへの一〇%の追加関税)と、それに対する中国の報復関税措置により、二〇二一年までに米国のGDPは〇・二%程度、中国のGDPは〇・三%程度、世界貿易は〇・四%程度、それぞれ押し下げられる。

一方、他国にとっては、こうした米中での報復関税合戦から受ける利益、いわば漁夫の利もある。それは、両国間での輸出と比べて、より低い関税率で両国へ製品輸出が可能となるという効果だ。しかし、それは中長期的な効果であり、短期的には両国経済が減速することによる、輸出及び経済へのマイナス効果の方が勝る。

ところで、米国は二〇一九年四月から、中国からの輸入品二〇〇〇億ドルに対する追加関税率を、一〇%から二五%へと引き上げる可能性がある。この場合、米国のGDPの押し下げ効果は〇・四%程度、中国のGDPの押し下げ効果は〇・六%程度と、ともに一気に二倍となる。その際には、世界貿易を〇・六%以上押し下げる効果も生じる。米中貿易戦争が米中および世界経済に与える悪影響が、一気に二倍となるタイミングが目前に迫っている。

## FRBの利上げを促すことで波及的な悪影響

さらに、OECDは、米国が五〇〇〇億ドル超となる中国からの輸入品全体に、追加関税の対象範囲を拡大するケースを想定している。また、こうした貿易戦争による先行きの経済環境の不確実性や、地政学リスクなどを踏まえて、全ての国で設備投資に関わるリスクプレミアムが〇・五%程度高まり、その分だけ資金調達コストも高まるケースも想定している。その場合、米国のGDPは一・〇%強押し下げられ、中国のGDPは一・四%程度押し下げられる計算となる。

このケースでは、世界のGDPは〇・八%程度押し下げらる。また、世界貿易は二・〇%程度押し下げられることになる。世界経済や貿易活動に甚大な打撃となることは明らかだ。

またＯＥＣＤは、貿易戦争が与える経済、物価への影響が、政策対応に与える影響についても検討している。上記の最後のシナリオの場合、追加関税導入によって、米国の消費者物価は〇・九％程度も押し上げられる。こうした一時的な物価水準の上昇に対して、ＯＥＣＤは、ＦＲＢ（米連邦準備制度理事会）が政策金利引き上げ幅をその分〇・五％拡大させるという対応をとることを想定している。一時的な物価上昇に対する政策金利引き上げは、実質金利を上昇させることで、景気に追加的な打撃を与えることが避けられない。さらに、米国での政策金利引き上げは、ドルの価値を二％程度押し上げると想定されている。それは、新興国にとっては通貨安による物価上昇を通じて経済を悪化させるとともに、米国への資金の引き上げを通じて、新興国の金融市場のさらなる動揺を招く可能性がある。

こうした、政策対応の波及効果も考慮にいれれば、上記の試算値で示された世界経済への悪影響は、さらに増幅されだろう。

ところで、ＯＥＣＤの試算値に関する記述では、日本経済への影響については触れられていないため、ここで敷衍して議論をしておきたい。すでに見たように、上記の最悪シナリオの試算値によれば、世界貿易は二・〇％程度押し下げられる。ところで、世界の需要が二％低下する際には、日本のＧＤＰは一年間で〇・六％低下することが、内閣府「短期日本経済マクロ計量モデル（二〇一五年版）」で示されている。その影響は、日本銀行の試算によれば潜在成長率が〇・八％程度とされる日本にとっては、景気後退の直接的な引き金となり得る程の大きさだ。経済成長の実力を示すこの潜在成長率との見合いで考えれば、米国や中国以上に、当事者ではないはずの日本経済への打撃が大きくなる。

## 中国シャドーバンキングのリスク構造

米中貿易戦争は、中国が抱えている深刻な金融面でのリスクを一気に表面化させてしまう可能性もある。それは、世界経済・金融にとっても大きなリスクだ。米中貿易戦争と金融危機とは表裏一体という側面があるのだ。

ここでは、リーマン・ショックと類似点がある、中国が抱える金融面での深刻な問題の実状を、IMFの分析（※）を踏まえて明らかにしてみたい。

中国の金融システムは、かつてのリーマン・ショックと同様に、様々な分野が複雑に絡み合うことで、そのリスクの全体像が見えにくくなってしまっている。バランスシートの規模が二五〇兆人民元、GDP比三〇〇％にも及ぶ中国の銀行は、オフバランス（バランスシートに計上されていない簿外）の資産管理業務である投資会社（investment vehicle）向けの債権を通じて、他のシャドーバンキング（銀行以外の金融仲介業務）とも強く結びついている【図表3－2】。こうした投資会社は、総額七五兆人民元に及ぶ理財商品と呼ばれる投資信託を発行することで資金を調達しているが、その理財商品は、銀行、家計、企業、その他金融機関（運用会社、証券会社、信託会社、保

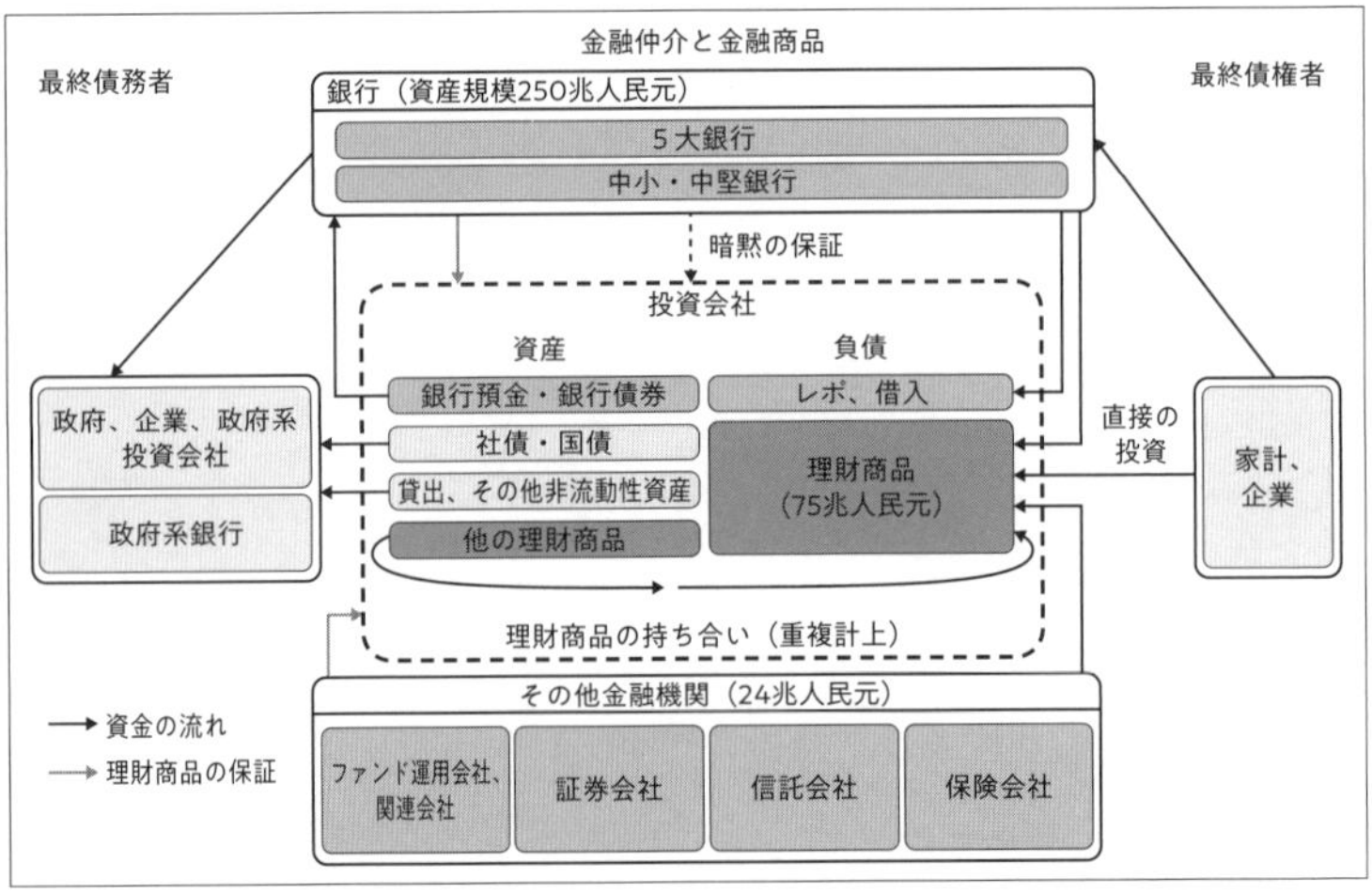


**図表3-2　理財商品を巡る中国の金融システム概観図**

（出所）IMF, Global Financial Stability Report, April 2018より野村総合研究所作成

険会社）によって幅広く購入されている。

理財商品を発行する投資会社は、銀行預金、社債、国債、貸出、その他理財商品などに投資して、集めた資金を運用している。生命保険会社も理財商品を購入すると共に、その理財商品が保険商品に投資をしており、それが保険会社にとっての資金調達手段の一つともなっている。

投資会社、それが発行する理財商品を中心とするシャドーバンキングは、規制の対象となりそうな商品を、オフバランス（簿外）とすることで、銀行が規制適用を回避することを狙って、二〇一〇年前後から急速に拡大してきたものだ。この緩い規制のもとの制度が、中国の歴史的なクレジット（信用）・ブームを生みだし、また金融機関の間での相互に複雑に絡み合った債権・債務関係を作り上げていったのである。

※　“Global Financial Stability Report, April 2018”, IMF

## 理財商品に大きなリスク

　こうしたシステムの下で、銀行は投資会社に対して多面的な関わりを持っている。投資家であり、資金の貸し手であり、資金の借り手であり、保証供与者であり、資産管理者でもある。銀行は投資会社に短期の資金を供与し、投資会社は銀行預金や銀行が発行する債券で運用する。特に中小銀行、そして生命保険会社は、保有する金融資産のなかで、投資会社が発行する理財商品の比率が高くなっている。中小銀行では二割程度、保険会社では三分の一程度だ。

　他方で、投資会社が発行する理財商品の四分の一程度は、他の投資会社が発行する理財商品に投資されている。このような複雑な持ち合い構造、複雑に入り乱れた債権・債務関係が、規制当局や投資家がリスクを把握することをより難しくしているのだ。

　米中貿易戦争の激化などの影響などから、中国の経済、金融環境が変化して、理財商品から一気に資金が逃避すれば、価格が下落し、投資している銀行、生命保険会社に大きな損失をもたらすだろう。さらに理財商品を発行する投資会社が経営難に陥れば、銀行の融資も焦げ付くことになる。

　他方で、銀行、生命保険会社が支援する投資会社は、それらにとってオフバランスであるため、将来、投資会社の経営難や破綻が生じ、銀行、生命保険会社がその救済を強いられた場合でも、発生する損失リスクのバッファー（緩衝材）は、銀行、生命保険会社の資本のなかには準備されていない。そのため、理財商品、投資会社の問題は、銀行、生命保険会社の連鎖的な破綻に繋がる可能性も秘めているのである。

## リーマン・ショックに類似

中国の銀行は、理財商品に暗黙の保証を与えていると見なされている。その結果、比較的リスクの高い金融商品に投資される理財商品をパッケージにして、リスクの低い貯蓄性商品として、個人投資家に広く販売することができる仕組みとなっている。

銀行の暗黙の保証があるがゆえに、投資会社は短期の資金調達の比率が高い中でも、流動性が低く満期の長い、高利回りの金融資産を大量に保有して、利鞘を稼ぐことが可能となっている。銀行が支援、管理している投資会社の場合、安全性が高く流動性も高い金融資産（銀行預金、現金など）の保有比率は二〇一四年末の四八％から二〇一七年末には二五％まで低下している。

また明示的あるいは暗黙の保証をもとに、投資会社、理財商品は社債市場で非常に大きなプレゼンスを持っている。過去三年に発行された社債（銀行発行分も含む）のほとんどを、投資会社が購入しているのである。社債発行残高に占める投資会社保有分（約二三兆人民元）の比率は二〇一七年末には七〇％を超えた。

明示的あるいは暗黙の保証がなくなれば、投資家は理財商品よりもリスクの小さい金融商品へと、一気に資金を移すだろう。この場合に投資会社は、理財商品の解約に応じるために、保有する社債を一気に売却することを強いられ、流動性の低い社債市場に甚大な打撃を与える可能性がある。

米中貿易戦争が激化する中、中国経済が減速感を強めれば、地方政府が資金調達を行なうための手段となっている、地方融資平台が発行する債券も含め、社債価格が大きく下落する、あるいはデフォルト（債務不履行）が急増するだろう。その場合にも、社債に投資する理財商品の価格が下落し、個人投資家が一気に資金を引き上げることが予想される。理財商品は、保有する社債を売却するとしても、解約に備えた流動性の確保が十分でないことから、理財商品は破綻していくだろう。さらにそれは、理財商品に多くの資金をつぎ込んでいる銀行の財務リスクを一気に高め、中国は金融危機の様相を強めることが見込まれる。それは、中国の銀行貸出を急速に抑制的にさせることで、中国経済を加速度的に悪化させるだろう。世界経済に与える打撃も深刻なものとなる。

こうした金融リスクは、リーマン・ショック前の米国で、銀行が住宅ローン債権を束ねてRMBS（住宅ローン担保証券）として証券化してオフバランス化するとともに、それを自ら買入れているという構図や、多くの住宅ローン債権を束ねたRMBSや他の金融商品とパッケージにしたCDO（債務担保証券）を組成することで高い格付けを得て、低リスク高リターンの商品として投資家に大量に販売していたことなどと、かなり類似しているのではないか。

## 2. 米国によみがえる双子の赤字問題

### 急拡大する米国の財政赤字と経常赤字

トランプ政権のもとで、米国の連邦財政環境は急速に悪化している。それが、金融市場や経済活動に悪影響を及ぼすことが懸念される状況となってきた。二〇一八年度（二〇一七年一〇月〜二〇一八年九月）の米連邦政府の財政収支は、七七九〇億ドルと、二〇一二年度以来の赤字幅を記録した。二〇一七年年末に実施された一〇年間で一・五兆ドルの過去最大規模の減税措置や、インフラ投資、軍事関連、社会保障関連の歳出拡大といった、トランプ政権の拡張的な財政政策が、この急速な財政赤字拡大の背景にある。二〇一八年度の赤字額は前年度比で一七％増加し、赤字額のGDP比率は三・九％と、前年度から〇・四％ポイント上昇した。

議会予算局（CBO）の見通しによれば、二〇一九年度（二〇一八年一〇月〜二〇一九年九月）の財政赤字額は約九七〇〇億ドル、二〇二〇年度には一兆ドルを超える。さらに、二〇二二年度頃には、財政赤字額のGDP比率は五％を超える見通しだ。第二次世界大戦後、米国で財政赤字額のGDP比率が五％を超えた局面は二回しかない。それは、いずれも景気後退直後で、税収が一時的に大きく落ち込んでいた時期に限られる。今回のように、景気情勢が良好ななかで財政赤字が急速に拡大し、財政赤字額のGDP比率が五％を超える見通しであるのは、異例なことだ。これは、トランプ政権が、いかに例外的な大規模の財政拡張策を実施しているかを裏付けている。

議会予算局の見通しとは異なり、トランプ政権は、大型減税やインフラ投資の拡大が米国の経済成長率を持続的に高め、それが税収を増加させるため、財政環境の悪化は一時的な現象に過ぎない、と説明している。しかし、これは、減税策がより高い成長をもたらし、それがいずれは税収の増加、財政赤字の削減に繋がるとの説明をしていた、一九八〇年代のレーガン政権第一期と同じだ。こうした政策のもと、実際には、レーガン政権第一期に財政赤字は大きく拡大してしまった。

他方で、米国の経常収支（財貿易収支にサービス貿易収支、所得収支などを加えたもの）も悪化の見通しが強まっている。経常収支のGDP比率を見ると、二〇一七年はマイナス二・四％だった。これは二〇一一年以降の平均マイナス二・五％とほぼ同じ水準だ。しかし、IMFによると、二〇一八年には同比率はマイナス三・〇％、二〇一九年にはマイナス三・四％と悪化し、ブラックマンデー（株価暴落）が生じた一九八七年の水準に並ぶと予想されている。

その背景には、海外経済と比較して米国経済が相対的に良好な状態を維持し、その結果、米国の輸入が拡大していくとの見通しがある。さらに、米国経済を刺激している、一〇年間で一・五兆ドルの大型減税と歳出拡大策も影響している。米国経済は着実に需給ひっ迫傾向を強めているが、国内での供給が需要に追い付かなくなりつつあるなかで、政府が大規模の需要を作り出せば、その需要は輸入の増加によって賄われ、経常赤字が拡大するのは自然な流れだ。

## 双子の赤字対策が優先課題

財政環境が悪化すると、将来、経済環境が悪化に転じた際に、財政出動という政策を行うの余地を狭めてしまう、という問題が生じる。それに加えて、財政環境の悪化は、政府の資金調達の拡大を通じて長期金利を押し上げ、経済活動に悪影響を与えるという問題も生む。

予想物価上昇率（インフレ期待）の上昇を背景に名目長期金利が上昇する場合には、実質金利（名目金利ー予想物価上昇率）は変化しないため、理論的には経済に悪影響を与えない。しかし、予想物価上昇率が変わらない中で名目長期金利が上昇する場合には、経済に悪影響を与えることになる。そのきっかけは、中央銀行の金融引き締め見通しが上方修正される（実質短期金利見通しの変化）ことによるか、それ以外の要因によるものだ。後者の主な要因はタームプレミアムと呼ばれるが、その代表的な要因が債券の需給悪化だ。財政赤字が拡大し、米国国債の発行が拡大する、あるいはそうした見通しが強まれば、需給悪化を映して実質長期金利は上昇し、景気抑制効果を生じさせるのである。

また、中期的に米国財政収支の悪化傾向が続き、それが経常赤字を同時に拡大するとの期待が金融市場で強まっていけば、いずれは米国が海外から円滑に資金調達ができるかどうか、大きな不安が浮上することになろう。それはドルの信認低下をともなう形で、ドルの大幅下落と長期金利の大幅上昇を生じさせかねない。

トランプ大統領は、FRBの金融引き締め策が行き過ぎだとし、それが株式市場を不安定化させているると批判したが、まず必要な政策対応は、財政と貿易の双子の赤字という深刻な国内構造問題への対応だろう。しかし、トランプ大統領は、米国貿易赤字の拡大は、貿易相手国の不公正な貿易慣行や不当な通貨切り下げによってもたらされているとしている。自国が抱える構造問題を放置して、貿易相手国への攻撃を続ければ、双子の赤字が着実に深刻化していき、それは、財政悪化とドルの信認低下の双方を反映した、悪い長期金利上昇をさらに促してしまうだろう。その結果、住宅、自動車など長期金利に敏感なセクターを中心に、景気抑制効果が高まることになる。

## ドルの信認低下

二〇一八年一〇月には、米国での長期金利上昇が世界規模での株価の大幅な下落をもたらすという事態が生じた。ドルも下落し、いわゆる債券安、株安、ドル安のトリプル安の様相を示した。

その前後でトランプ大統領は、FRB批判を繰り広げたのである。先行き、米国でインフレリスクがより顕在化した場合、FRBの金融引き締めを通じたインフレ抑制措置が、トランプ大統領によって妨げられる、との懸念が、市場に将来のインフレリスクを意識させ、長期金利上昇のリスクを高めた可能性もあるだろう。

こうしたトランプ大統領のFRB批判も含めて、トランプ政権の政策姿勢が自らドルの信認を低下させ、海外からの資金流入が鈍化するのではないかとの懸念が、米国債券安、株安、ドル安のトリプル安の底流にあったのではないか。

先行き、双子の赤字問題はより深刻となり、また、トランプ政権はドル安政策を志向して、中長期的なインフレ抑制が難しくなる、つまり中・長期的なドルの価値の安定が揺らぐとの見方が広がる可能性がある。これは、米国への資金の流入を妨げ、米国市場のトリプル安から、世界の金融市場の大きな混乱へとつながりかねない。

株式市場の調整は、警鐘を無視したトランプ政権に対する警鐘と言えるのではないか。トランプ政権が市場の警鐘を無視し続ければ、いずれ、警鐘のレベルにとどまらないより深刻な危機的状況を誘発しかねない。

## 静かに進むドル離れ

双子の赤字問題が深刻化していることを示唆するかのように、世界では、静かに、しかし着実にドル離れが進行している。一六兆ドル規模に達する米国財務省証券市場は、世界の投資家に安全かつ流動性の高い投資対象を提供している。一方で米国にとっては、巨額の経常赤字を海外資金の流入で賄う際の、受け皿として機能している。

その財務省証券市場で、海外の保有比率が低下している。二〇一八年一月～八月に、海外は財務省証券の保有額を七八〇億ドル増加させた。しかし、その額は、一年前の同時期に比べて半分程度にとどまる。他方で、連邦政府の財政赤字は急拡大しているのだ。その結果、財務省証券の海外保有比率は、二〇一八年に入ってから急速に低下している。二〇一三年には五〇%を超えていたその比率は、二〇一八年八月に四一%まで低下したが、これは過去一五年間で最も低い比率だ。

着実に進行するドル離れとそれが関わる金融市場の動揺を、トランプ政権は市場の警告として真摯に受け止め、貿易相手国への貿易戦争に明け暮れるのではなく、国内の財政赤字の拡大に歯止めをかける正常化に早く着手しなければならない。それを怠れば、米国の双子の赤字が、米国経済や金融市場の安定を損ねるだけにとどまらず、第2章で見たように、世界の債券市場の歪みを一気に解消するきっかけとなり、世界の金融危機の引き金にもなり得るだろう。

## 3．異次元緩和とポピュリズム

### 政権交代と政治的圧力の高まり

二〇一二年一二月一六日に自民党が衆院選挙に圧勝し、政権を奪回した直後に、日本銀行への政府からの圧力は一種のクライマックスを迎えた。

安倍首相は総選挙の翌日、さっそく「日銀は、選挙結果を受けて適切な判断を」と発言し、一二月の金融政策決定会合で日銀に事実上の回答を出すよう強く迫った。さらに、日本銀行が「裏切らない」ようにと、安倍首相は二〇一二年一二月下旬の民放のテレビ番組で、「次の（日銀の金融政策決定）会合で、残念ながら物価目標の設定が見送られれば、日銀法を改正し、アコード（政策協定）を結んでインフレ・ターゲットを推進する」という趣旨の発言をした。こうした環境の下、日本銀行は二〇一三年一月の金融政策決定会合で、二％の物価安定目標を掲げることになった。

その後、二〇一三年三月及び四月にそれぞれ任期を迎える日本銀行総裁、副総裁の後任人選に関して首相は、「私と同じ考え方を有し、デフレ脱却に強い意志と能力を持った方にお願いしたい」との意向を表明した（※）。その方針に沿って、新たな日本銀行の総裁・副総裁の体制が作られ、二〇一三年四月には異例の非伝統的金融政策である「量的・質的金融緩和」が始められたのだった。日本銀行は、政府の強い意向を反映する形で、この異例の積極的な金融緩和策に踏み出すことになったが、その背景には、デフレ脱却という政府の目標があった。詳細については次節に譲るが、これはかなり政治色が強い、ポピュリズム的な政策目標であり、その実現のために金融政策が利用されたという面がある。

こうして、政府の強い影響力のもとで始まった積極的な金融緩和策は、当初こそ一定の支持を集めた面があったものの、比較的早期の段階で、国民は批判的な目で評価するようになっていった。日本銀行の金融政策運営に関しては、政府との関係の近さがしばしば問題視されてきた。日本銀行が毎四半期公表している「生活意識に関するアンケート調査」のなかで、半年に一回、「日本銀行の信頼性」を問う調査項目がある。二〇一九年一月に発表された調査（二〇一八年十二月調査）によれば、「日本銀行を信頼している」という回答は四一・九％だった。過去の調査を振り返ると、二〇一三年一二月調査の四五・二％をピークに、この回答比率には概ね低下傾向が見られてきた。

他方、日本銀行を信頼していない理由として選択された回答（二つまでの複数回答）のうち、この調査で最大の回答比率となったのは、「中立の立場で政策が行われていると思わないから」の五三・五％であった。積極的金融緩和が実施される直前の二〇一二年一二月調査では、日本銀行を信頼していない理由として最も回答比率が高かったのは、「日本銀行の活動が物価や金融システムの安定に役立っていると思わないから」であったが、二〇一三年六月調査以降は一貫して、「中立の立場で政策が行われていると思わないから」が最大の回答比率を示してきた。

こうした調査結果は、日本銀行の金融政策が政府の意向を強く反映したものであり、独立性が維持されていないのではないかという不信感が、日本銀行に対する国民の信認を低下させている面がある。

※　二〇一三年二月一八日衆院予算委員会（産経ニュース）

## 粛々と進む主要国での金融政策正常化

ところで、主要国では金融政策の正常化策が粛々と進められている。米国では二〇一五年以降、政策金利の引き上げ策が進められた。バランスシート政策（資産買入れ策）では、二〇一七年一〇月にＦＲＢは保有国債（財務省証券）残高の削減に着手し、当初の方針に沿って、削減が粛々と進められている。この間、金融市場に目立った悪影響は見られていない。

他方、ＥＣＢ（欧州中央銀行）は、資産買入れ増加額のペースを二〇一八年一〇月から月間一五〇億ユーロと、それ以前の月間三〇〇億ユーロから半減させ、一二月末には増加額をゼロとした。つまり、保有資産の残高を一定に維持する方針へと転じたのである。政策金利については、少なくとも二〇一九年の夏までは現状の水準に維持するという見通しを示している。ＦＲＢは保有資産の拡大を停止してから政策金利を引上げ始めるまでに一年二カ月の時間を要したが、これよりもやや早いペースで、ＥＣＢは政策金利を引上げることも予想されている。

他方、日本銀行についても、二〇一六年九月のイールドカーブ・コントロール導入と同時に、長期国債買入れ増加額のペースは着実に低下を続けており、長期国債保有額の前年同月差は八〇兆円程度から、足もとでは四〇兆円程度へと半減している。日本銀行はこれを正常化策とは説明していないが、事実上の正常化が進められていると考えるべきだ。

今までのペースで日本銀行が国債買入れ額を減額していけば、増加額がゼロとなる、つまり保有長期国債残高が一定となるのは二〇二〇年中頃となるが、ＥＣＢが残高一定に転じたこともあり、また、国債市場の流動性回復を狙って、より早めの時期に残高が一定となるよう、経済、金融環境が許せば、今後国債買入れ額の減額をやや加速させる可能性もあるだろう。

## 国債保有残高は一〇年ぶりに減少へ

一〇年前のリーマン・ショックを受け、主要中央銀行はそろって国債等の資産を買入れるバランスシート政策を始めた。これを主導したのはFRBであり、二〇〇八年一一月にLSAP（大規模資産買入れ）を始めて、合計で三回のLSAPを実施した。日本では二〇一三年四月から始めた量的・質的金融緩和のもとで、大量の国債を買入れている。ECBは、やや遅れて二〇一五年一月に、国債を含む公的部門債券購入プログラム（PSPP）を開始した。

これら三中央銀行（日本銀行、FRB、ECB）の国債買入れ額（フロー）をドル建て換算で合計すると、二〇一六年半ばに最も高い水準に至っており、その時期に、金融緩和の拡大ペースが最も強まったといえる。しかしその後は、日本銀行が二〇一六年九月から長期国債買入れ増加ペースを縮小させ、ECBも二〇一七年から買入れ増加ペースを縮小し、また、FRBは二〇一七年一〇月から保有国債の残高を削減し始めたことから、三中央銀行の国債買入れ額（フロー）の合計は、縮小傾向を辿っている。早ければ二〇一九年中頃にも、三中央銀行の国債買入れ額（フロー）は減少に転じるだろう**【図表3―3】**。そうなれば、二〇〇九年年初以来、一〇年ぶりの減少となる。

バランスシート政策が終了するのは、保有資産の残高（ストック）が通常（平時）の水準まで低下して緩和効果がなくなる時点、と考えるのが通例である。この基準に照らすと、主要国でバランスシート政策が終了する時期はまだ見えてこない。しかし、三中央銀行の国債買入れ額（フロー）がマイナスに転じて緩和効果が縮小を始める時点は近付いており、過去一〇年に渡るバランスシート政策が大きな節目を迎えている、と考えることができるだろう。

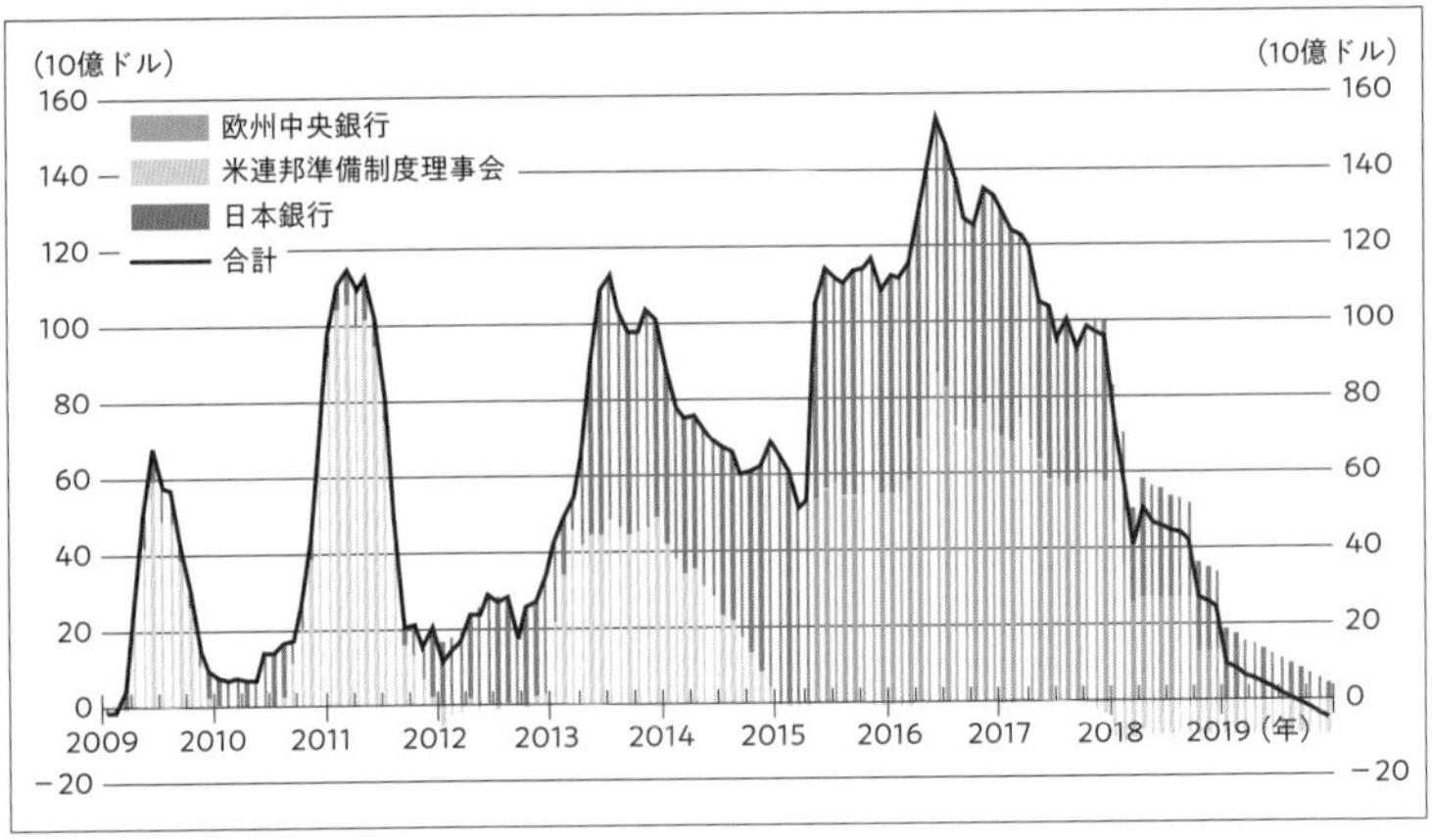


**図表3-3　主要三中央銀行の国債買入れ額(フロー)**

(注)2018年5月以降は野村総合研究所見通し

(出所)OECD, General Assessment of The Macroeconomic Situation, 2018より野村総合研究所作成

## 日本でもステルス・テーパリングが進行

日本でも長期国債買入れ増加ペースの縮小、いわゆるテーパリングが進められている。しかし、それを、政策意図を持って実施しているとは日本銀行は説明していない。そのため、このテーパリングは、ひっそりと進められるステルス・テーパリングとも呼ばれている。また、これは、「事実上の正常化」とも呼ぶべき政策だろう。

このステルス・テーパリングが始められたのは、二〇一六年九月に、YCC(イールドカーブ・コントロール)が導入された時点だ**【図表3－4】**。YCC導入の最大の狙いは、長期国債買入れ増加額を政策目標から外すことで、長期国債買いオペというオペレーション上で、また現場主導で、長期国債買入れ増加ペースの縮小をこっそりと進める、つまり正式な正常化と認めずに実質的な正常

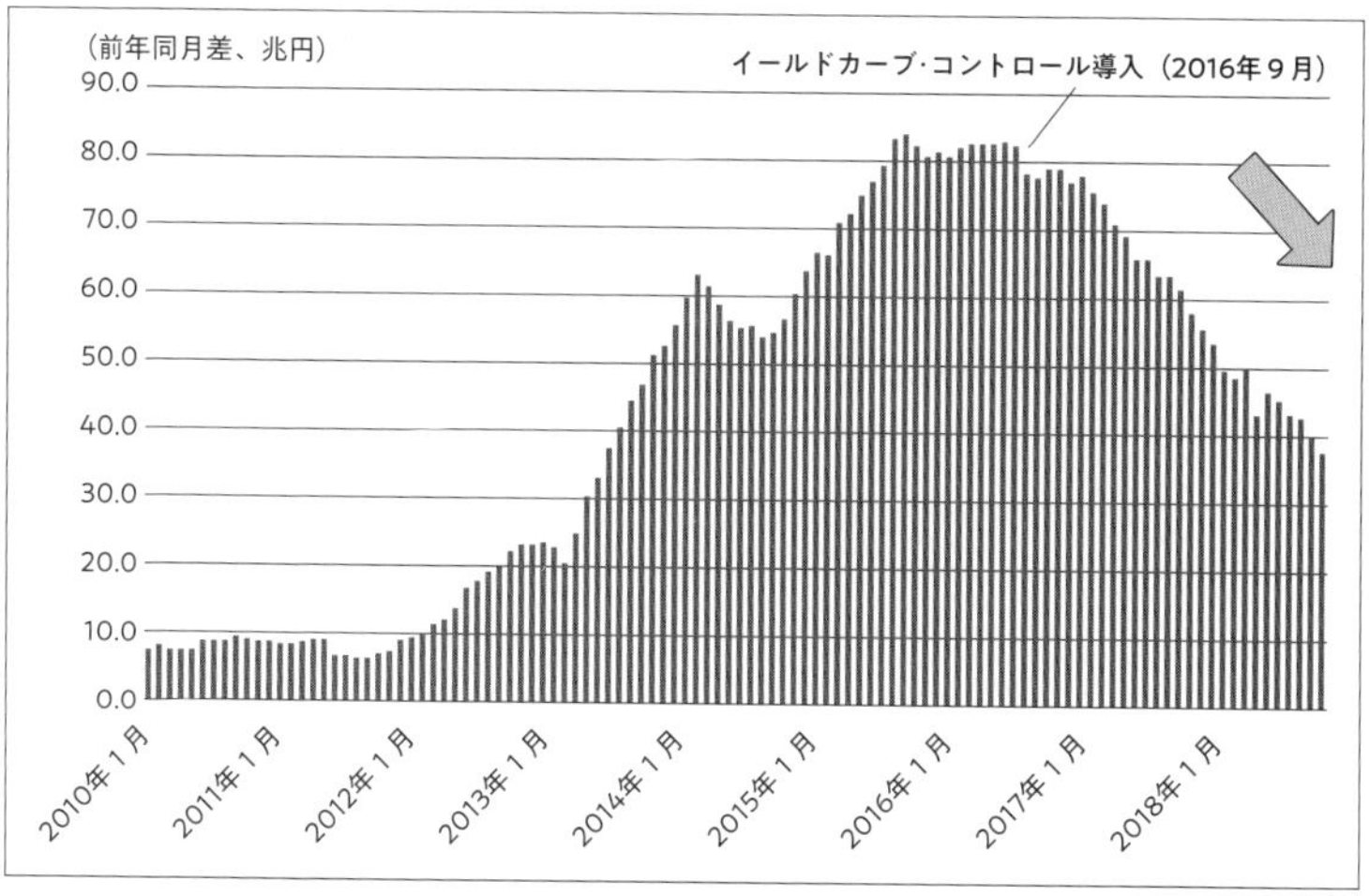


**図表3-4　日本銀行の長期国債保有残高の変化**
（出所）日本銀行の統計より野村総合研究所作成

化を進めることではなかったかと思われる。

そのような修正が行われた背景には、年間八〇兆円という巨額の長期国債の買入れ増額ペースを続けていると、いずれ買入れが限界に達し、その際には国債市場の流動性が著しく低下する中で、国債市場のボラティリティ（変動率）が大きく高まるリスクが浮上するということを、日本銀行が警戒したからではないか。

国債市場の混乱は、金融市場、資産市場、そして経済を大きく混乱させる可能性がある。そして、日本での国債市場の混乱は、第2章で見たように、世界の債券市場に累積した歪みを一気に解消に向かわせ、グローバルな金融危機の引き金となる可能性もあるのではないか。

筆者は、金融政策を担う日本銀行審議委員の職にあった二〇一五年四月以降、そうした強い懸念のもとに、長期国債買入れ増加ペースの縮小を提案し続けた。

## 事実上の正常化策第二弾

二〇一八年七月末の金融政策決定会合で日本銀行は、一〇年国債利回りの事実上の変動許容レンジを、それ以前の上下〇・一%から〇・二%へと拡大する措置を決めた。その狙いは、国債市場の取引を活性化させ、流動性を回復させるとともに、長期金利の上昇、イールドカーブのスティープ化を通じて、金融機関の収益改善を目指すものだったと考えられる。その意味で、これは「ステルス・利上げ」であり、事実上の正常化策の第二弾と言えるだろう。金融市場の過剰な反応、特に円高進行のリスクなどに配慮して、日本銀行は正式な正常化策は採用していないと説明しつつも、事実上の正常化策を着実に進めていると見るべきだろう。

さらに日本銀行は政策金利のフォワードガイダンス（先行きの政策方針）を発表したが、その際に、「日本銀行は、二〇一九年一〇月に予定されている消費税率引き上げの影響を含めた経済・物価の不確実性を踏まえ、当分の間、現在のきわめて低い長短金利の水準を維持することを想定している」と説明された。

ここで、あえて消費税率引き上げに言及した点が作為的にも思える。これは、政府が経済への悪影響の観点から強く警戒しているような、「消費税率引き上げと日本銀行の正常化策が重なるようなことは避ける」、という日本銀行から政府へのメッセージだったのではないか。一方で、消費税率引き上げの経済への影響が限定的であることが確認できれば、日本銀行は長短金利の目標値を引き上げる、という正式な正常化策を実施する考えをあわせて示したとも解釈できるだろう。

## 政府は物価目標達成に関わらず正常化を支持か

二〇一八年九月一四日の自民党総裁選の討論会の場で、安倍首相は金融政策について、驚くほど踏み込んだ発言をした。大規模な金融緩和策について、「ずっとやっていいとは全く思っていない。任期のうちにやり遂げたい」と、総裁選で三選を果たせば、残り三年の任期中に「出口戦略」への道筋をつけたいとの考えを示したのだ。この発言は、二％の物価目標達成いかんに関わらず、正式な正常化策の実施に踏み切ることについて、日本銀行にフリーハンドを与える、あるいはそれを促す主旨の発言とも理解できる。またこれは、消費税率引き上げの経済への影響が限定的であることが確認できれば、日本銀行は長短金利の目標値を引き上げる、という前述の日本銀行のメッセージに対する、政府側の回答とも理解できるのではないか。

この発言は、首相あるいは政府が、二％の物価目標達成は実際には難しいこと、それにこだわって金融政策の正常化が遅れれば、大規模緩和の副作用が累積することへの、懸念の表れと考えられる。また、将来、金融緩和の副作用が表面化した際に、日本銀行と共に長期政権を担った安倍内閣が批判の対象となるリスクにも配慮し、少なくとも任期中に「出口戦略」への道筋をつけた、との証拠を残しておきたいという意向ももしかしたらあるのかもしれない。

政府がもはや、二％の物価安定目標の達成を重視していないことは明らかだ。それは、この討論会での安倍首相の発言にも表れている。首相は、物価上昇率、「二％」の物価安定目標は、デフレ脱却に向けた「一つの指標として目指す」としつつ、「目的は実体経済、つまり雇用を良くしていくことだ」と話したという。この発言は、物価の安定は中間目標であり、最終目標は経済・雇用の安定だ、という、極めてまっとうな意見を示したものだ。またこれは、日本銀行法の規定にも沿っている。日本銀行法では、日本銀行の使命を、「物価の安定を図ることを通じて国民経済の健全な発展に資すること」としている。この文言は、物価安定目標が中間目標であることを示している、と解釈するのが正しいと思われる。

他方で、過去六年近くにわたる日本銀行の政策は、物価目標の達成自体を最終目標にする、「物価目標至上主義」に陥っていた。実際には日本銀行も、二％の物価安定目標の達成が難しいことはもはや十分に理解しており、目標の位置づけを緩め、あるいはぼやかす戦略を既にとり始めている、と考えられる。

二〇一八年七月の決定会合では、四半期ごとに日本銀行政策委員会の成長率見通し、物価上昇率見通しが示される「展望レポート」で、二〇二〇年度の消費者物価（除く生鮮食品）の見通し（政策委員の中央値）が、前回のプラス一・八％からプラス一・六％へと下方修正された。さらに二〇一八年一〇月には、プラス一・五％まで下方修正されたのである【図表3－5】。

二年先の物価見通しは、実際には純粋な見通しというよりも、目標あるいは均衡値のイメージに

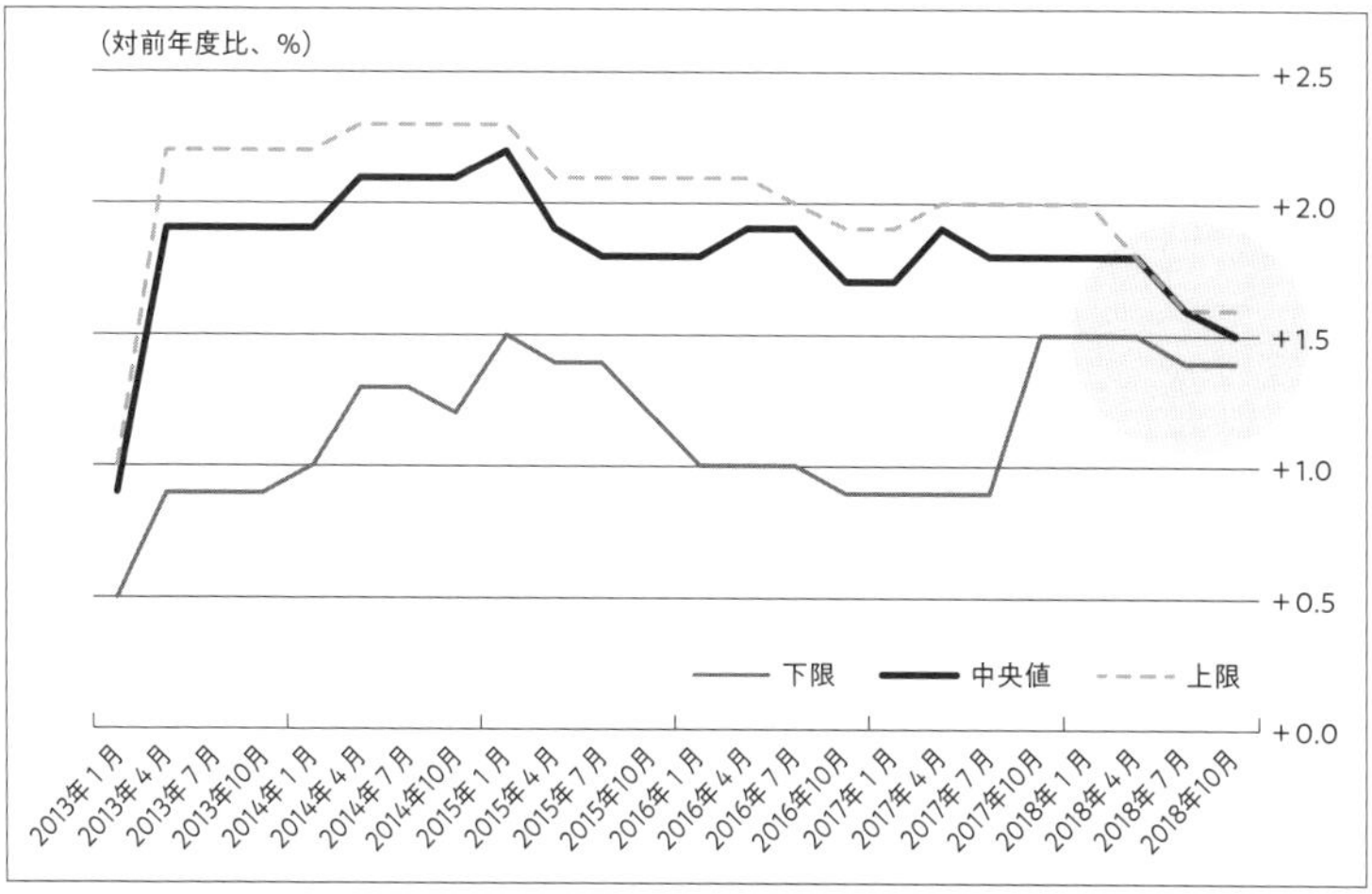


**図表3−5　日本銀行の二年先の消費者物価見通し**

（注）生鮮、消費税引き上げの影響を除く

（出所）日本銀行の統計より野村総合研究所作成

近いものだ。二％の物価目標を掲げている以上、足もとはともかく、展望レポートで示す予測期間の最後には、二％程度の水準に達するという数字を示す必要がある、と日本銀行内では考えられてきた。そうした従来の暗黙のルールが崩れたのだ。しかも、プラス一・八％であればまだ二％程度の範疇に入っていたものが、プラス一・五％ではもはや二％程度とは言えない。

## 政府と日本銀行の間にコミュニケーション

こうした点は、日本銀行が、近い将来の二％の物価目標の達成を事実上あきらめるとともに、目標をなし崩し的に柔軟化、あるいはその重要性を後退させる意図があることを示しているのではないか。将来的には、二％の物価目標は中長期で達成を目指す目標へと修正される可能性がある。

このように考えると、政府が二％の物価安定目標の達成の重要性を事実上低下させているのと平仄を合わせて、日本銀行も同様の戦略へと傾いているようにも見える。

二〇一三年以降の日本銀行の金融政策は、一貫して政府の強い影響下にあり、その政策運営は、政府の顔色をみながら慎重に進めることを強いられてきた。この点から、総裁選時の安倍首相の発言が、正式な正常化策の実施にフリーハンドを与える主旨のものだとすれば、日本銀行はその実施に踏み切りやすくなる。ただし、金融市場の過剰な反応、特に円高進行が正常化実施にともなう日本銀行の最大の懸念であることには変わりがないことから、正常化策は慎重に進められていくだろう。

最短では、消費税率引き上げに経済への影響が限定的であることを確認したうえで、二〇二〇年春に長短政策金利の目標値を引き上げる正式な正常化策が実施される、と考えることができるのではないか。ただし、実施のタイミングは、経済、金融市場の環境にも大きく左右されるため、経済情勢の悪化や円高進行などがあれば、実施のタイミングは後ずれしよう。

他方で、長期国債買入れ増加ペースの一段の縮小といった事実上の正常化策は、正式な正常化策が実施されるまでにも、粛々と進められよう。

日本銀行は、異例の緩和が長期間進んだ後に、それを正常化方向へと転換する際には、金融市場に大きな混乱が生じることを強く警戒している。最も強く警戒しているのは、急速な円高進行だろう。それゆえに、実質的には正常化策であっても、それを正常化策とは認めないといった、複雑なコミュニケーション戦略の採用を強いられている面がある。

そして、その事実上の正常化策の実施も、依然緩やかなペースにとどまっており、正式な正常化策も、実施までにはなお時間を要する。しかし、そうしたもとでは、正常化が僅かにしか進まないうちに、世界経済が悪化し、正常化策が停止されてしまうリスクが高いのではないか。異例の金融緩和が長期化するなかで、もはや、円高など金融市場の反応を起こさず、いわば無傷で正常化を進めることは難しい。それが可能であった時期は、とうに過ぎてしまったのではないか。日本銀行は、円高などの金融市場の反応をある程度甘受しつつ、正常化のプロセスを加速すべきだ。

## 政府は国債買入れ再拡大を要求するか

世界経済の変調から国内景気情勢がひとたび悪化すれば、日本政府は新規の国債発行を通じた財政支出の拡大策を実施する可能性が高い。そして、日本銀行にも協調策を求めるだろう。政府が期待する協調策は、国債買入れ再拡大となる可能性がある。総裁選で金融政策の正常化を口にした安倍首相も、ひとたび経済状況が変われば、手のひらを返すかのように、日本銀行に追加緩和を要請するだろう。

日本銀行が、長期国債買入れを再拡大すれば、それは二〇一六年九月以降進めてきた、事実上の正常化策を台無しにしてしまう。さらに、そうした政策は、国債市場の流動性をさらに低下させることが懸念される。

景気情勢が悪化する場合には、金融機関はリスク回避の投資行動をとりやすく、安全資産である国債の投資への選好を強めるのが一般的だ。そうした局面で日本銀行が長期国債の買入れ増加ペースを再拡大すれば、国債の流動性は大幅に低下し、既に述べたように、グローバルな金融危機の引き金を引いてしまう可能性がある。

日本銀行はそうしたリスクにも配慮して、国債の買い入れ増加ペースの縮小を進めてきたとみられる。それは金融危機のリスクを減じる措置と現状では評価できるが、この先の景気状況次第では、政府に強く要請される中で、再びリスクを高める政策に転じる可能性も残されている。

それを回避するには、政府が国債市場の流動性低下が抱える深刻な問題を十分に理解し、国債買入れの再拡大を日本銀行に安易に要求しないこと、日本銀行がそうした政府の要求を毅然として撥ねつけることが重要だ。

## 4. デフレとの闘いは誤り

### デフレとは何か

二〇一二年末に始まる日本の現政権は、デフレ脱却、デフレ克服を経済政策の柱に据えてきた。

現在、物価上昇率は日本銀行が二〇一三年一月に掲げた目標値の二%を大幅に下回った状態にあるが、経済情勢が良好ななか、政府はデフレに対する警戒感を後退させてきている。

政府の公式の経済情勢判断を示す月例経済報告では、二〇一三年一二月からデフレの文字は消えている。また毎年、政策の方針を示す「骨太の方針」では、二〇一五年には「デフレ脱却を確実なものにする」とされていたが、二〇一七年にデフレの文字は消え、さらに二〇一八年には、アベノミクスの推進が「デフレではない状況を作り出」したとした。現政権のデフレへの警戒感は後退しているとみられ、これと並行して、日本銀行の二％の物価安定目標達成への関心も着実に低下している。

しかし、景気情勢がひとたび悪化すれば、デフレの状態に逆戻りをすることを避けるため、との名目で、政府は積極的な財政政策を打ち出し、その際には、前節でみたように、日本銀行にも追加緩和措置を要請するだろう。その場合、長期国債買入れを再び増額するなど、副作用が効果を上回るような追加緩和策の実施を日本銀行が強いられる可能性は排除できない。そうした事態に至る前に、デフレとは何か、またデフレのリスクとは何かを再度整理しておくことが有益だろう。

ＢＩＳ（国際決済銀行）やＩＭＦといった国際機関が定義するデフレとは、「少なくとも二年間の継続的な物価下落」だ。日本銀行は、自らデフレの定義を示してはいないが、概ねこれに近い考え方であろう。この定義に照らせば、既に二〇一三年にデフレは終わっていた。

ところが、一般にはデフレはもっと少し広い概念で捉えられることが多く、景気情勢の悪化、雇用環境の悪化、生活環境の悪化など、物価以外の要素も含めて考えられる傾向がある。

## 同床異夢のデフレ克服

過去六年以上に及ぶ、アベノミクスと称される現政権の経済政策の大きな問題点の一つは、デフレ克服という、明確には定義されていない、かなり曖昧な目標を中心に据えたことではないか。今でもデフレ克服の定義は明確でなく、政府もそれを明示していない。

デフレ克服について、日本銀行は物価上昇率を高めて、二%の物価目標を達成することとし、一方、国民は、物価上昇率だけでなく賃金上昇率も高まり、雇用も改善し、自分の将来の生活にも明るい展望が持て、国の経済の将来見通しも良くなる、といったかなり幅広い意味で捉えた。他方、政府は、デフレのリスクをやや誇張して強調し、そうした悪者、あるいは敵を退治する姿勢を国民にアピールすることで支持を得ようとする政治的思惑、あるいは戦略があったのではないか。このように、デフレ克服については、まさに同床異夢の状況だったのである。

その曖昧さが、今になって深刻な問題を生んでいる。物価上昇率はなかなか高まらない一方、失業率は大幅に低下して、景気情勢も改善するなか、物価を上げる必要が果たしてあるのか、本当にそれを目指すべきことなのか、といった疑問が国民の間で広がっている。

## マイルド・デフレとデフレ・スパイラルは全く違う

世の中では誤解されがちだが、マイルド・デフレとデフレ・スパイラルとは、明確に区別すべきだ。物価下落と経済の収縮が相乗的かつ急速に進むデフレ・スパイラルが生じるとすれば、それは国民生活に深刻な打撃となる由々しき事態といえる。政策当事者としては、それは何としてでも回避しなければならない。

しかし、一般には一九九〇年代末以降に生じたとされる日本のデフレ局面において、そのような事態は一度もなかったのである。一九九八年度から二〇一二年度までの消費者物価（生鮮食品を除く）上昇率は、各年度の平均値で約マイナス〇・三％と、極めて小幅な下落基調をたどったに過ぎない。他方で、日本では、消費者物価統計で約一八％と大きなウエイトを持つ、家賃に大きな下方バイアス（技術的な偏り）があり、それが、消費者物価を実態以上に年間〇・二％～〇・三％押し下げているとの推計もある。

物価統計に含まれるこうした各種の誤差も考慮に入れれば、デフレ局面とされるこの時期でも、物価上昇率は〇％近傍で概ね安定していた、との評価の方が妥当だろう。

短期の政策金利がマイナスにならない（非負制約）ことを前提に考えれば、デフレ・スパイラルが生じ得ることは、理屈上説明できる。短期金利が〇％の水準で下げ止まるなか物価が下落すると、実質金利（名目金利―予想物価上昇率）が上昇し、それが自然利子率（需給ギャップを中立にさせる実質金利水準）を上回れば、金融引き締め効果が生じることになる。その結果、需要が抑制され需給ギャップが悪化すれば、それがさらなる物価下落と実質金利の上昇を生み、需要がさらに悪化していく、という形で、物価と需要との間に悪循環が引き起こされるというメカニズムが生じる。

しかし、実際には、日本でこうしたデフレ・スパイラルが起こらなかったのは、短期の政策金利のみならず、長期金利も需要に大きな影響を与えるためだ。物価が下落する局面でも、中・長期の予想物価上昇率が一貫して相応に高い水準に維持された結果、名目長期金利の低下によって実質長期金利（名目長期金利─中・長期予想物価上昇率）は低めの水準へと誘導され、それが需要を支え続けたところが大きいと考えられる。

市場関係者やエコノミストに対する調査に基づけば、デフレ期とされる時期であっても、中・長期の予想物価上昇率は一％近傍を維持していた。また、家計に対する調査でも、デフレ期とされる時期の中・長期の予想物価上昇率は、比較的安定していた。このことは、企業、家計、あるいは金融市場が日々の経済活動から感じ取っている中・長期の予想物価上昇率は、日本では極めて安定していることを裏付けているのだろう。

こうした点を踏まえると、物価が僅かな幅であっても下落に転じたとたんに、日本経済がデフレ・スパイラルに陥ってしまうかのような議論や、それを前提にのりしろを持って高めの物価上昇率を目標にすべきであるといった、いわゆる「のりしろ論」などは正しくない。

## マイルド・デフレが経済活動を損ねた証拠はない

ちなみに、持続的な価格下落であるデフレが実体経済に深刻な打撃を与え、デフレ・スパイラルを引き起こすメカニズムとしては、上記で議論した実質金利の上昇メカニズムに加えて、①名目賃金の下方硬直性に根差す実質賃金上昇、②実質債務増加の影響、もしばしば指摘されるところだ。

第一の点については、物価が下落しても名目賃金が下がりにくい（下方硬直性がある）結果、実質賃金（名目賃金÷物価水準）が上昇することで企業の人件費負担が高まり、企業の労働需要が減少して雇用情勢が悪化、それが個人消費の鈍化を通じて物価下落圧力をさらに高める、といった経路で、物価下落と需要悪化の間に悪循環を生じさせるメカニズムも考えられる。しかし、日本では、所定内賃金にはこうした下方硬直性があるものの、ボーナスは収縮性が高く、そのため賃金全体としては柔軟に調整されやすく、強い下方硬直性はない。これも、日本でデフレ・スパイラルの発生を回避させた要因の一つだ。

第二の点については、物価下落の下で実質債務残高（名目債務残高÷物価水準）は増加する一方、過去に契約した借入れ金利の水準は直ぐには変わらないため、物価変動で調整した実質の利払い負担も増加する。これは、政府や企業など、債務残高が債権（資産）残高を上回る、純債務部門の支出には悪影響を与えうるだろう。

しかし、これとは反対に物価下落は、家計など債権（資産）残高が債務残高を上回る純債権部門にとっては、実質債権と実質利子所得収入の増加を意味し、その支出を増加させるように働く。このようにして、物価下落は、純債務部門から純債権部門への所得移転をもたらすが、前者の支出の所得弾性値（所得の変化に対する支出の変化の感応度）が後者と比べて著しく大きくないのであれば、経済全体としての需要悪化効果は甚大なものとはならず、デフレ・スパイラルのメカニズムも

**図表3-6　日本企業の中長期の成長期待と物価上昇率**

(注) 企業の中長期成長期待は、今後五年間の実質GDP成長率見通し、消費者物価指数は生鮮食品・エネルギーを除く

(出所) 内閣府「企業行動に関するアンケート調査」、総務省「消費者物価指数」

働きにくいと考えられる。

このように、一般にデフレ期と呼ばれた時期においても、緩やかな価格下落が、経済活動を大きく損ねた明確な証拠はないと考えられる。物価の変化が経済活動・構造に影響を与えたという因果関係よりも、経済活動・構造が物価に影響を与えたという因果関係の方が強かったと思われる。

物価上昇率のトレンドに大きな影響を与えるのは、潜在成長率の変化やそれを受けた企業の中長期の成長期待と考えられる。一九九〇年代末以降の緩やかな物価下落が、経済活動に深刻な悪影響を与えたのであれば、それ以降の潜在成長率や企業の中長期の成長期待はそれ以前と比べて悪化したはずである。しかし実際には、潜在成長率や企業の中長期の成長期待の低下は一九八〇年代から一九九〇年代にかけて継続的に生じた一方、二〇〇〇年以降は概ね横ばいで推移しているのである【図表3－6】。

## デフレ・スパイラル発生は大恐慌時のみ

日本だけでなく世界的に見ても、デフレのリスクは過大に評価され、喧伝されてきたと思われる。こうした問題意識のもと、二〇一五年にBISは、三八カ国経済について、過去一四〇年に遡って物価下落と生産活動、資産価格、債務などとの関係を分析した論文を発表している（「デフレのコスト：歴史的観点」"The costs of deflations : a historical perspective"）。

この論文では、物価下落と経済活動との関係は概して弱く、デフレのリスクを警戒する向きは、一九二〇年代末に起きた世界恐慌の印象のみに過大に引っ張られている、と指摘されている。これは正しい指摘だ。

BISの論文では、過去一四〇年間を、物価下落時を含む、①金本位制度体制期（一八七〇年～一九一三年）、②世界大戦間（一九二〇年～一九三八年）、③第二次世界大戦後（一九四七年～二〇一三年）の三つの時期に分けて分析している。それぞれの時期について、消費者物価が下落に転じた局面の前後で、一人当たり実質GDPがどのように推移したかをみると、①金本位制度体制期と③第二次世界大戦後については、物価が下落に転じても一人当たり実質GDPは増加傾向を維持し、またその増加率も、消費者物価が下落に転じた局面の前後で大きな変化は見られない【図表3－7】。

物価下落と共に一人当たり実質GDPも下落し、いわゆるデフレ・スパイラル的な状況が観測されたのは、世界恐慌を含む②世界大戦間のみであった。世界恐慌時（一九三〇年～一九三三年）には、物価が下落した時期の消費者物価の年間変化率は平均でマイナス五・四％に達した。その時期には一人当たり実質ＧＤＰも平均で年率マイナス二・二％に達したのである。

しかし、過去にしばしば観測されたデフレ、つまり継続的な物価下落局面で、世界恐慌時はまさに例外だ。③第二次世界大戦後についてみると、継続的な物価下落が生じた時期においても、消費者物価の年間変化率は平均でマイナス〇・六％と、僅かな下落にとどまっている。そのもとで、一人当たり実質ＧＤＰは平均で年率プラス二・一％と、相応なプラス成長が維持されたのである。

さらに、この論文では、一人当たり実質ＧＤＰと資産価格との関係も分析されたが、両者間には強い相関がみられた。特にそれは、③第二次世界大戦後の資産デフレ時に顕著であった。他方、債務残高と物価との間の関係は概して希薄であったが、資産価格と債務残高の関係は強く、資産価格が継続的に下落する資産デフレ時には、過剰債務の削減、いわゆるデレバレッジが経済活動を著しく損ねることが警戒されている。

つまり、この論文の重要なメッセージは、「世界恐慌時にのみ生じたかなり特殊なデフレ・スパイラルが、デフレ時の普遍的な特徴であると誤解された結果、マイルドなデフレに対しても過剰な金融緩和策が実施されやすい。それが資産インフレと過剰債務を生み出し、それが、いずれは逆に、資産デフレと過剰債務の削減（デレバレッジ）を生じさせやすい。そうなれば、マイルドなデフレとは比べものにならないほど深刻な打撃を経済に与えてしまう」ということであろう。これは全く正しいと思う。

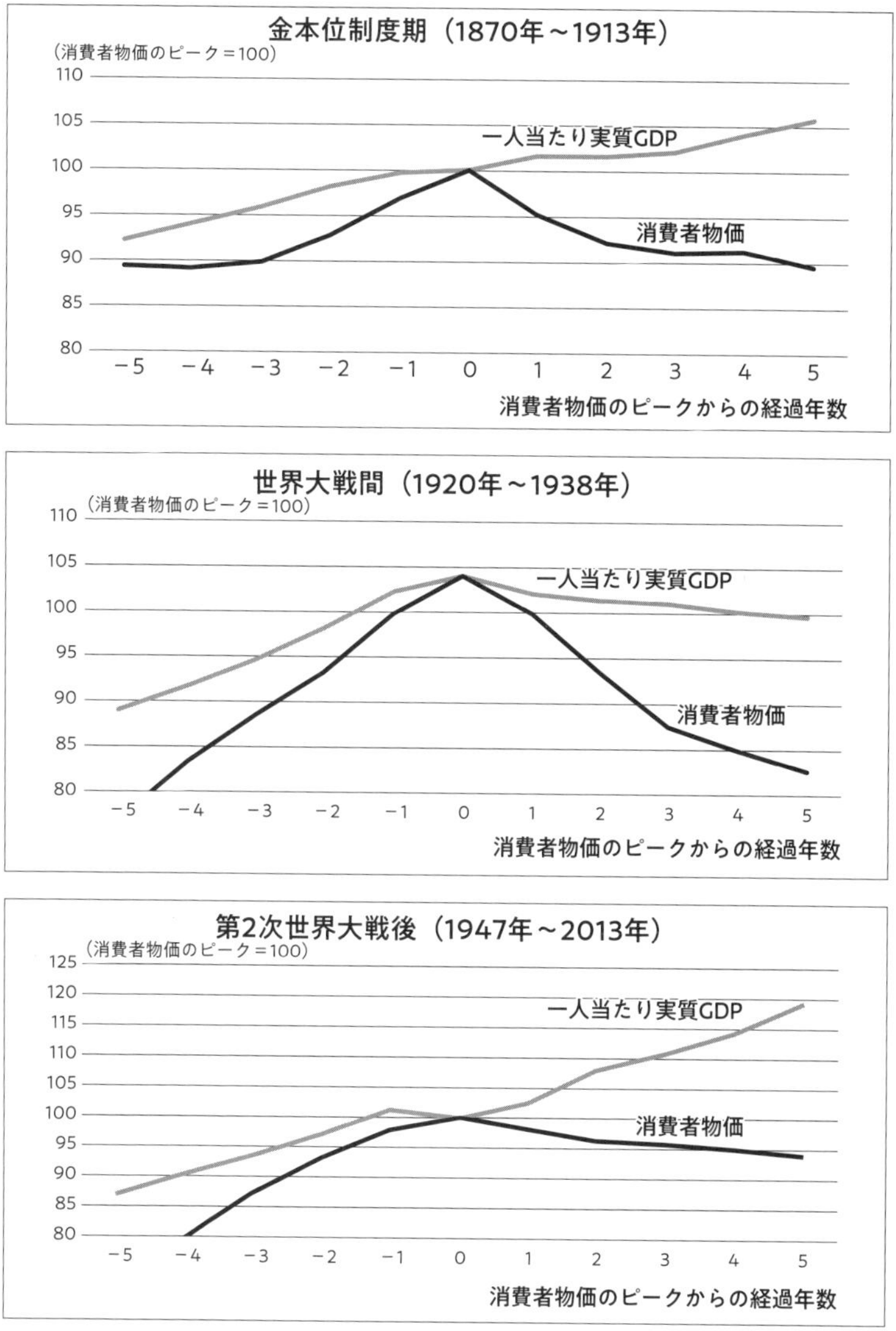


**図表3-7　デフレ期の物価とGDPの推移**

（注）38カ国のデータに基づく

（出所）BIS（国際決済銀行）

既に指摘したように、日本で先行き景気情勢が悪化する際には、再びデフレのリスクが過大に強調、喧伝され、また政治的な求心力を高める観点から、財政・金融政策両面で過度に積極的な景気刺激策が打ち出される可能性が考えられる。しかし、それはやや長い目で見た経済や国民生活をより大きなリスクに晒してしまうことになりかねないのである。この点を、政策当事者は十分に理解しておく必要があるだろう。

こうした点を踏まえ、景気情勢が良好なうちに、デフレのリスクやその本質について、改めてしっかりと議論を深めておくことが非常に重要となる。

## 5．グローバルな財政拡張リスク

### ポピュリズムを背景にした財政拡張策

米中貿易戦争など多くの懸念材料を抱えてはいるものの、現時点ではなお、世界経済は安定を維持している。しかし、そうした中、各国では財政拡張的な政策が目立ち始めている。

典型的なのは、二〇一七年末に米トランプ政権が実施した、一〇年間で一・五兆ドルという過去最大の減税策だ。また、米中貿易戦争による景気下振れリスクへの対応として、中国政府は二〇一八年一〇月に年間三二〇〇億元、日本円で五兆円超の個人所得減税策を実施した。これは、中間層の消費底上げを狙った措置だ。二〇一八年三月の総選挙を受けて、ポピュリズム政党・五つ星運動と極右政党・同盟による連立政権が発足したイタリアでは、新政権が反移民や反ＥＵ（欧州連合）に加えて、拡張的な財政政策を掲げた。

さらに、日本でも、二〇一九年一〇月に予定されている消費税率引き上げが経済に与える悪影響に配慮して、政府は、住宅・自動車減税やキャッシュレス決済でのポイント還元、プレミアム商品券など多くの予算措置を検討している。政府内では、消費税率引き上げにともなう家計への負担（日本銀行の推計で二・二兆円）を相殺する規模の景気対策をすべきという意見も出た。実際、景気対策は二兆円規模に達する見通しだ。

こうした、主要国での財政拡張的な政策は、今まで見てきたような、ポピュリズム的な政策意図のもとで実施されている面が強い。実際、多くの主要国で、財政拡張路線が明らかになっている。ＯＥＣＤは、ＯＥＣＤ加盟国での財政政策の方向性を、二〇一七年から二〇一九年までの間の各国のプライマリーバランス（基礎的財政収支：税収・税外収入と国債費を除く歳出との収支で、その時点で必要とされる政策的経費を、その時点の税収等でどれだけまかなえているかを示す指標）の潜在ＧＤＰ比率（ＯＥＣＤの予測値を含む）の変化で測っている（※）。同比率が低下すると、歳出拡大や減税措置といった財政拡張策によって、財政環境が悪化していることを意味する。ほとんどの国では、同比率が低下する見通しとなっている。

他方で、同比率を経済環境の変化を示す需給ギャップ（現実のＧＤＰ―潜在ＧＤＰ）の潜在ＧＤ

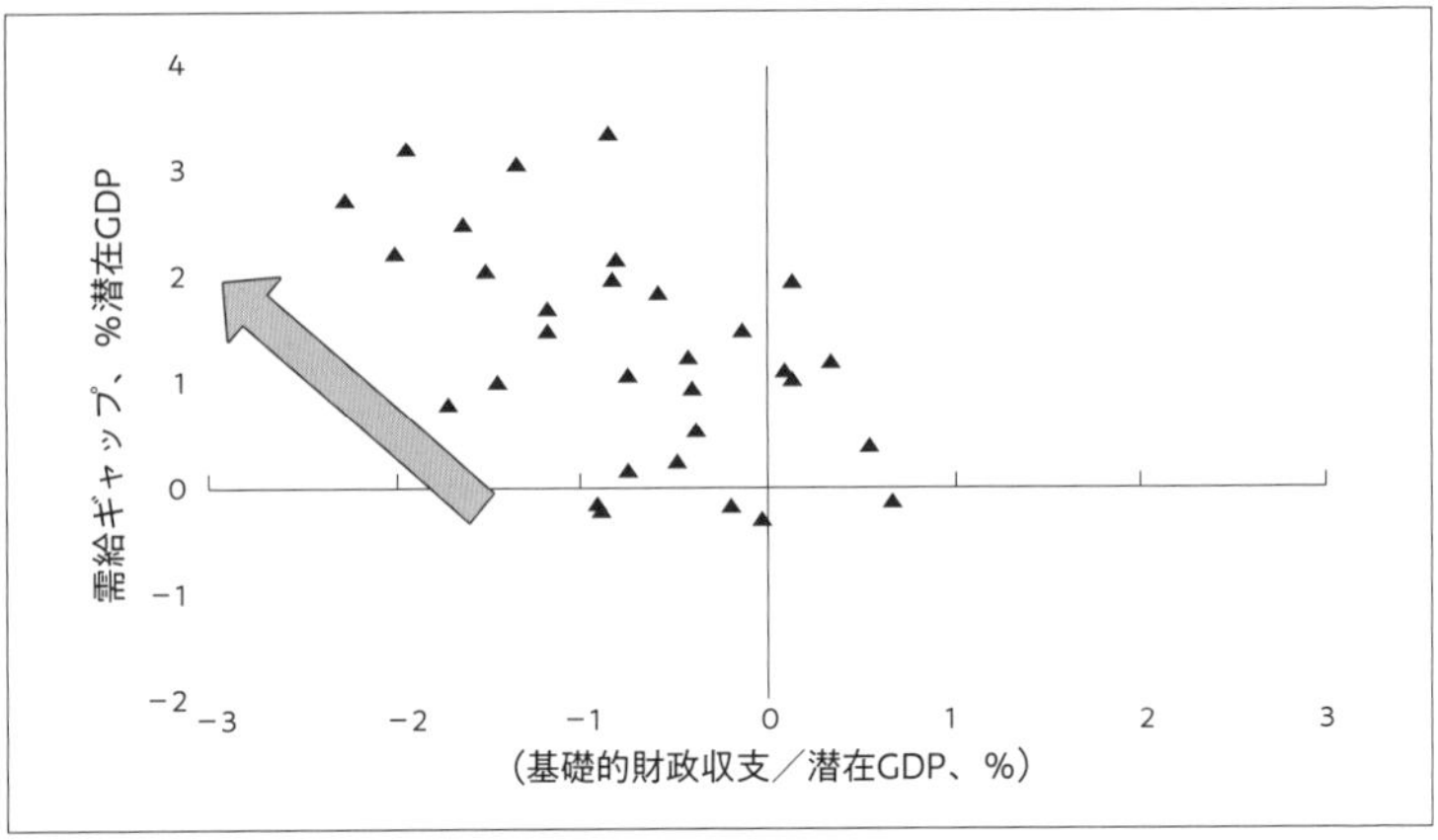


**図表3−8　OECD加盟国の財政政策の変化見通し（2017年~2019年）**
（注）数値はOECDの見通し
（出所）OECD, General Assessment of The Macroeconomic Situation, May 2018より野村総合研究所作成

P比率の変化の見通しと比較すると、両者の間には逆相関がみられる【図表３－８】。通常、経済環境が改善する場合には、税収が増加することでプライマリーバランスは改善する傾向が強まり、両者の関係は順相関となりやすいはずだ。しかし、実際にはこれとは逆の関係になっているということは、多くの国では、財政政策が景気情勢を一段と改善させるために積極的に活用されている、あるいはそういう見通しであることを意味しよう。つまり、各国での拡張的な財政政策が、経済環境の改善をもたらしているという因果関係を読み取ることができる。

　しかし、欧米を中心に、既に需給ギャップの水準は概ね中立的であり、日本については、需給ギャップのＧＤＰ比率は、日本銀行の推計では二〇一八年七－九月期に一・二％程度とかなりの高水準に達している。こうしたもとで、財政拡張策が

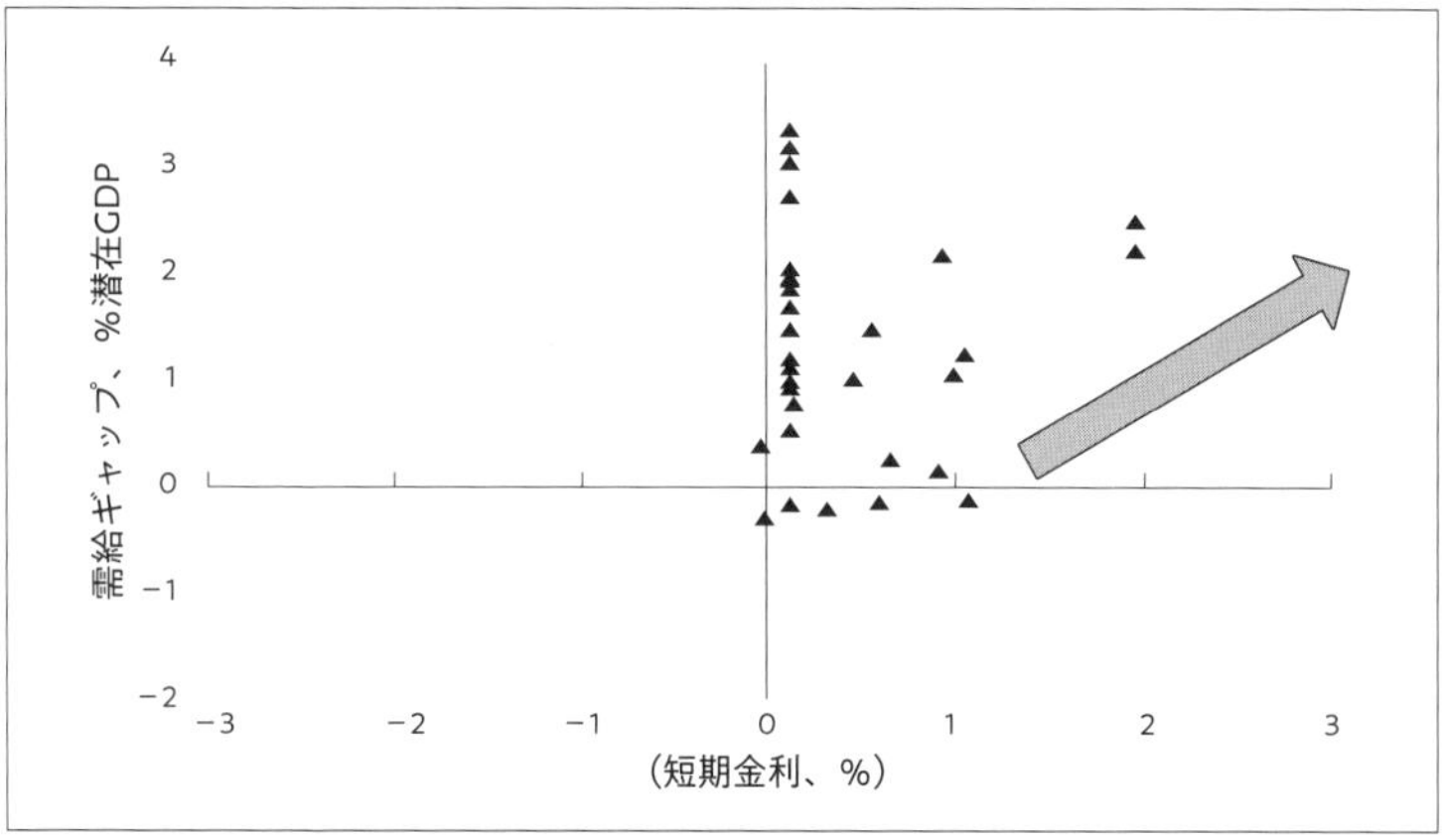


**図表3－9　OECD加盟国の政策短期金利の変化見通し（2017年～2019年）**
（注）数値はOECDの見通し
（出所）OECD, General Assessment of The Macroeconomic Situation, May 2018より野村総合研究所作成

とられると、過度な需給ひっ迫、供給制約が成長を制約するリスクや、インフレリスクを高めるなど、経済活動をより不安定にさせてしまうという点があり問題だ。

※ "OECD Economic Outlook", 2018, May

## 財政拡張が政策金利の引き上げを促す

次に、主要国の金融政策の変化を見てみよう【図表3－9】。同じく二〇一七年から二〇一九年までの短期政策金利水準の変化の見通しを見ると、金利を据え置く国も見られる一方、多くの国では短期政策金利は引き上げられる。つまり、金融政策の正常化が進むことが見込まれている。

ところで、短期政策金利水準の変化の見通しと需給ギャップの潜在GDP比率の変化の見通しとの間には、概ね順相関が観測される。これは、需給ギャップの改善が金融政策の正常化を促している、という因果関係を示している。すでに見たように、財政拡張策が需給ギャップの改善をもたらしているならば、結局は、拡張的な財政政策が、金融政策の正常化を促しているということになるだろう。

これは、財政政策と金融政策との間に見られる通常のポリシーミックスである、とも言える。しかし、景気情勢が良好な下でこのポリシーミックスが進められていけば、財政拡張策が長期金利を押し上げ、また、それが、金融政策に過剰な短期金利の引き上げを余儀なくすることになる。結果として、金利水準全体が大幅に上昇しやすくなるのである。

長期にわたる金融緩和策のもと、債券市場に大きな歪みが蓄積されている中では、こうしたポリシーミックスは、その歪みを一気に解消させ、金融危機を引き起こしてしまう可能性があるだろう。こうした点から、経済環境が比較的良好であるにもかかわらず、ポピュリズム的な財政拡張策が、各国でそろって進められていることには、大きなリスクが潜んでいるのである。

## 財政政策姿勢の変化を振り返る

次に、OECD加盟国について過去の財政政策姿勢を振り返ってみよう。ここでは、対象となる三二カ国について、財政政策姿勢を四つに分類する。基準となるのは、再び、プライマリーバランス（基礎的財政収支）の潜在GDP比率の変化である。①大幅引き締めは、同比率が一年間で〇・五％以上上昇する、②大幅緩和は、同比率が一年間で〇・五％以上低下する、③小幅引き締めは、

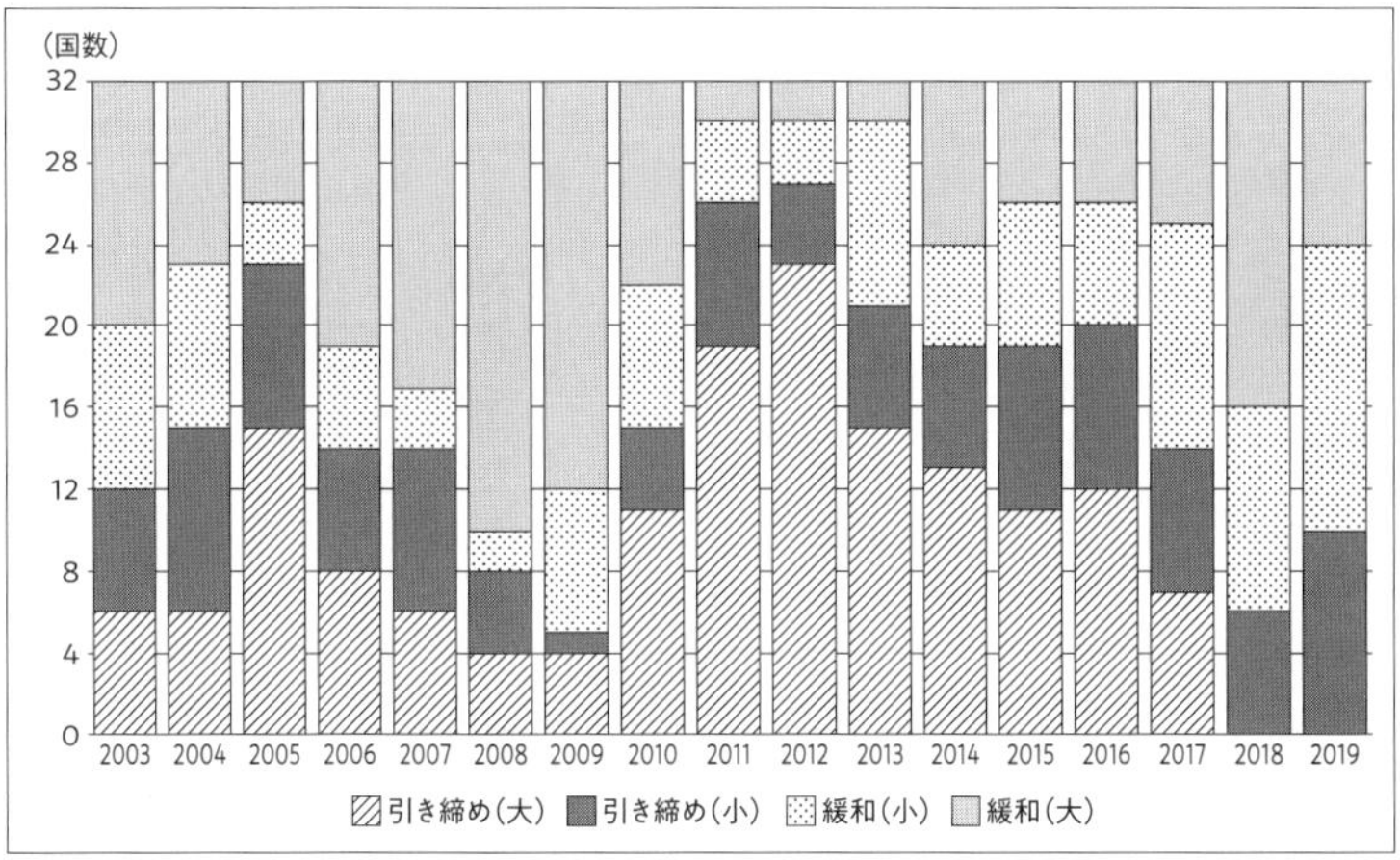


**図表3-10　OECD加盟国の財政政策の変化**

（出所）OECD, General Assessment of The Macroeconomic Situation, May 2018より野村総合研究所作成

同比率が一年間で〇・五％未満上昇する、④小幅緩和は、同比率が一年間で〇・五％未満低下する、と定義した**【図表３－10】**。

大幅緩和となった国の数に注目すると、リーマンショック発生時の二〇〇八年に、その最大値が記録された。他方、大幅引き締めとなった国の数が最小だったのも、この二〇〇八年、あるいは二〇〇九年だった。その後は、欧州債務問題などを受けて財政健全化の必要性も高まり、財政政策はより引き締め方向へとシフトしていった。

そして、二〇一八年及び二〇一九年については、大幅引き締めとなる国はないと見込まれ、財政政策は再び緩和色を強めることが予想される。この二年間については、対象国のプライマリーバランス（基礎的財政収支）の潜在ＧＤＰ比率は、中位値で見ると〇・七五％低下することが予想されている。そうした財政拡張策をリードするのは、米国といくつかの欧州の国々である。

それでも、良好な景気情勢のもとでは、政府債務のGDP比率は概ね低下し、また金利が上昇しても、近年は非常に低い金利で新規国債を発行していることから、利払い負担の増加はすぐには表面化しにくい。こうしたもとでは、財政規律に対する配慮は高まらず、財政拡張的な政策の傾向が一層強まりやすいのである。

## 経済・金融の安定を損ねる財政拡張策

しかし、既に述べたが、多くのOECD加盟国で、需給ギャップが中立的あるいは既にプラスの領域（需給ひっ迫）にあるなか、財政拡張策を通じてさらなる需給ギャップの改善を促すことは、経済の安定性の観点から望ましいとは思えない。

そうした傾向が特に強いのが米国であるが、同様に多くの国でポピュリズムの傾向が強まるなか、財政政策はよりバラマキ的、拡張的になっていく可能性があるだろう。その場合には、金融政策はより引き締め色を強めていく。インフレリスクが明確に高まり難い状況が続くなかであっても、こうしたポリシーミックスのもとでは、長短金利の水準が同時に高まりやすくなろう。こうした金利環境の変化には、サーチ・フォー・イールド（利回り追及）の巻き戻しから、新興国市場や社債市場の大きな調整に繋がるリスクがあるだろう。

## 日本でも強まる財政拡張傾向

すでに見たように、日本においても、政府が財政拡張的な傾向を強めているように見える。政府は二〇一九年一〇月の消費税率引き上げを予定通りに実施する方針だが、それが景気に与える悪影響に配慮し、新たな減税策を講じることに加えて、二〇一九年度予算に経済政策を盛りこむ。その結果、二〇一九年度予算は二〇一八年度からかなり増額となり、当初予算としては初めて一〇〇兆円台を突破する見込みだ。

二〇一九年度予算では、この消費増税時の経済対策費を、例年の予算編成とは別枠で、各省庁あるいは与党が要求できる仕組みとなっている。自民党内では、国土強靭化の目的などから一〇兆円を超える巨額の景気対策を望む声も以前から出ている。消費税率引き上げは、本来は五兆円超の恒久的な歳入増加を生む措置だが、軽減税率や教育無償化などに半分程度が使われることが既に決まっている。これに、消費税対策の減税や予算措置が加わると、消費増税が財政赤字削減に使われる分がほとんどなくなってしまうことも懸念される。そうなれば、何のための消費増税策なのか分からなくなってしまうだろう。

現政権が、財政健全化路線を事実上後退させ、財政拡張的な姿勢を実質的に強めている背景には、日本銀行による大規模な国債買入れ策、イールドカーブ・コントロールが継続していることもあるだろう。日本銀行がそうした異例の金融緩和政策を維持することで、財政規律の緩みが長期金利上昇などの問題を生じさせるリスクを低下させている、と政府が認識しているとすれば、それは、金融緩和策が政府の財政拡張的な姿勢を助長してしまっていることを意味する。そうであれば、日本銀行の政策は、政府に対して誤ったメッセージを発してしまっていると理解すべきだろう。

他方、こうして財政の規律が緩めば、金融政策の正常化を進めていく中で、長期金利が大幅に上昇するリスクが高まることを懸念する向きも少なくない。つまり長期化する金融緩和が財政拡張策を促し、それゆえに、金融政策の本格的な正常化が遠のいてしまう、といった、政策の悪循環が生じるリスクがあるのだ。

すでに見たように、海外では財政拡張策のもとで金融緩和の正常化が促される側面が強いが、財政環境が著しく悪化し、また異例の積極金融緩和が長期化している日本では、これとは全く異なるリスクが高まっている。こうした悪循環を断ち切るためには、金融政策、財政政策が足並みを揃える形で、リスク削減に向けて正常化を同時に進めていくという姿勢が、日本では強く求められるだろう。

第4章

# ポピュリズムと格差

LAST JUDGEMENT ON WORLD ECONOMY

リーマン・ショック後の長引く経済低迷が、格差問題に対する人々の関心を、世界中で高めるきっかけとなった。確かに一部の国では、所得格差が拡大したが、先進国全体ではそうした傾向は顕著に見られない点に留意すべきだ。また、企業と労働者の間の分配を示す労働分配率も、安定を維持している。

リーマン・ショック後には、欧米など主要国で、生産性上昇、潜在成長率の低下が見られた。それは、先行き、生活の質が着実に高まっていくとの人々の期待を打ち砕き、経済環境全体に対する人々の不満を高めていった。自身を取り巻く経済環境が厳しいと感じる向きは、それは企業あるいは他者が、自身が得られるはずだった所得を不当に奪っている、と考えやすいのではないか。そのため、経済の成長力が落ちていることに根差した経済環境の悪化という問題が、分配の問題へとすり替えられやすい。

その下で、各国で反グローバリズム、反国際協調、自国第一主義的な傾向が強まり、国内では、バラマキ的な財政拡張策が進められていった面がある。それらの背景には、国民の支持を獲得する政治的手法として、格差問題をことさら強調するポピュリズム政党の戦略もあっただろう。そのもとで進められてきた各種の政策が、世界経済や金融市場の安定を潜在的に損ねている面がある。他方、経済環境の改善のために本来必要である、経済の潜在力を高める構造改革が進まなくなってしまっている、という弊害も各国で生じている。これは、大きな機会損失と言えるだろう。

# 1. リーマン・ショック後の所得格差

## 米国では所得格差が拡大

経済環境が比較的良好な局面では、所得格差は大きな問題として意識されにくいが、リーマン・ショック後の長引く経済低迷が、この問題に対する人々の関心を世界的に高めることとなった。

例えば、二〇一一年に本格化した「ウォール街占拠デモ（Occupy Wall Street）」では、"We are the 99%"などといったスローガンが掲げられ、金融業界が格差拡大をもたらしているとの批判が高まった。また二〇一三年にトマ・ピケティが『二一世紀の資本』（邦訳、みすず書房）を発行したことがきっかけとなり、世界中で格差問題に大きな関心が集まった。ピケティは同書で、長期的にみると資本収益率は経済成長率を上回るため、資本を持つ者に富の分配が偏り、資産格差が拡大すると主張している。

二〇一六年の大統領選挙で、事前の予想に反して共和党のトランプ候補が当選した背景にも、所得格差の拡大を巡る有権者の大きな不満があった、と指摘されている。米国の経済成長に長らく取り残され、忘れられた人々（Forgotten People）を救う、というトランプ候補のメッセージが、ラスト（錆）・ベルト（中西部地域と大西洋岸中部地域の一部にわたる重工業中心の地帯）の白人中間所得層の強い支持を獲得し、それが当選に向けた原動力になった、と見られている。

トランプ政権は、米国内での所得格差拡大にはグローバル化が大きく影響していると考えており、それが貿易政策の考え方の基調にもある。一九七〇年時点では、米国のGDPの三割程度が製造業で生み出されていた。製造業は、米国の中間層の労働力の受け皿となっていたのである。しかし、その後、国内で作られる消費財が輸入品に代替される傾向が強まっていくなかで、製造業での雇用が実質的に海外に流出するという事態が生じた。それとともに、製造業の平均賃金にも下落圧力がかかり、米国の中間層の下層化が進んでいったのである。

## グローバル化による格差拡大が貿易政策に影響

政権発足直後の二〇一七年三月に、トランプ政権は「二〇一七年通商政策の課題及び二〇一六年の年次報告（"2017 Trade Policy Agenda and 2016 Annual Report"）」を公表した。これはUSTR（米通商代表部）が毎年議会に報告している、政府の通商政策に関する報告書である。それ以降にとられた、保護主義的な色彩が強いトランプ政権の貿易政策の背後にある考え方が、ここに良く表れている。その報告書では、二〇〇〇年以降、米国の成長率や製造業における雇用鈍化が生じたのは、他国との貿易に起因していたと指摘されている。そのうえで、トランプ政権が自由で公正な貿易拡大を目指すなかで、今後は二国間交渉に重点を移して、貿易相手国の不公正な行為には、あらゆる可能な法的措置を講じる考えだ、としている。

また、過去二〇年以上にわたって、米政府は多国間貿易交渉に取り組んできたが、それは、期待に反して、米国をグローバル市場で不利な状況へと追い込んでいった、としている。そうしたもとでは、米国は国家主権を守り、米国内通商法の執行を進め、外国市場を開き、米国と世界にとってより公正で効率的な新たな協定の締結に向けた交渉をすべき、と主張している。さらに、そうした政策が、米国の労働者の賃金を押し上げ、農業、畜産業、サービス業の輸出を拡大し、財・サービスの国際競争力を高め、生活水準を高める、より良くより公正な機会をすべての米国国民に与える、等と結論付けている。

実際に、二〇一八年にはこうした考えに基づいて、トランプ政権は保護主義的な貿易政策を一気に具体化していったのである。

## 米国と欧州の一部国では所得格差が拡大

二〇〇八年のリーマン・ショック以降、米国では実際に所得格差が拡大したことが、統計で確認できる。ＯＥＣＤ（経済協力開発機構）の調査によると、所得格差を示す代表的な指標であるジニ係数（所得や資産の不平等、格差を測る尺度の一つ。その範囲は〇から一で、値が〇に近いほど格差が少なく、一に近いほど格差が大きい状態であることを示す）に注目すると、リーマン・ショック前の二〇〇七年の値は〇・三七であったが、二〇一六年には〇・三九へと上昇している**【図表４－１】**。

また、所得分配の偏りをみるために、所得の平均値が上位二〇％の家計の所得が、所得の平均値が下位二〇％の家計の所得の何倍かを計算すると、二〇〇七年の七・九倍に対して、二〇一六年には八・五倍へと増加し、格差が拡大していることが分かる。

同様の計算では、ドイツ、フランス、イタリアなど欧州主要国でも、この間、緩やかな格差の拡大がみられている。この点は、先進国の中でも米国と欧州を中心に、ポピュリズム的な財政政策、移民流入規制などの傾向が見られることの背景を一部説明していよう。

## 先進国全体では格差は拡大していない

しかし、これは、先進国全体に顕著に見られる傾向ではない点には留意したい。例えば、二〇一六年にEU（欧州連合）からの離脱を国民投票で決めた英国は、先進国の中では米国と並んで国際協調と距離をとる、反グローバル化の代表的な国の一つとみられている。

ところが、その英国のジニ係数は、二〇〇七年の〇・三七から、二〇一六年には〇・三五へと逆に低下しており、所得格差はむしろ縮小している。また、上位二〇％の家計の所得の平均値が、下位二〇％の家計の所得の平均値の何倍であるかを計算してみても、二〇〇七年の六・六倍に対して、二〇一六年には六・〇倍と、むしろ格差は縮小している。

欧州のOECD加盟国全体で計算（単純平均）しても、この間のジニ係数は〇・二九でほぼ変わらない。さらに、OECD加盟国全体で見ても、ジニ係数は二〇〇七年の〇・三二、二〇一六年には〇・三二と変化はみられなかった。所得分配の偏りを示す倍率は、二〇〇七年の五・五倍から、二〇一六年には五・五倍と、これもほぼ横ばいだ。リーマン・ショック後に所得格差が拡大したという傾向は、先進国全体の特徴ではないのである。

ちなみに日本についても、ジニ係数は二〇〇七年の〇・三三から、二〇一六年には〇・三三、所得分配の偏りを示す倍率は二〇〇七年の六・〇倍から二〇一六年には六・一倍と、やはりほぼ横ばいである。

## 格差問題を過大に取り上げたポピュリズム政党

ＯＥＣＤ加盟国で、ジニ係数及び所得分配の偏りを示す倍率の、各国間でのばらつきを、標準偏差を求めることでそれぞれ確認すると、いずれもこの時期に低下している。リーマン・ショック後には各国で所得格差が拡大したこと、また、国ごとに見た格差のばらつきも大きくなったなどの見方を背景に、世界全体で格差問題が強く意識されていった。これらは、確かに一部の国にとっては正しいとしても、先進国全体ではそうした傾向は見られない。

しかし、そのようなやや誤った認識の下で、各国で反グローバリズム、反国際協調、自国第一主義的な傾向が強まり、国内の財政政策では、バラマキ的な財政拡張策が進められていった面がある。その背景には、国民の支持を獲得する政治的手法として、こうした問題をことさら強調してみせる、ポピュリズム政党の戦略もあったことは否定できないだろう。そして、そのもとで進められた各種の政策、対外的には、保護貿易主義的政策、国内では財政拡張策を通じ、世界経済や金融市場の安

| | ジニ係数 | | | 所得の偏り（上位20%の平均所得／下位20%の平均所得） | | | 所得階層別構成比（%、2016年） | | | | | |
|---|---|---|---|---|---|---|---|---|---|---|---|---|
| | 2007年 | 2016年 | 差 | 2007年 | 2016年 | 差 | 下位10% | 下位20% | 下位40% | 上位40% | 上位20% | 上位10% |
| OECD 加盟国 | 0.320 | 0.318 | -0.002 | 5.55 | 5.52 | -0.03 | 2.9 | 7.7 | 20.6 | 62.1 | 39.3 | 24.5 |
| 欧州 | 0.294 | 0.294 | 0.001 | 4.60 | 4.72 | 0.12 | 3.1 | 8.2 | 21.7 | 60.5 | 37.6 | 23.1 |
| 米国 | 0.374 | 0.391 | 0.017 | 7.90 | 8.51 | 0.61 | 1.6 | 5.3 | 16.3 | 67.5 | 44.8 | 28.9 |
| ドイツ | 0.285 | 0.293 | 0.008 | 4.28 | 4.54 | 0.26 | 3.3 | 8.3 | 21.8 | 60.5 | 37.8 | 23.2 |
| フランス | 0.292 | 0.295 | 0.003 | 4.34 | 4.42 | 0.07 | 3.5 | 8.7 | 22.2 | 60.5 | 38.6 | 24.4 |
| 英国 | 0.373 | 0.351 | -0.022 | 6.61 | 6.00 | -0.61 | 2.5 | 7.0 | 19.1 | 64.4 | 42.2 | 27.7 |
| イタリア | 0.313 | 0.333 | 0.020 | 5.20 | 6.29 | 1.09 | 1.8 | 6.3 | 19.1 | 63.2 | 39.6 | 24.4 |
| 日本 | 0.329 | 0.330 | 0.001 | 5.98 | 6.07 | 0.09 | 2.3 | 6.5 | 19.1 | 63.3 | 39.5 | 24.0 |
| カナダ | 0.317 | 0.318 | 0.001 | 5.29 | 5.45 | 0.16 | 2.6 | 7.2 | 20.0 | 62.3 | 39.0 | 23.9 |
| オーストラリア | 0.338 | 0.337 | -0.001 | 5.84 | 5.66 | -0.18 | 2.8 | 7.2 | 19.4 | 63.7 | 40.9 | 26.1 |
| 中国 | – | 0.514 | – | – | 28.26 | – | 0.3 | 1.9 | 9.4 | 76.5 | 53.5 | 36.2 |
| インド | 0.482 | 0.495 | 0.013 | 12.54 | 13.40 | 0.86 | 1.4 | 4.1 | 12.3 | 74.9 | 54.6 | 38.1 |

**図表4-1　世界の所得格差**

（注）欧州の数値は各国の単純平均値。各国の2016年の計数には、2016年以前の最新入手可能年の数値も含まれる

（出所）OECD（経済協力開発機構）

定を潜在的に損ねているのが現状なのではないか。

自身を取り巻く経済環境が厳しいと感じる際に、多くの人は、それは企業あるいは他者が余分に所得を得ているためだと考えやすい。このような考えのもと、実際には、厳しい経済環境は経済全体の成長力が落ちていることが原因であるにもかかわらず、それが分配問題に転嫁されやすいのである。それを積極的に誘導しているのが、ポピュリズム勢力と言えるだろう。その結果、経済環境の改善のために本当に必要な、経済の潜在力を高める構造改革が進まなくなってしまっている、という弊害も各国で生じている。これは、大きな機会損失と言えるのではないか。

## 2. グローバルな労働分配率の変化

### 危機後に格差問題は世界的な政治・社会的課題に

リーマン・ショックは、世界的に所得分配の歪みに人々の関心を高めるきっかけとなった。前節でも指摘したように、米国ウォール街での「ウォール街を占拠せよ」から始まった二〇一一年の「反格差デモ」は、世界同時的な広がりを見せた活動であった。また、日本においては、リーマン・ショック後の格差問題への国民の関心の高まりは、二〇〇九年の民主党政権成立の原動力の一つともなったのである。また、EUでは、統合に懐疑的な政治的主張は、しばしばポピュリズム的な格差対策と結びついていた。米国では、海外に不当に米国民の所得を奪われているとの問題意識が、トランプ政権の米国第一主義の主張を支えている。さらに学術界においても、『二一世紀の資本』を著したトマ・ピケティの格差拡大への問題提起が大きな話題となった時期があり、また最近では、非伝統的な金融政策が格差拡大に与えた影響などについても、大きな論争の対象となっている。

しかし、格差問題の議論は、しばしばイデオロギー色の強いものとなり、必ずしも客観的な事実に基づかないことも多いのが実態だ。また、格差を示す統計数字も、誤差などによってかく乱されることも多く、常に精度の問題を抱えている。

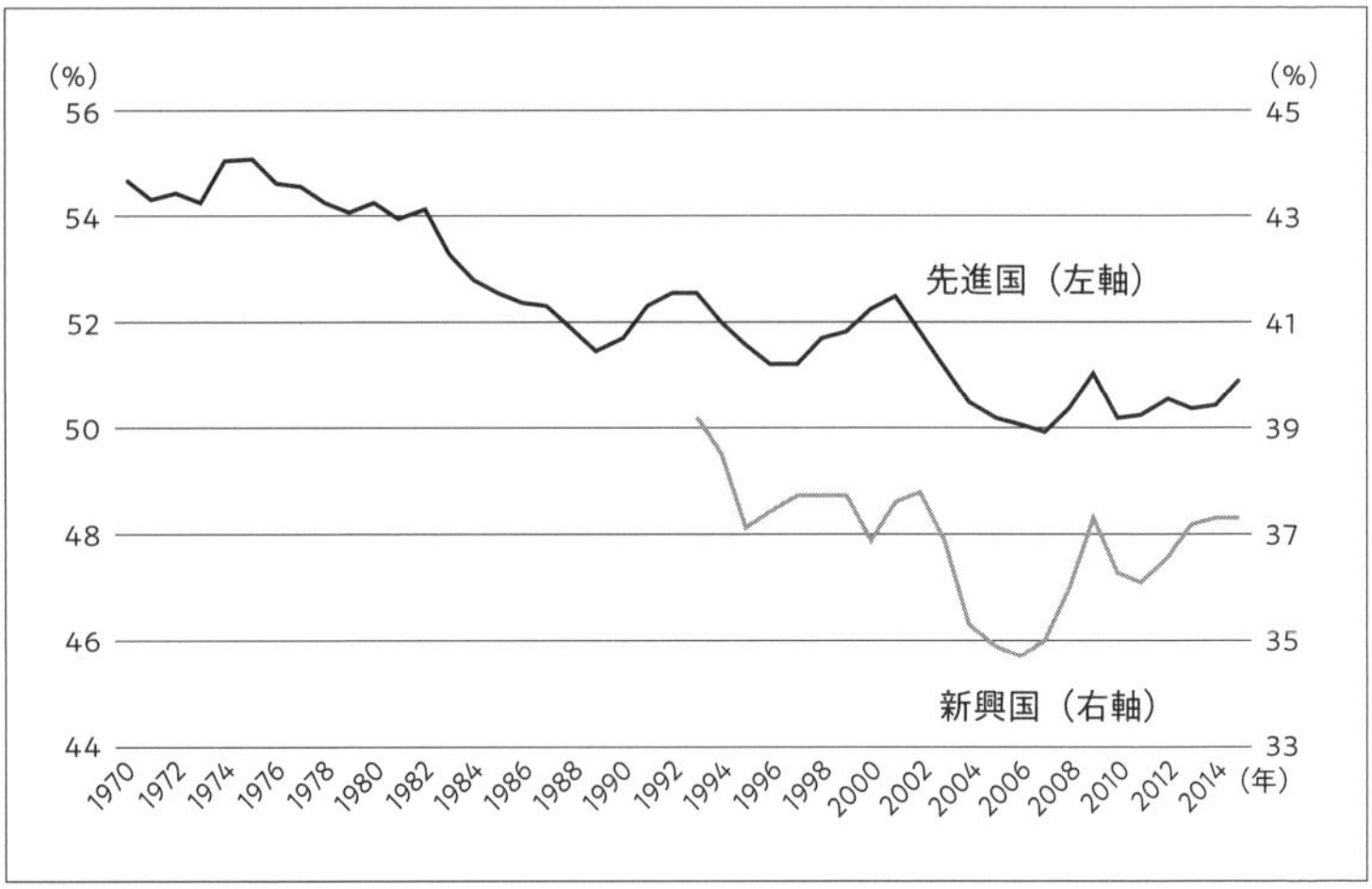


**図表4-2　世界の労働分配率の推移**
（出所）IMF, World Economic Outlook, April 2017

その中で、極めて単純であるがゆえに人々の関心を集めやすい指標として、ここでは、企業と労働者の間での所得分配を示す、「労働分配率」に注目してみたい。前節では労働者間、個人間での所得分配に注目したが、本節では、企業と労働者の間での所得分配に注目する。

そこで、先進国の労働分配率（雇用者報酬÷国民所得）の長期的な推移を確認すると、一九八〇年代以降は低下傾向で推移している**【図表4－2】**。労働分配率の分子である雇用者報酬を決める企業による雇用や賃金の調整が、景気循環つまり分母の国民所得の変化に対して遅れる傾向があることから、労働分配率は景気回復期にはやや下振れ、景気後退期には上振れる傾向が生じやすい。

リーマン・ショック前の数年間に見られた労働分配率の顕著な低下は、分配が過剰に企業側に偏ったのではなく、分母である国民所得の急速な増加によるところが大きかったのだろう。

## 不公平感の源泉は所得分配の偏りではない

ところがリーマン・ショック後の景気回復局面では、先進国、新興国共に、労働分配率はほぼ横ばいの安定傾向をたどってきた。同比率は、景気回復時には本来下振れしやすい傾向がある点を考慮すると、リーマン・ショック後の景気回復期に、少なくとも、労働分配率のトレンドに低下圧力が強まったということは考えにくいだろう。この点は、危機後に、所得分配の問題への人々の関心が高まったという事実と、相容れない部分がある。

国によってばらつきはあろうが、リーマン・ショック後に労働者から企業に大きな所得分配の偏りが生じたということは、全体的にはないように思われる。それでは、労働者の間で高まった強い不公平感、不満は一体どこから生じたものであろうか。恐らくそれは、リーマン・ショック後に顕著になった、各国での労働生産性上昇率の低下、それに起因する潜在成長率の低下といった経済の潜在力の低下によるものではなかったか。

実際のところ、第1章で見たように、リーマン・ショック以降に、米国と欧州での生産性上昇率と潜在成長率は低下している。それは、分配すべき全体のパイの拡大ペースが低下していることを意味する。また、それは労働者の生活の質に影響を与え、実質賃金の上昇率の低下にも繋がりやすく、結果的に、彼らの不満を高めやすいのである。しかし、そうした気運を利用して、問題の本質

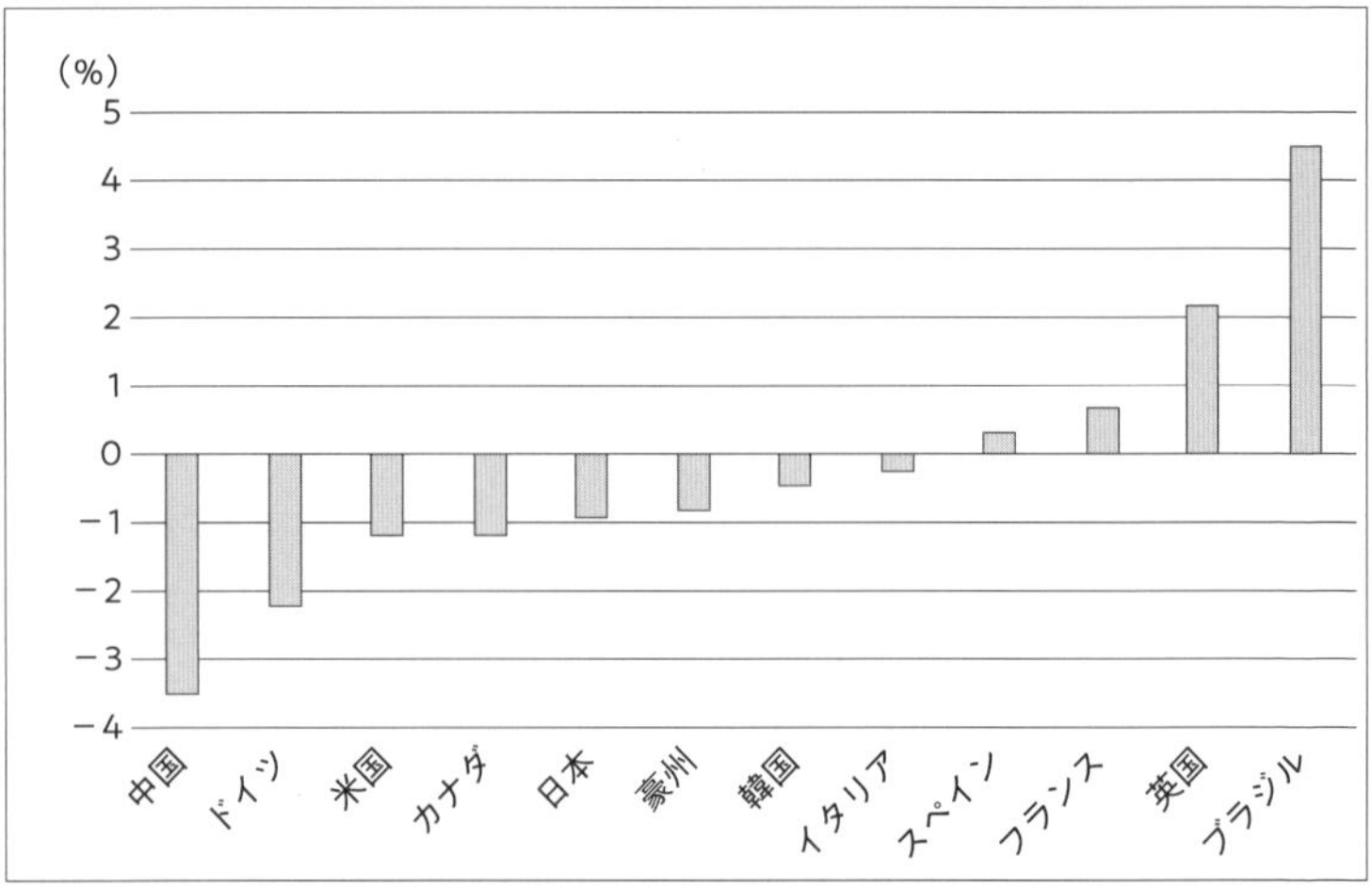


**図表4-3　労働分配率の国別変化（1991年～2014年）**
（出所）IMF, World Economic Outlook, April 2017

を格差問題へとすり替えるような、ポピュリズム的な政治行動が高まっていったのではないか。

## 労働分配率低下の背景は何か

次に、長期的な労働分配率低下傾向の背景、要因について考えてみたい。一九九一年から二〇一四年にかけての労働分配率の変化を主要国ごとにみると、まさにまちまちの状況だ**【図表4-3】**。先進国では総じて低下傾向をたどったとみられるが、英国ではかなり上昇した。新興国での動きもばらつきが大きく、ブラジルでは労働分配率が大きく上昇したのに対して、中国では大幅に低下した。後にみるように、中国での労働分配率の低下には、グローバルなサプライチェーン構築の影響が大きかったとみられる。

同じく一九九一年から二〇一四年にかけての労働分配率の変化を産業別にみると、製造業での低

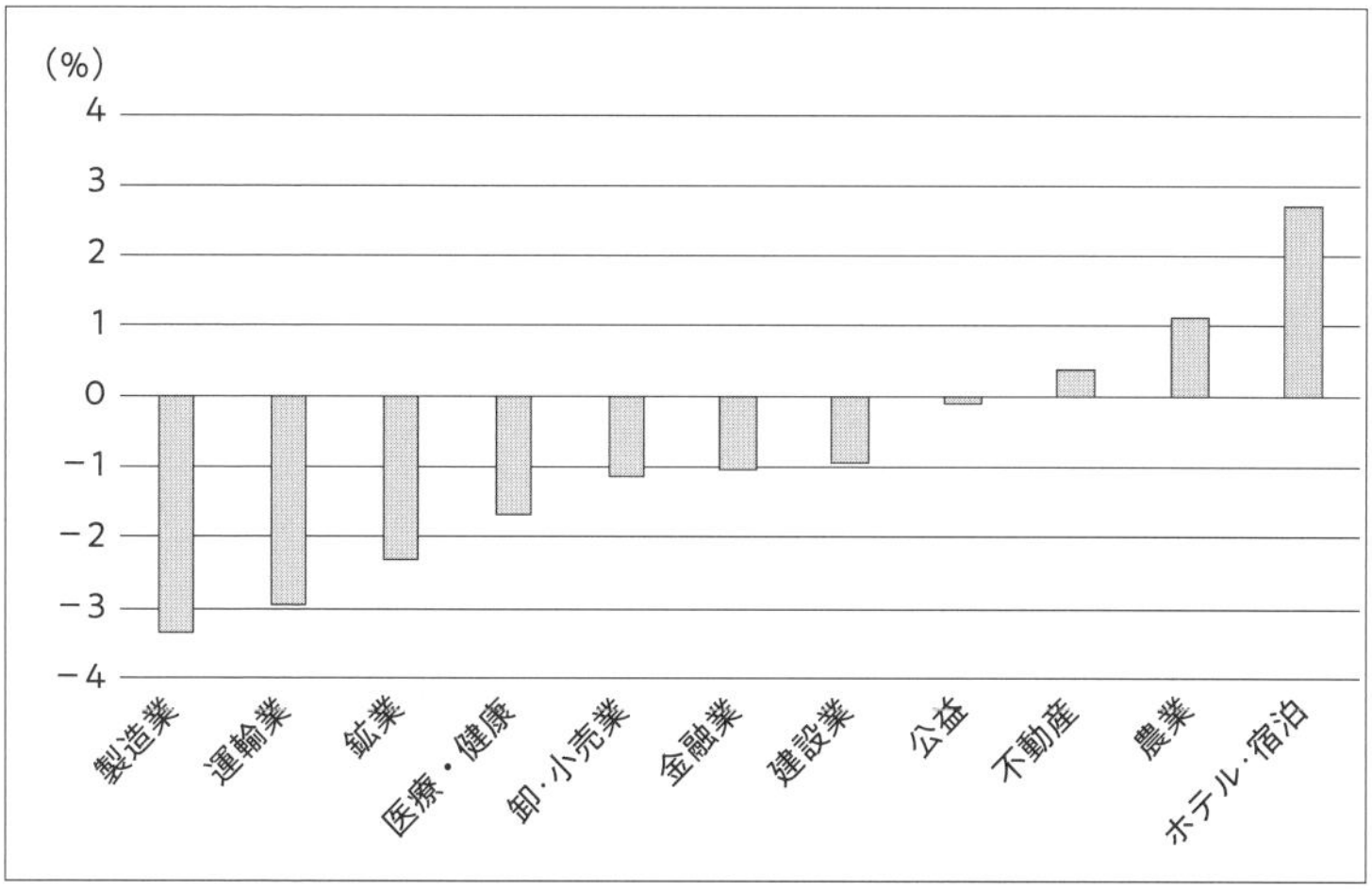


**図表4-4　労働分配率の産業別変化（1991年〜2014年）**
（出所）IMF, World Economic Outlook, April 2017

下幅が最大となっている【図表4-4】。これは、製造業の中での資本装備率（労働者一人当たりの資本設備額）の上昇、つまり、各労働者がより多くの機械設備を使って、生産活動を行うようになるといった、生産活動の構造変化を反映しているものと考えられる。これが、先進国では労働分配率がこの時期に低下傾向をたどった主な背景だろう。

## 技術変化が労働分配率の低下を主導

ＩＭＦは、一九九三年から二〇一四年の間の労働分配率の変化について、その要因分解を試みている。これによると、先進国と新興国とでは、労働分配率低下の背景は異なっている。

まず先進国については、技術変化が、労働分配率を低下させてきた最大の要因である【図表4-5】。ここでいう技術変化とは、労働投入を節約する形

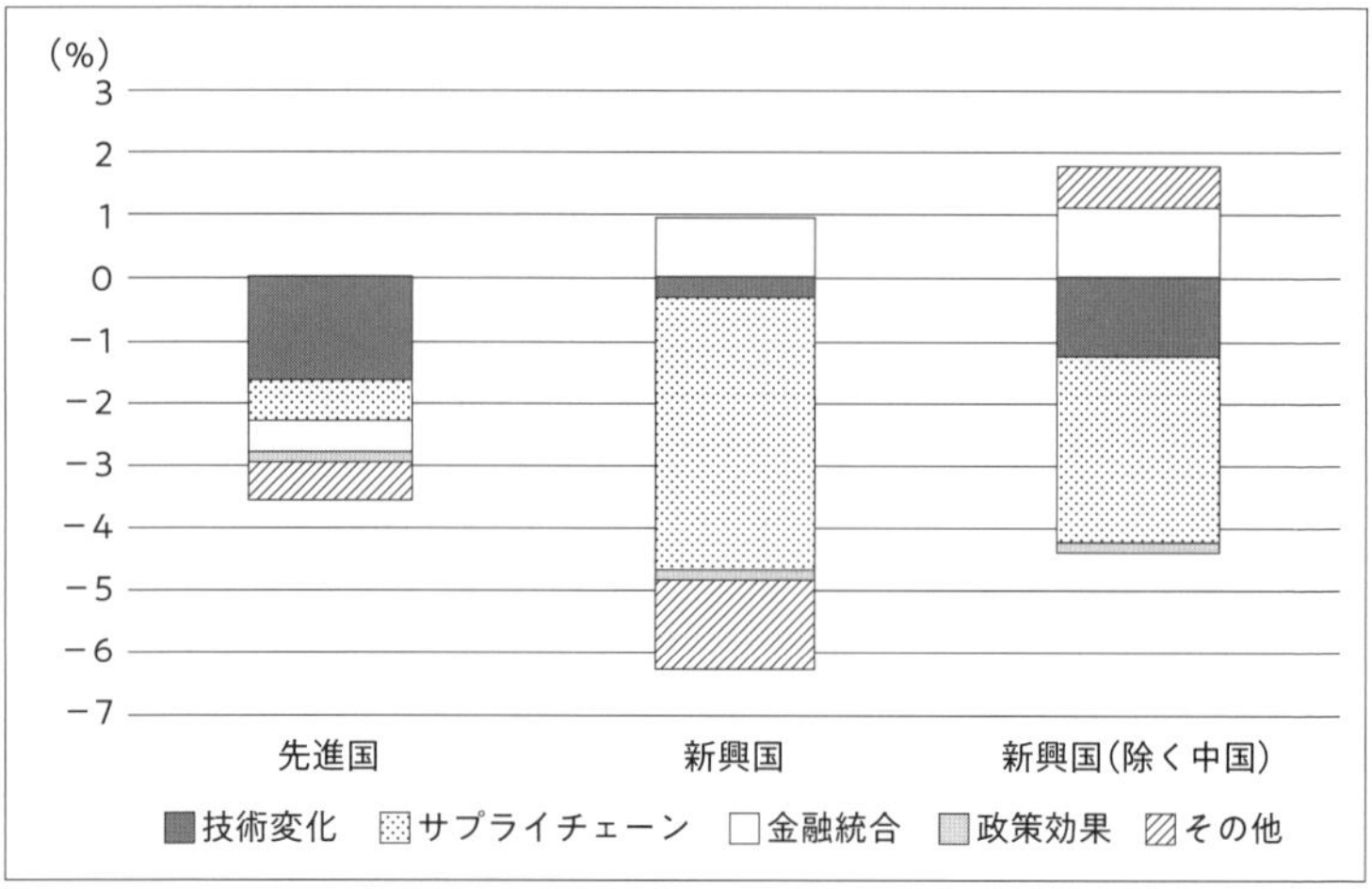


**図表4-5　労働分配率の要因別寄与度分解（1993年〜2014年）**
（出所）IMF, World Economic Outlook, April 2017

で労働生産性向上をもたらす技術進歩であり、それは資本装備率（労働者一人当たりの資本設備額）を上昇させる形で、労働分配率の低下を促してきたものと考えられる。その中核を担っているのは、【図表4-4】にもみられる製造業であろう。

他方で、新興国の労働分配率の低下を主導してきたのは、グローバルなサプライチェーン（供給連鎖）の拡大である。先進国の企業は、その生産過程の一部を新興国などに移すことで、全体的な生産コストの引き下げを図ってきた。その結果、資本集約的な生産過程が先進国から新興国へと移転され、これが新興国での労働分配率低下に大きく貢献してきたのである。こうした傾向が最も強かったのが中国であり、それゆえに【図表4-3】でみたように、中国の労働分配率の低下幅が最も大きかった。

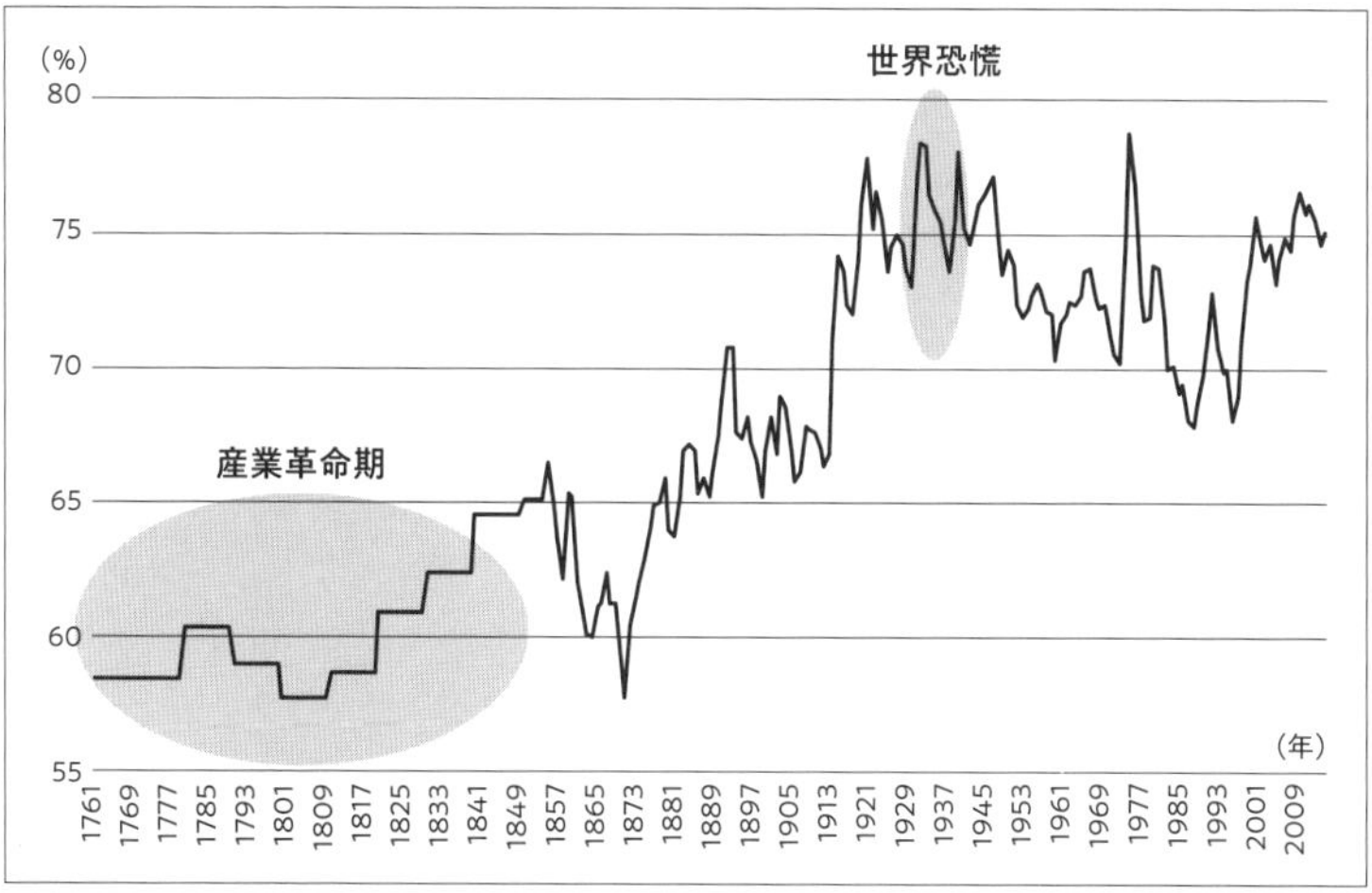


**図表4-6　英国での労働分配率の歴史的推移**
（出所）IMF, World Economic Outlook, April 2017

グローバル化の進展を、先進国での労働分配率低下の主な背景とする意見も多いが、今までの検討を踏まえると、それは必ずしも正しくないように思われる。ひとつの見方ではあるが、低労働コストに強みを持つ新興国での労働集約的な企業の製品が、先進国の競合する企業の製品のシェアをどんどん奪っていくという形でグローバル化が進展したのであれば、それは先進国経済の資本集約度をより高める一方で、新興国の資本集約度を低下させることになるだろう。それは、先進国での労働分配率の低下と、新興国での労働分配率の上昇とを同時に促すはずであるが、実際には、新興国全体では逆に、労働分配率は低下している。

## 英国での歴史的労働分配率の推移

最後に、英国での非常に長期間にわたる労働分配率の推移をみてみよう。英国の足もとの労働分配率は二〇一五年で七五％と、先進国の平均の五一％と比べてかなり高めである。これは、資本集約度の高い製造業の比率が相対的に低いという、英国の産業構造の特徴を反映しているとみられる【図表4－6】。

ところで、資本集約度を高めるという技術進歩が労働分配率のトレンドを決める最大の要因であるとすれば、労働分配率は長期間に渡って低下トレンドをたどってきたはずであるが、一八世紀半ばの産業革命期から始まるこの英国での長期間の労働分配率の統計ではそうはなっていない。

労働分配率は、産業革命期以降上昇傾向を続けたが、それがピークに達したように見えるのは、一九二〇年代末の世界恐慌である。それ以降は低下傾向を辿り、二〇〇〇年代に入ってからは、先進国全体とは異なり、再び上昇傾向を示しているように見える。こうした極めて長期間の労働分配率の変化の背景を知ることは困難であるが、技術進歩とともに労働分配率は低下トレンドをたどるもの、と決めつけるのは誤りである。

## 3．日本の労働分配率は低下傾向にない

### 日本でも危機後の労働分配率は概ね横ばい

リーマン・ショック後の景気悪化を受けて、日本の労働分配率も一時期は上昇したが、その後は

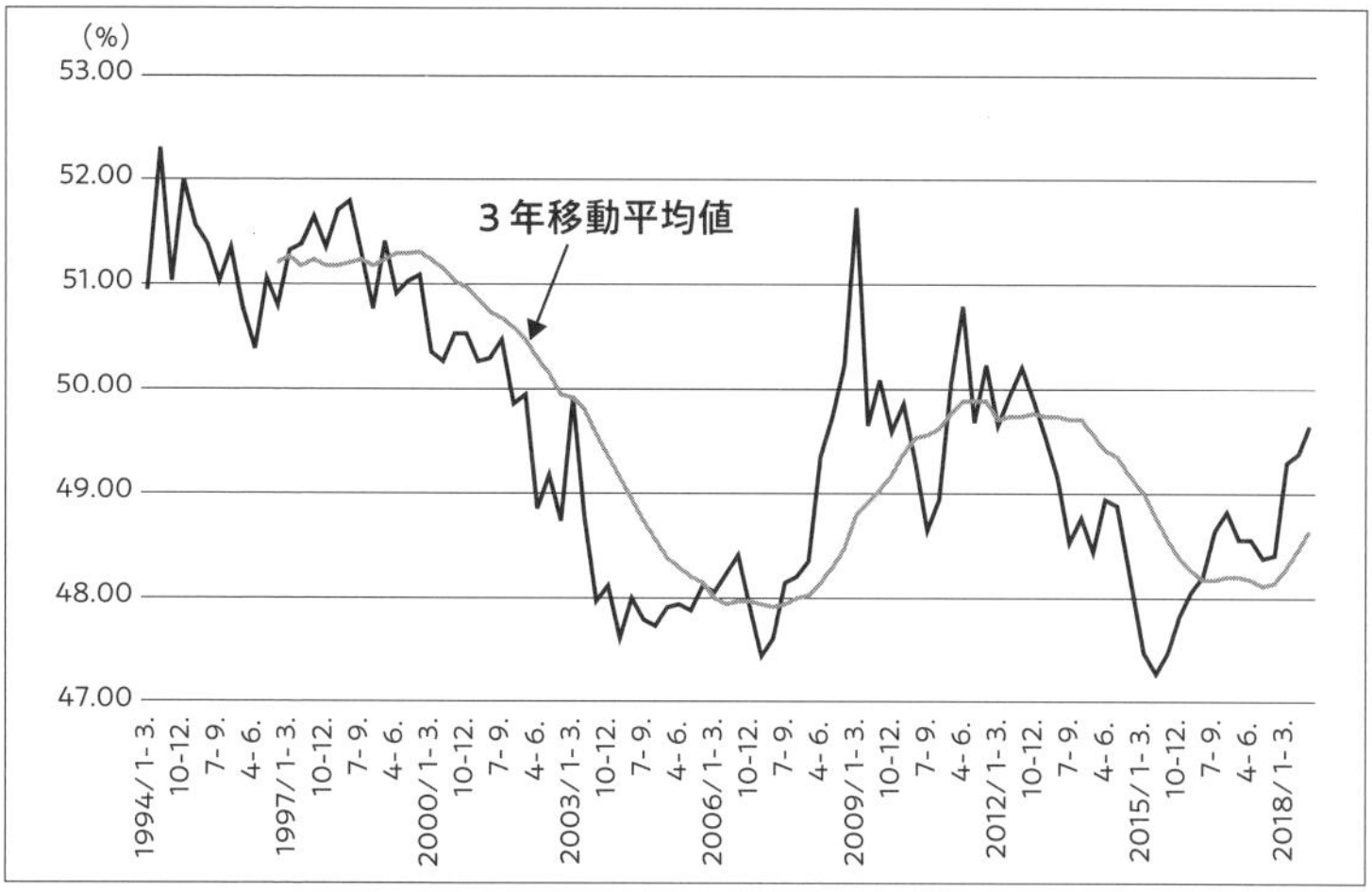


**図表4-7　日本の労働分配率**
（出所）内閣府より野村総合研究所作成

再び低下傾向に転じた。足もとでは、労働分配率はむしろ上昇傾向を示している【図表4－7】。

日本では過去数年の間、企業が労働者への分配を不当に抑制している、その結果、労働分配率が低下している、との認識が広がっており、それを反映して政府も企業に対して積極的な賃上げを呼び掛けてきたという経緯がある。しかし実際には、企業と労働者の間の分配には、大きな変化は生じていなかったのである。

## 成果配分（実質賃金）で認識のギャップ

名目賃金上昇率から物価上昇率を差し引いた実質賃金上昇率が、労働生産性上昇率に一致している場合には、労働分配率は一定となる。実質賃金上昇率は、生活の質の改善ペースを決めるものであるが、労働生産性上昇という成果に対して、同じペースで実質賃金上昇率が高まり、生活の質が

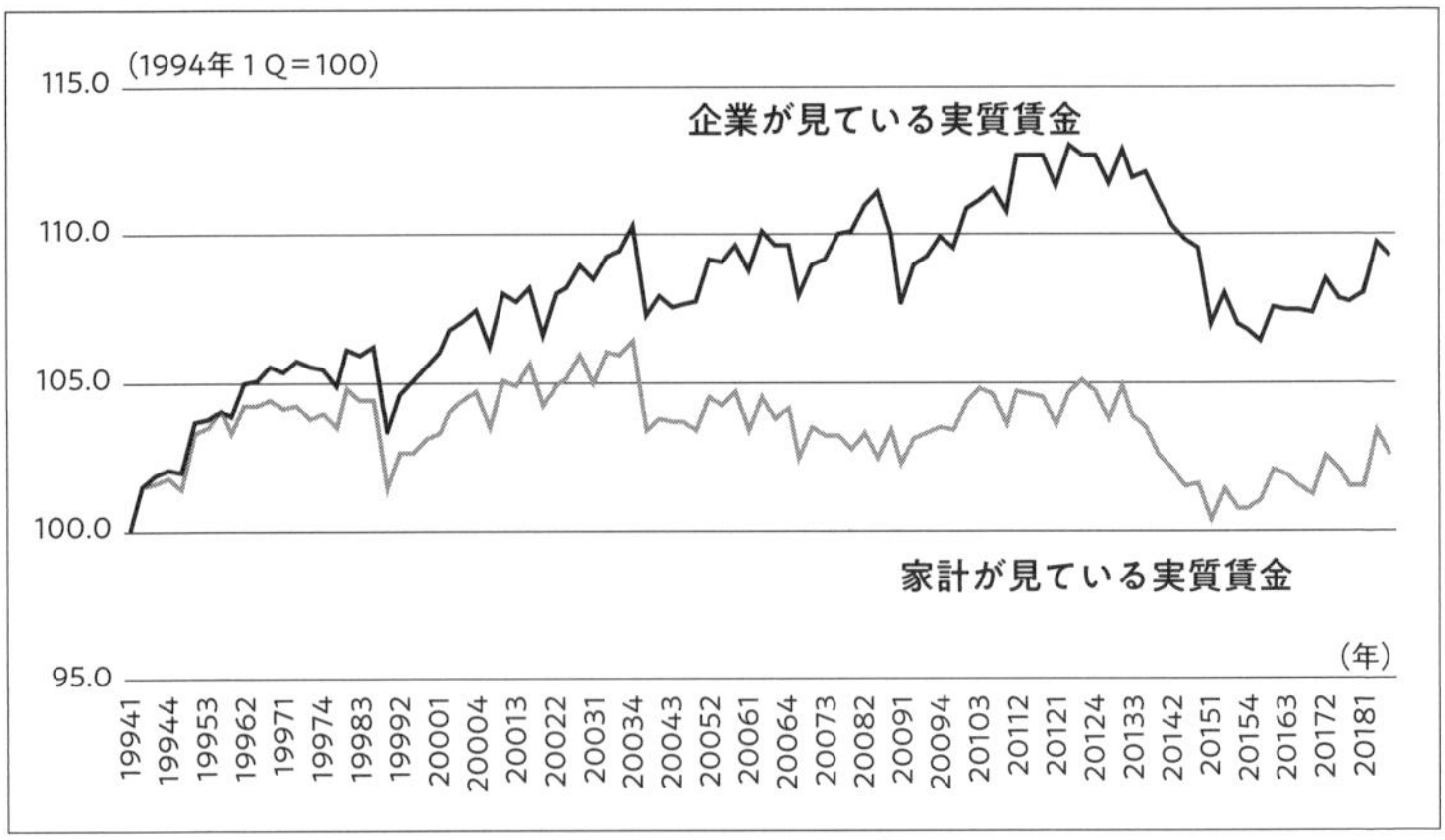


**図表4-8　企業と家計の実質賃金の認識のずれ**
（注）企業が見ている実質賃金：所定内賃金÷GDPデフレータ
　　　家計が見ている実質賃金：所定内賃金÷個人消費デフレータ
（出所）内閣府、厚生労働省より野村総合研究所作成

改善することが、労働者への正当な成果配分である、と考えるのが一般的だろう。

ところが、労働者が見ている実質賃金と企業が見ている実質賃金の間には、実際には大きな乖離が生じており、これが公平な所得分配に関する両者間の認識の違いを生んでいる面がある。それこそが、格差問題の議論が収斂しない要因の一つでもあるだろう。

労働者が見ている実質賃金とは、賃金を個人消費の対象となる財、サービスの価格で割り引いたものであり、ここでは所定内賃金とGDP統計の個人消費デフレータから計算している。これに対して企業が見ている実質賃金とは、賃金を、消費関連に限らず、企業が生み出す財、サービス全体の価格で割り引いたものであり、ここでは所定内賃金とGDP統計のGDPデフレータから計算している。

【図表4－8】にみるように、この二つの実質賃金には大きな乖離が生じている。一九九四年第一四半期を起点とした場合、二〇一八年第三四半期までに、企業が見ている実質賃金は九・二％上昇したのに対して、労働者が見ている実質賃金は二・五％しか上昇していない。

## 生産性上昇率、成長期待を高める政策が重要に

このように、企業は成長あるいは生産性上昇の成果を、実質賃金の引き上げという形で相応に労働者に配分しているという意識が強いのに対して、家計、労働者は正当な成果配分を受けていないとの不公平感を強めている、というのが実態なのではないか。このように認識ギャップが大きい中では、政府がベースアップの引き上げを通じて、企業から労働者に所得の再配分を求めるよう労使交渉に介入しても、それが上手くいかなかったのは当然と言えるだろう。

二つの実質賃金の乖離は、どこから生じるのであろうか。それはＧＤＰデフレータと個人消費デフレータとの乖離から生じている。一九九四年以降は両者ともに低下基調をたどったが、個人消費デフレータよりもＧＤＰデフレータの方が、下落幅が大きかったのである。これは、企業が供給する財・サービスのうち、個人消費に関連しないものの下落幅が、消費財・サービスよりも大きいことを意味する。具体的には、設備投資に使われる資本財などである。

一般に、ディスインフレあるいは緩やかな価格下落のもとでは、財とサービスの価格の格差は拡大しやすい。財の価格が下落するもとでも、サービス価格は上昇を続けやすいのである。そのもと

で個人消費は、設備投資と比較してサービスの比率が高いため、相対的に価格下落の程度がより緩やかにとどまりやすいのである。

こうした要因に加えて、資本財に含まれるＩＴ関連など、技術進歩のスピードが速い財が価格下落を主導していることも、価格の格差の背景として考えられる。また、日本の電機・機械の価格には、国際競争力の低下を映して下落圧力が掛かっていることも、その背景の一つかもしれない。

いずれにせよ、成長あるいは生産性上昇の成果の配分である実質賃金を巡る認識で、企業と労働者、家計との間に大きなギャップがあるもとでは、両者間の議論はかみ合わず、両者間の所得再配分を狙う政府の政策は、上手くいかない。

しかし、日本あるいは世界全体でも、リーマン・ショック後の労働分配率は比較的安定しており、少なくとも企業と労働者の間での所得分配を大きく変える所得再配分政策が、喫緊の課題であるとは思えない。他方で、労働者の間に強く残る所得面での不公平感は、生産性上昇率の低下、潜在成長率の低下という、分け合うパイの増加ペースの低さに起因する面が大きいのではないか。

こうした点を踏まえれば、政府が優先課題とすべきなのは、所得再分配政策よりも、経済効率を高め、潜在成長率を高める構造改革であるべきだろう。政府の経済政策にはそうした要素も含まれているが、例えば「働き方改革」における、残業時間の縮小や同一労働同一賃金政策は、所得再分配政策という左派的な発想と、経済効率を高めるという右派的な発想とが混ざり合っており、これが企業の前向きな取り組みを阻害している面もあると感じられる。企業の成長期待に強く働きかけるような構造改革を、政府がよりわかりやすく打ち出していくことが、今後は重要になるのではないか。

## 4. 欧州におけるポピュリズムの台頭

### 仏大統領、独首相はナショナリズム台頭に警鐘

第一次世界大戦の終結一〇〇周年記念式典が、二〇一八年一一月一一日にパリで開かれた。主催したフランスのマクロン大統領は、世界に広がるナショナリズムの高まりに強い警戒感を示し、二度の世界大戦の教訓が活かされるようにとのメッセージを世界に発信した。このイベントが、ナショナリズム、あるいはポピュリズムとの闘いを宣言する場となったのだ。

一九一四年から一九一八年まで続いた第一次世界大戦では、兵士だけでも約一〇〇〇万人が犠牲になったといわれている。今回の式典は、その大戦で死亡した無名戦士の墓がある、パリの凱旋門で行われたものだ。

マクロン大統領は、「われわれの利益を第一に、と言っていては、他者を思いやる大切な道徳的価値観を失ってしまう」、「ナショナリズムは愛国心とは全く逆のもの、愛国心の裏切りだ」、「時に歴史は、悲劇的な道を呼び戻し、我々の先祖が血を流すことで築き上げた平和という財産を脅かす」、

等と述べた。さらに、ナショナリズムの台頭を、「古い悪魔が再度目覚めつつある」とやや過激に表現したことも、注目を集めた。これらは、米国のトランプ政権の「米国第一主義」を強く念頭に置いたメッセージだ。

式典の後には「パリ平和フォーラム」が開かれ、ドイツのメルケル首相はマクロン大統領の発言に同調するように、「我々は平和を当然のものと思う。しかし、視野の狭いナショナリズムが再び力を増していることを私は心配している」、「孤立は一〇〇年前には正しい答えではなかった。これだけお互いに結び付いた世界で、孤立することは賢くない」などと発言した。

このフォーラムには、国連のグテレス事務総長らも出席したが、同氏は、「妥協する精神が弱まり、共同体のルールが軽視されている」と警鐘を鳴らし、国際協調の重要性を改めて説いたのであった。

## トランプ政権は中間選挙後も米国第一主義を維持

この式典では、各国首脳らはバスでシャンゼリゼ通りに着き、その後、会場となった凱旋門まで並んで行進した。しかし、トランプ大統領だけは別行動をとり、遅れて会場に到着した。

トランプ大統領は、前日の一〇日には、パリから約八五キロ離れた激戦地ベローにヘリコプターで移動し、米兵の追悼式典に参加する予定だったが、悪天候を理由に取りやめた。雨天は十分予想できたはずで、予備プランを持っておくべきだったとの批判が噴き出た。

また、マクロン大統領が六日のラジオ番組で、「中国とロシアからだけでなく、米国からも自分たちを守らなければならない」と、米国抜きでの「欧州軍」の創設を訴えたことに対して、トランプ大統領は九日に「非常に侮辱的だ」とし、北大西洋条約機構（NATO）の加盟国に国防費を増やすよう改めて求めるなど、米仏関係にも軋轢が生じていた。

トランプ大統領は二〇一八年九月の国連総会で、多国間主義よりも愛国主義を優先する考えを強調するなど、米国第一主義を前面に打ち出していた。この式典の時は、一一月六日の中間選挙で下院での議席の過半数を民主党に奪還されたばかりだったが、第一次世界大戦の終結一〇〇周年記念式典に前後したトランプ大統領の一連の言動は、中間選挙後も米国第一主義の方針を変える考えが全くないことを、世界に宣言した形となったのである。

## 欧州の自国第一主義拡大も経済・金融に悪影響

仏大統領、独首相によるナショナリズムの台頭を警戒する発言は、米トランプ政権に向けられた面が強かったとみられるが、欧州自身もまた、ナショナリズムやポピュリズムの台頭に直面していることを忘れてはならない。

英国のEU離脱は、自国第一主義の表れと言えるだろう。二〇一六年の国民投票でEU離脱を呼び掛けた政治家は、離脱に伴う大きな経済的痛みではなく、英国の主権回復と並んで移民抑制などといった国民が関心を持つ目先のテーマに国民の目を向けさせた。これは、ポピュリズム的な政治手法だ。すでに現状においても、離脱に伴う大きな不確実性が、企業の設備投資の見合わせやポンド安に伴う物価高などを通じて、英国経済や世界の金融市場に打撃を与えている。また、EUと離脱条件などで合意できない「無秩序離脱」、いわゆるハード・ブレグジットの場合、英国のGDPは、一五年間で九・三％も押し下げられると、英政府は試算している。

また、イタリアでは、二〇一八年五月に成立した、「五つ星運動」と右派「同盟」というポピュリズム政党からなる連立政権が、財政拡張路線を打ち出し、その撤回を拒むことで、財政規律に関するルールに従うよう働きかけるEUとの間で対立が生じた。

欧州各国で台頭する多くのポピュリズム政党には、移民・難民への厳しい対応を示すことや、所得格差の問題を、誇張を含めて強調するなかで国民からの支持を獲得し、それを背景に、EUあるいはユーロ圏からの離脱や財政拡張といった政策方針へ結びつけるという、共通した傾向が見られる。本章で見てきたように、先進国での企業と労働者との間、あるいは個人間での所得格差問題は、実際には誇張されている面があるように思うが、ポピュリズム政党は、それへの対応を名目に、企業から家計へ、高額所得者から低額所得者への所得再配分政策を推し進めようとしている。しかし、実際には、一定の所得の再配分だけにとどまらず、拡大均衡的なアプローチに基づいて財政拡張策がとられている感が強い。

そうした財政政策は、賃金、物価の上昇リスクを高め、必要以上に引き締め的な金融政策を招きやすい。他方で、財政環境の悪化は（実質）長期金利の上昇を生じさせる。これらは、実体経済に悪影響を与えるが、それと共に、長短金利の上昇は債券市場に累積した歪みを一気に解消させる形で、世界の金融市場にも深刻な打撃を与えかねない。

欧州主要国、特に中核国のドイツとフランスは、経済・金融市場の安定、国民生活の安定の観点から、域内でのナショナリズム、ポピュリズムとの闘いをしっかりと進めなければならないだろう。

## ハード・ブレグジットで各種国境管理に支障

英国がＥＵからの離脱、いわゆるブレグジット（Brexit）を実行すれば、主要先進国が巨大な自由貿易圏から離脱するという、まさに歴史的なイベントとなる。米国の場合には、巨大な地域自由貿易協定であるＴＰＰ（アジア太平洋パートナーシップ）協定の協議からの離脱を決めたに過ぎなかった。こうしたことが滅多に起こらないのは、一定期間自由貿易圏に属した後に、そこから離脱することが、一般的には非常に大きな経済的損失を離脱国にもたらすためだ。

ＥＵと英国との間で、将来的な貿易関係に関する合意がまとまらないまま、英国がＥＵを離脱する、いわゆるハード・ブレグジットが現実のものとなれば、英国はＷＴＯ（世界貿易機関）が認める最大限の関税率や非関税障壁に直面する恐れがある。

二〇一八年一〇月に、英会計検査院（ＮＡＯ）はその報告書（※）の中で、安全保障、経済、国際関係上の観点から、国境の管理が非常に重要であることを訴えた。さらに、英国がＥＵとの離脱合意を結ばずＥＵを離脱した場合、新たな国境管理体制を整えるのに十分な時間が確保できないことから、貿易活動を大きく妨げる混乱が生じ、その代償を企業や個人が払わなければならなくなる、と警鐘を鳴らす。そうした場合、期日までに複雑な国境での検査体制は整わず、何千もの英輸出業者も新たな国境規制への準備が整えられないだろうとしている。また、犯罪組織が国境管理の弱点に付け入る可能性があるほか、国境を越える際に長蛇の列や遅延が発生する、とも述べている。

※ "The UK border: preparedness for EU exit", National Audit Office
(https://www.nao.org.uk/wp-co ntent/uploads/2018/10/The-UK-border-preparedness-for-EU-exit.pdf)

## ブレグジットの痛みは既にポンド安で生じた

ブレグジットは、英国からEU向け輸出を関税分、割高にするだけでなく、こうした通関業務に関わるコスト分も、輸出品の価格に転嫁されることで、英国製品の輸出競争力を低下させてしまう。こうした影響を相殺するために、ポンド安が生じるのは自然なことだろう。しかし、その分、英国がEUから輸入する製品の価格は上昇してしまう。また、新たに国境規制に関わる追加コストも、輸入業者あるいは消費者などに転嫁されることから、それは国内需要を低下させてしまう。

市場はそうした経済的な悪影響を先取りして、ポンド安が進んだ。それが、英国経済を悪化させた面があり、英国はすでにブレグジットの代償を払っていると言える状況だ。

スイスの大手金融グループUBSの分析によると（※）、英国が国民投票でブレグジットを決めた二〇一六年半ば以降、そうでなかった場合と比べて、英国のGDPは二％程度低下したと試算されている。経済への悪影響は、主としてポンド安によって生じている。ＵＢＳは、国民投票の影響によりポンドの価値は約一〇％下落したとしている。ブレグジット後にＷＴＯが認める最大限の関税が適用される場合、英国からのＥＵ向け自動車輸出に一〇％の関税が適用される可能性があるが、その影響はすでにポンド安でちょうど相殺された計算となる。しかし、一方で、ポンド安によって英国の消費者は物価高という打撃を受けたのである。

調査会社オックスフォード・エコノミクスの推計によると、ハード・ブレグジットの場合には、英国のＧＤＰはさらに追加で二％程度低下するという。そこには、関税の影響と様々な非関税障壁のコスト増加の影響が大きい。例えば、ＥＵ域内で販売が許可されていた英国製の医薬品も、ブレグジット後には新たな検査や認証が必要になるとみられる。こうした障壁によって納期が延び、その分、在庫管理などのコストも追加で発生するだろう。

ポンド安などを通じて、英国はすでにブレグジットの痛みを感じている。他方、ＥＵにはブレグジット関連の影響はまだそれほど意識されていない。相対的に規模が小さい国のほうが、企業や消費者が巨大市場にアクセスできる自由貿易から得られる見返りが大きく、逆に相対的に規模の小さい国が離脱することから生じるデメリットは、残された国にとってはより小さいためだ。

こうした点を踏まえると、ブレグジットから生じる英国の経済的な痛みがより顕著になればなるほど、将来、反グローバリズムの流れの中で、自由貿易圏から離脱しようとする国に対して抑止効果を発揮することになるだろう。

他方、ポンド安の影響だけでは、ブレグジット、特にハード・ブレグジットによって生じる様々なコストという痛みを英国が実感するには未だ十分ではない。それを正しく評価するには、英国国民が想像力を最大限高める努力が求められるだろう。

※ "Brexit Provides Early Proof of Deglobalization's Costs", Greg Ip, Wall Street Journal, October 18, 2018

## 難民問題でメルケル首相の政権運営は困難に

ドイツのメルケル首相は、自身が党首を務めるCDU（キリスト教民主同盟）が二〇一八年一二月に行う党首選には出馬せず、一八年間続けた党首の座を退く意向を、二〇一八年一〇月に突如明らかにした。首相職は二〇二一年の任期満了まで続け、その後は政界を引退する考えだ。ただし、党首を退くことでメルケル首相の指導力は低下し、レームダック化が進む可能性も考えられる。その場合、首相の任期を全うできずに、前倒しで総選挙が実施される可能性もあるだろう。

メルケル首相がこうした意向を表明するまさに前日に、CDUは金融都市フランクフルトがある西部ヘッセン州で行われた州議会選で、得票率を大きく減らしていた。また直前にも、ミュンヘンがある南部バイエルン州議会選で、CDUの姉妹政党であるCSU（キリスト教社会同盟）が大敗していた。メルケル首相の党首退任は、選挙での敗北の責任をとったとの見方もある。

他方でメルケル首相は、党首の退任は、二〇一八年七月下旬の段階ですでに検討していたと自ら説明した。その時期は、難民問題を巡ってＣＳＵのゼーホーファー内相と繰り返し対立をしており、内相は移民を国境で追い払うとした主張を譲らず、政権が崩壊の瀬戸際まで追い込まれた時期と重なる。政権内でメルケル首相の指導力が低下し、政権運営がより難しくなってきたことが、党首退任の背景にありそうだ。

二〇〇五年以降首相職にあるメルケル首相にとって、過去数年間、強い逆風となってきたのが難民問題だ。メルケル首相は、難民の大量流入を招いたという批判を浴び、極右政党の攻撃対象となってきた。極右の「ドイツのための選択肢（ＡｆＤ）」は、反メルケル路線を前面に掲げて二〇一七年九月の連邦議会で初めて議席を獲得し、第三党にまで躍進した。また、二〇一八年一〇月のバイエルン州、ヘッセン州の州議会選挙での躍進を受けて、全一六州で議席を獲得した。

## 欧州の難民問題とポピュリズム

欧州の難民問題は、中東や北アフリカから欧州へと大量の難民が流入したことがきかっけだ。メルケル首相は、難民受け入れに寛容な姿勢を示し、また寛容な政策をＥＵレベルでも主導してきた。そうした姿勢は当初は称賛されたものの、欧州への難民流入数が二〇一五年に急増し、欧州各地で政治的・社会的混乱が起きるようになると、メルケル首相の寛容な難民受け入れ政策に対して、ドイツ内外で批判が強まるようになっていったのである。二〇一六年一二月にベルリンで起きたクリスマスマーケットでのテロ事件など、難民を装った過激派の犯罪が頻発するようになると、反難民の感情がドイツ、あるいはEU域内で一気に強まっていった。

二〇一五年にドイツへの大量の難民流入が始まってから三年間で、難民申請者は累計で一四〇万人以上に達し、また年間二〇〇億ユーロ以上と推計される膨大な対策費用が国民の負担となった。

EUへの難民流入の数は、EUの移民・難民の規制強化もあり、二〇一五〜二〇一六年を境に減少に転じている。二〇一七年のEU域内での難民申請者数は、二〇一五年の半分程度となった。

しかし、問題は難民の中身、構成である。EUの統計によると、難民申請の半分以上を占めるのは一八歳から三四歳で、この年代は経済難民の比率が高いとされている。戦争からの避難民や本国政府から迫害を受けた政治亡命者などとは異なり、生活改善を目指した経済難民に対しては、各国共に不法移民、違法難民との批判を強め、厳しい対応をしている。

メルケル首相が難民に国境を開放した、いわゆる「オープンドア政策」を掲げた直後の二〇一五年九月のドイツの世論調査では、回答者の約六割が大勢の難民受け入れに対応できると答えていたという。しかし、それから三年程度経過した後の二〇一八年七月の調査では、メルケル首相の難民政策に賛成との回答は三三%とほぼ半減し、五七%がメルケル首相の難民政策に反対している。この三年間で、国民の評価は大きく変わったのである。

今後、メルケル首相の存在感が低下していけば、EU内では、難民受け入れにより厳しい対応がとられていく可能性が出てくるだろう。懸念されるのは、それをきっかけに、反EU、反国際協調、反グローバリズムの勢力が欧州でさらに力を増してしまうことだ。

実際、大量の難民流入の影響を受けた国では内向き傾向がより強まり、ポピュリスト政党が躍進する傾向が見られる。フランスでは二〇一七年五月、極右政党「国民戦線」のルペン党首が大統領選の決選投票まで進んだ。すでに見たようにドイツでは、二〇一七年九月の総選挙で、極右政党の「ドイツのための選択肢（AfD）」が第三党となる躍進を見せた。二〇一八年三月のイタリア総選挙では、ともにポピュリスト政党の「五つ星運動」と「同盟」が連立政権を樹立することになった。寛容と福祉国家の国として知られる北欧のスウェーデンでも、反移民・難民を叫ぶ極右政党「スウェーデン民主党」が台頭している。同党は、二〇一七年までにスウェーデンで第三位の政党となり、二〇一八年九月の総選挙ではさらに議席を増やす躍進ぶりを見せたのである。

欧州では、英国がEUからの離脱を目指すという形で、反EU、反グローバリズムが既に具現化されている。反EU、反国際協調、反グローバリズムへの防波堤の役割を果たしてきたメルケル首相の存在感が低下すれば、欧州大陸でも、ポピュリズムの気運が一気に強まることが懸念されるところだ。それは、難民に対するより厳しい排斥的な動きにとどまらず、人気取りの財政拡張策の実施や、ユーロ圏やEUからの離脱議論の浮上などを通じて、欧州の経済や金融市場をより不安定にさせてしまうのではないか。

第5章

# 危機後の世界

LAST
JUDGEMENT
ON WORLD ECONOMY

再び金融危機が生じる際には、リーマン・ショック後よりも事態が深刻となる側面がある。それは、当時は世界経済を救ったとされた中国による巨額の景気対策の実施が、今度は期待できないことだ。また、金融危機をきっかけに世界経済が後退局面に陥っても、先進各国では、金融緩和策で対応できる余地は、かなり限られている。金融政策の正常化で他国に先行している米国についても、それは同様だ。他方で、日本銀行は、金融機関のドル資金調達に支障が生じないよう万全を期すことが最も重要な危機対応だ。

覇権国である米国が、米国第一主義に陥っている。強いリーダーを欠き、国際秩序が揺らいだ現在の環境のもとで、金融危機が発生し世界経済が悪化すれば、自国第一主義が一気に世界に蔓延してしまう可能性もある。多くの国が保護貿易主義的な傾向を強めて、世界でブロック経済化が進み、中国を中核とする新興国の経済圏が形成されていく可能性もあるだろう。

こうしたもと、政治、経済システムの優劣を争う米中の体制間での覇権争いはより激化するのではないか。新興国の影響力が全体的に高まるなか、米国あるいは先進国は、既存のルールを中国など新興国に押し付け続けるだけでは、対立の構図は解消されず、世界秩序の安定は回復されないのではないか。中国を中核とする新興国にも配慮したルール、秩序を新たに模索していくことも必要となるかもしれない。その際に、日本が米中間での調整役を果たしていくことが期待される。

金融危機に対する経済の耐性を高めるという観点からも、国内政策では、既に大きな副作用を抱える金融政策の正常化を推し進める一方で、生産性向上や潜在成長率の向上に資する構造改革を加速させていく、というポリシーミックスのリバランスが強く求められる状況だ。

# 1. 政策対応の余地は限られる

## 中国の巨額景気対策は二度と実施されない

グローバルな金融危機が再び生じる際には、一〇年前のリーマンショックと比べてより事態が深刻となる面がある。それは、先進国を中心に、金融緩和を通じた景気対策の余地がより限られることに加えて、今度は中国政府による巨額の景気対策の実施が期待できないことだ。

リーマン・ショック発生直後の二〇〇八年一一月に、中国政府は四兆人民元、当時の為替換算レートで約五三兆円、GDP比一三％もの巨額な財政出動策を発表した。当初、こうした政策は世界経済を下支えするものとして世界で大いに歓迎され、称賛された。中国は、世界経済の救世主であるとも言われたのだ。米国がリーマン・ショックの後遺症に苦しむなか、中国経済がその存在感を世界に強く印象付けた瞬間だった。

中国の景気対策については、IMF（国際通貨基金）のストロスカーン専務理事（当時）も、「中国経済のみならず世界経済にも好影響を及ぼす。世界経済が金融危機を乗り切るのに役立つ」と、手放しで称賛していた。

しかし、現在では、この政策について中国内外での評価は一変している。中国の巨額な財政出動策は、企業や地方政府の過剰債務問題を生み出し、それは中国だけでなく世界経済全体の大きなリスクともなっている。また、鉄鋼、石炭、セメント分野などでの過大な設備投資、過剰な生産能力は、余剰製品の輸出拡大を促し、世界的な市況の低下をもたらした。これは、他国から強い批判を招くことになり、米中貿易戦争の原因の一つともなったのである。

企業や地方政府の過剰債務問題、過剰生産能力問題に加えて、四兆元の景気対策は、中国経済の効率を大きく損ねてしまった、という面もある。景気対策の恩恵を大きく受けたのは民営企業よりも国有企業であり、その結果、国有企業の生産シェアが高まった。これは、「国進民退」と呼ばれている。もともと、国有企業の生産性が民間企業と比べて明確に低い中で、国有企業の生産シェアが高まったことが、経済全体の生産性を引き下げてしまった面がある（※）。

※「米中貿易摩擦の激化で減速する中国経済―優先すべきは景気対策よりも改革開放―」、関志雄、経済産業研究所、二〇一八年八月三〇日

## 四兆元景気対策の弊害への対応

中国政府による四兆元の景気対策は、その弊害の大きさから、現在では悪いイメージで語られることが多くなった。巨額の景気対策を決めた時点で、中国政府には世界経済に貢献するといった意識は弱かっただろう。あくまでも、国内景気対策としてその実施を決めたのである。当時、中国政府は年間で実質八％という成長率の目標を掲げており、リーマン・ショック後もそれを頑なに死守

する構えを維持した。そうした政府の姿勢は、「保八」という合言葉で表現されていた。

今から考えれば、内陸部での余剰労働の枯渇、労働力人口の減少などを背景に、中国の潜在成長率は、当時すでに低下していたが、そうした構造変化を十分に認識していなかった中国政府が、無理な成長率目標にこだわり続け、過大な景気対策を実施した結果、多くの問題を生じさせてしまったのが四兆元の景気対策の顛末、と総括できるだろう。つまり、政策ミスの側面が多分にある。

この景気対策の影響で、中国経済は世界に先駆けて回復することができたが、他方で、債務残高は急増してしまった。BIS（国際決済銀行）の統計によると、中国の債務残高GDP比は、二〇〇八年末の一四一・三％から、二〇一七年末には二五五・七％にまで上昇した。その水準や上昇ペースの速さなどは、かつて金融危機に陥った国に匹敵するものと広く理解されている。

実は、四兆元の巨額景気対策で生じた諸問題への対応、いわゆる後始末が本格的に始まったのは、比較的最近のことだ。二〇一七年春になって、ようやく企業、地方政府の過剰債務、それと表裏一体である深刻な金融面でのリスクを軽減することが、中国政府の重要課題に位置づけられるようになった。そのもとで、四兆元の景気対策を資金調達面で担った地方融資平台や、その他企業のデレバレッジ（負債削減）が推進されるようになったのである。

## 中国金融リスクの構図

第3章でも検討したが、地方融資平台と投資信託の一種である理財商品は、現在、中国の金融リスクの中核を成している。地方融資平台とは、地方政府の傘下にある投資会社だ。それは資金調達を担うと共にデベロッパーの役割も果たしている。地方政府の暗黙の保証のもとで、低利での銀行借入や社債発行などを通じて資金を調達し、地方政府の指示のもとにインフラ投資などをおこなってきた。地方債の発行が原則禁じられている中国では、地方政府がこのオフバランス（簿外）の地方融資平台を資金調達に積極的に活用していった。いわば規制の抜け道だったのである。

さらに、地方融資平台に流れ込む資金の多くは、銀行などが販売する理財商品と呼ばれる個人向けの運用商品（投資信託の一種）で賄われた。ここにも銀行の暗黙の保証がなされているため、個人は実際のリスクを十分には認識せず、銀行預金に近いものとして理財商品を購入している。そのもとで、ひとたび経済や不動産市況の大幅な悪化が生じれば、地方融資平台が発行する社債はデフォルト（債務不履行）を起こし、そこに投資している理財商品の価格が大幅に低下する。理財商品は、他の理財商品にも多く投資していることから、価格の下落は理財商品の間に一気に広がりやすい。そうしたもとでは、個人投資家は理財商品から一気に資金を引き出そうとするが、運用利回りを上げるために、理財商品には直ぐに換金できる流動性の高い安全資産への投資が十分になされていない。その結果、理財商品の連鎖的な破綻が引き起こされやすいのである。

他方、銀行は理財商品への投資や理財商品を発行する投資会社への融資、あるいは理財商品を通じた資金調達をおこなっていることから、こうした資金の逆流は、銀行の財務環境を一気に悪化させ、破綻のリスクを高めるだろう。その結果、銀行が貸出抑制を通じたリスクの削減に動けば、実体経済に深刻な悪影響を与える。そのような深刻なリスクを認識した中国政府は、二〇一七年に本格的な対策に乗り出したのである。

## 貿易戦争で構造改革は軌道修正

中国政府は、インフラ投資計画の見直しや停止を通じて地方融資平台やその他企業のデレバレッジを推進していった。また、地方政府による地方融資平台への保証を止めさせた。さらに、理財商品に対する銀行の（暗黙の）保証も解消させる方向に動いていったのである。

こうした政策転換の結果、中国でのインフラ投資は二〇一八年に入ると目立って減速し始めた。しかし、まさにそのタイミングで起こったのが、米国との貿易戦争だった。相次ぐ米国からの制裁関税で、中国経済は減速のリスクに直面し、中国の経済政策は再び軌道修正を余儀なくされたのである。経済政策は景気支援へと再び軸足を移していった（※1）。それは、緒に就いたばかりのデレバレッジを中心とする構造改革が棚上げされ、将来的な金融リスクをさらに高めることを意味したのである。

中国共産党中央政治局会議においては、二〇一八年の下半期のマクロ経済政策の方針として、「積極的な財政政策と穏健な金融政策の実施を堅持する」ことがまた、決定された。ここでは、財政政策は内需拡大と構造調整でより大きな役割を果たさなければならず、また、マネーサプライをしっかりコントロールし、十分な流動性を維持しなければならない、とされた。しかし、これはマクロ経済政策のスタンスを緊縮的から中立に戻したに過ぎず、リーマン・ショック後のような大型景気対策の実施を意味するものではない点が重要だ（※2）。

四兆元の景気対策をはじめとする積極的な財政・金融政策が中国経済にもたらした過剰債務、過剰設備、それと表裏一体の金融リスクは極めて深刻であり、構造対策が一時的に先送りされるとしても、再び同様な規模での景気対策を中国政府が実施することはないだろう。また、世界も中国の経済・金融面でのリスクを一段と高めかねない巨額の財政出動の再実施を望んではいない。その結果、グローバルに金融危機が再燃しても、一〇年前のリーマン・ショック後のように、中国が世界経済の救世主となるようなことは、とても期待できないのである。

他方で、中国の構造改革が棚上げされつつある中、米中貿易戦争の影響などから中国経済が悪化すれば、それは中国が抱える金融問題を一気に深刻化させてしまう可能性がある。その場合、中国経済と世界経済は一段と悪化してしまうだろう。

※1、2　「米中貿易摩擦の激化で減速する中国経済―優先すべきは景気対策よりも改革開放―」、関志雄、経済産業研究所、二〇一八年八月三〇日

## 金融緩和の余地は限られる

世界経済がこの先、後退局面に陥った際に、各国ともに金融緩和策で対応できる余地は、かなり限られている。

主要中央銀行のなかでＥＣＢ（欧州中央銀行）と日本銀行は、中銀当座預金に付される金利をマイナスにする、いわゆるマイナス金利政策を導入している。これは、長らく政策金利の限界とされてきたゼロ金利制約を打ち破ったものと考えることができる。そのため、ひとたび経済情勢が悪化すれば、その金利のマイナス幅をさらに拡大することは、理論上は可能である。しかしだからといって、中央銀行が限界のない政策手段を手に入れたと考えるのは、全くの誤りである。

マイナス金利が金融機関の収益を悪化させ、金融システムを潜在的に不安定にしているという副作用を各中央銀行が強く認識しているなかでは、マイナス金利幅の拡大余地は、実際には限られるだろう。

また、マイナス金利の幅をさらに拡大した場合、民間銀行が中銀当座預金を取り崩して現金保有を拡大する、あるいは民間の預金金利も仮にマイナスとなれば、個人もやはり銀行預金を取り崩して現金保有を拡大する。そうなれば、マイナス金利の政策効果は大きく削がれてしまうだろう。この面からも、マイナス金利の幅を拡大する政策対応の余地は実際には限られる。

## 資産買入れ策の副作用を意識

他方、国債を買入れる資産買入れ策については、ＥＣＢは国債の買入れ増加額を段階的に縮小し、二〇一八年末にはネット買入れ額（新規買入れ額—償還額）をゼロとした。日本銀行も、二〇一六年九月以降、国債買入れ増加額を縮小し続けている。こうした背景には、ＥＣＢと日本銀行が、金融機関から大量に国債を買入れ続ける中、量的な面での限界が見えてきたことがあるだろう。さらに、大量の国債買入れは、市中での国債取引を停滞させ、いわゆる流動性を大幅に低下させるリスクが高まる。こうした流動性が極度に状態した下で、何らかのショックが起これば、国債の価格の変動幅が大きくなる、つまり金利が大きく変動して、金融市場や国債を保有する金融機関の財務環境に、甚大な悪影響を与える可能性も懸念される。これが、両中央銀行ともに国債買入れ増加額を縮小させてきた背景にある。

ところで、世界経済が後退に陥るとともに、世界的に金融市場が不安定になる際に、中央銀行が再び国債買入れを増加させれば、流動性を極度に低下させることで国債市場に混乱を生じさせ、金融システムや経済をより不安定にさせてしまう可能性がある。中央銀行はこうしたリスクを十分に認識しているため、金融危機が再燃しても、国債買入れの大幅な再拡大には慎重であろう。そのため、資産買入れ策においても、金融緩和の余地は実際には限られるのである。

ただし、日本では、第3章で見たように、日本銀行が政府からの要請で国債買入れ再拡大を余儀なくされるリスクはなお残されている。それは、景気悪化時に政府が新規の国債発行増額を通じて財政支出の拡大を行ない、それとの協調策として日本銀行に対して、国債買入れの再拡大を求めるケースである。既に述べた点を踏まえると、これは非常に危険な政策だ。

## 景気後退時のＦＦ金利引き下げ幅は小さい

近い将来に景気後退が生じる場合、追加的な金融緩和で対応できる余地が限られていることは、全ての中央銀行が深刻なリスクとして強く意識している点だ。それは、主要中央銀行の中で唯一、既に政策金利を相応の水準にまで引上げ、異例な金融緩和策の正常化を進めてきているＦＲＢ（米連邦準備制度理事会）についても同様である。

ＦＲＢは、かなり以前の段階から、次の景気後退時に金融政策での対応余地が大きくないことに、強い不安を感じていた。この点が真剣に議論されたのが、カンザス連銀が二〇一六年八月に開いた毎年恒例の「ジャクソンホール会議」だった。

ＦＲＢが金融政策上の操作目標としている銀行間短期金利、ＦＦ（フェデラル・ファンド）金利の誘導目標の長期的な均衡水準は、ＦＯＭＣ（連邦公開市場委員会）では三％程度と予想されている。現時点でも、ＦＦ金利は三％程度あるいはそれ以前で頭打ち、との見方が広がってきているが、これは、過去五〇年間のＦＦ金利の平均値を大幅に下回る。

このことは、ＦＦ金利をマイナスの領域にまで引き下げない限り、景気後退のようなマイナスの経済ショックに対して、ＦＦ金利引下げで対応できる余地が三％程度しかないことを意味する。これは、過去の九回の景気後退時の政策金利引下げ幅の平均値五・五％程度（レンジは二・八％〜一〇・四％）と比べて明らかに小さい。

さらにバーナンキ元ＦＲＢ議長も、一九九〇年、一九九一年の景気後退時（とその後）の政策金利引き下げの実施幅は六・八％、二〇〇一年の景気後退時には五・五％、二〇〇七年には五・〇％であったが、これらと比べれば、将来の景気後退時に政策金利を引き下げる余地は、政策金利の水準を最大限度の〇％まで引下げてもかなり小さい可能性が高く、その効果も限られる、としている。

このような事実が、次回の景気後退時には、ＦＲＢは政策金利をマイナスにまで引き下げる、つまりマイナス金利政策を採用せざるを得ないのではないかとの観測の根拠の一つとなっている。

## ＦＲＢはマイナス金利政策導入を回避できるか

二〇一六年のジャクソンホール会議でイエレンＦＲＢ議長（当時）は、資産買入れ策とフォワードガイダンス（政策金利の先行きの方針を示し、その実施を約束することを通じて、長期金利に影響を与えること等を目指すコミュニケーション戦略）という、知見の蓄積がある既存の非伝統的金融政策手段を活用することによって、深刻な景気後退にも十分に対応できる、との説明をおこなった。この主張のベースとなったのは、その直前に公表された「将来の景気後退へのＦＯＭＣの対応能力の計測」と題されたＦＲＢスタッフの論文（※）である。

この論文は、過去の景気後退時との単純な比較に基づいてしばしば示される悲観論、即ち、「過去の景気後退時の経験に照らすと、次回の景気後退時においては、ＦＲＢが金融緩和策で対応できる余地はかなり小さいのではないか」、という問題意識に答えるところから始まっている。こうした見方に対して、「既に効果が実証された資産買入れ策とフォワード・ガイダンスの二つの手段を活用することで、マイナス金利政策など、いまだ米国では試されていない未知の非伝統的政策手段を無理に導入しなくても、かなり厳しい景気後退にまで対応できる」、というのが同論文の結論だった。

しかし、ＦＲＢはこの論文の結論通りに、かなり厳しい景気後退にまで対応できると本当に自信を持っている訳ではないだろう。実際、このジャクソンホール会議でイエレンＦＲＢ議長（当時）は、財政政策の活用によって、景気対策における金融政策への過度の依存度を低下させて欲しい、との意向を匂わせた。

その後、トランプ政権のもとで過去最大規模の大型減税や、インフラ投資関連、国防費関連、社会保障関連での歳出拡大策が実施された。ＦＲＢはこうした財政拡張策は、経済情勢が良好な現時点ではなく、景気情勢が悪化した際のために温存しておいて欲しいと、本音では思っていたのではないか。

※ David Reifschneider," Gauging the Ability of the FOMC to Respond to Future Recessions", August 2016

## ＦＲＢのマイナス金利政策導入に大きな壁

ＦＲＢが既に採用している政策手段で、景気後退、あるいは金融危機に十分に対応できない場合には、ＦＲＢが今まで実施したことがない政策手段であるマイナス金利政策も、選択肢に入ってくるだろう。しかし、実際には、それを実施するには大きな障害がある。

二〇一〇年八月に、ＦＲＢのスタッフは中銀当座預金の付利金利をゼロあるいはマイナスの水準にまで引き下げることの効果やその現実性について分析したメモを、ＦＯＭＣに提出した。同政策の導入には慎重な判断を示す内容であるが、その主な理由は技術的なものであった。バーナンキ元ＦＲＢ議長は自身のブログの中で、このメモで示されたマイナス金利政策導入の障害を以下のように整理して説明している。

第一はオペレーション上の問題であり、システム変更の必要性や、現金需要増加の可能性などである。第二は法的な問題であり、ＦＲＢが銀行に対してマイナスの当座預金金利を押し付ける権限を持っているか否か、という点である。この法的な制約は、ＦＲＢにとっては他の中央銀行と比べて、そして多くの人が考えるよりもずっと厳しい問題だ。法律の条文は、「ＦＲＢは準備預金に対する金利を銀行に支払うことができる（the Fed can pay banks interest on their reserves）とされているだけであり、その金利をマイナスにする、つまり銀行がＦＲＢに金利を支払うことが認められるか否かは明確でない。

また、それが認められない場合には、ＦＲＢが、ＦＲＢに準備預金を持ち決済サービスを受けている銀行から決済手数料を徴収できるか、という可能性が検討される。しかしその際の問題は、法律は、ＦＲＢが提供するサービスに課す手数料は、長期間のコストを反映するもの、と規定していることだ。ＦＲＢが銀行の準備預金を保持する直接的なコストは、実際には低いためである。他方で、準備預金に対する手数料を、決済機能サービスに対する対価ではなく、銀行に対する監督、規制の対価とする解釈もあり得る。

いずれにしても、ＦＲＢがマイナス金利政策を導入する際には、こうした極めて複雑な法的問題をクリアする必要があり、導入に向けたハードルは高い。

## ＦＲＢの金融政策対応の限界は世界のリスク

また、仮にこうした法的問題がクリアされ、ＦＲＢがマイナス金利政策を導入した場合でも、政策効果を損ねる現金保有の急拡大を招くことなく、果たしてどの程度の水準まで金利を引下げることができるのか、という問題がある。この点についても、先述の二〇一〇年のＦＲＢのスタッフのメモの中で分析されており、銀行が金庫に巨額の現金を貯蔵するコストから算出されたその水準はマイナス〇・三五％と、小幅なマイナス金利の導入しか可能ではない。欧州ではそれ以上の幅でのマイナス金利が既に導入されているが、バーナンキ元ＦＲＢ議長は、米国ではスイスやスウェーデンと同じ水準まで金利を引下げるのは難しいとしており、その理由にＭＭＦ（マネー・マーケット・ファンド）を中心とする米金融機関への打撃と金融市場への悪影響をあげている。

このように、将来の景気後退時あるいは金融危機時に、ＦＲＢはマイナス金利政策を新たに導入することなどを通じて、十分な政策対応を行うことは難しい状況だ。この点は、世界の経済・金融市場にとって大きなリスクの一つとして認識しておくべきだろう。

# 2. 日本銀行ETF買入れ策の出口戦略

## 日本銀行の追加金融緩和で四つの選択肢

前節でみたように、金融危機が再び生じた際にも、金融政策によって対応する余地が日本銀行にはほとんど残されていない。通常の追加緩和手段では、副作用が効果を上回るため、安易に実施すべきではないだろう。それでは何をすべきか、については第5節で改めて議論してみたい。

しかし、効果が期待できるかどうかは別にして、実際には、経済・金融情勢が大きく悪化すれば、小幅な追加緩和措置の実施を日本銀行が強いられる可能性は高いだろう。実施を見送れば、政府や国民から強い批判を浴びるからだ。そのため、その追加緩和措置は証拠作り、アリバイ的であり、「やった振り」の性格が強くなるのではないか。

日本銀行が追加緩和措置を実施する場合には、二〇一六年九月にイールドカーブ・コントロールを導入した際に示した、四つの手段が検討されるだろう。それは、①短期政策金利の引き下げ、②長期金利操作目標の引き下げ、③資産買入れの拡大、④マネタリーベース拡大ペースの加速、である。日本銀行が念頭に置いている緩和手段の優先順位も、この順番に沿っているだろう。

ここでの③資産買入れとは、ＥＴＦ（指数連動型上場投資信託）などのリスク資産を指す。イールドカーブ・コントロール導入の時点で、安全資産である国債の買入れ額は、政策目標から外されたためだ。国債買入れ額の増加は、追加緩和手段としては、日銀は最後に位置づけるだろう。

それでも、④マネタリーベース拡大ペースの加速、という手段を選択する場合には、イールドカーブ・コントロールを廃止したうえで、再び国債買入れ増加額ペースとマネタリーベースの増加額ペースに目標値を設定し、両者を現状よりも拡大する措置をとることになろう。

金融機関の収益、金融仲介機能への悪影響に配慮しつつも、日本銀行は、①短期政策金利と②長期金利操作目標の同時引き下げ、の実施を検討するのではないか。

しかし、二〇一六年一月に決定されたマイナス金利政策導入後の国民からの強い不信感と反発を強く記憶している政府は、第3章でみたように、国債発行増額をともなう財政出動との協調策として、日本銀行に国債買入れ増加ペースの再拡大、つまり④の政策手段を求めてくる可能性は比較的高いのではないか。

これは、国債市場の流動性を一段と低下させ、国債市場の混乱、ひいては世界の金融市場の混乱に繋がりかねない、非常に危険な選択肢であることは既に議論した通りだ。

## ETF買入れ策の三つの問題

金融危機で株価が大幅に低下する場合には、日本銀行は③資産買入れ、つまりETFなどのリスク資産の買入れ増額も検討するだろう。ただ単独の実施では、金融緩和策としてあまりに小粒であり、また株価対策の色彩も強くなってしまうことから、他の追加緩和措置と同時に実施される、いわば合わせ技となるのではないか。

しかし、ETF買入れ策の問題点については、既に広く認識されているところであり、大幅なETF買入れ増額は難しいのではないか。ETF買入れに関わる主な問題点を整理してみると、その第一に中立性の問題があげられる。日本銀行から個別企業に対して、恣意的な資金配分が行われることが懸念される。

第二は、日本銀行の財務の健全性への影響である。他の政策手段に比べて損失発生の可能性が高く、また損失発生により日本銀行の財務の健全性を大きく損ね、ひいては通貨や金融政策への信認を損ねてしまうおそれがある。また損失発生の場合、国費の投入が必要になるため、最終的に納税者の負担が生じる可能性が相対的に高いことが問題である。

第三は、市場機能への悪影響である。同施策は、当初は市場機能の回復を目指して導入されたが、日本銀行による買入れへの過度の依存が生じれば、それが逆に市場機能の一層の低下を招くという弊害がある。

ちなみに、こうした問題を抱えるETFなどリスク資産の買入れは、日本銀行の通常の業務としては認められていない。あくまでも例外的措置として、財務大臣らの認可が必要とされる扱いとなっているのである（※）。海外においても同様に規制されており、たとえば米国においては、FRBが公開市場操作で売買できる金融商品は、政府並びに政府関係機関が発行した証券、あるいはそれらが保証した証券に限られている。

上記のような多くの問題点を考慮すれば、リスク資産の買入れが、中央銀行の通常の業務として妥当でないとされるのは当然のことだろう。しかし実際には、そうした例外的扱いであるはずの措置が、長期化、常態化してしまっているのが現状である。

※　日本銀行法、第四三条（他業の禁止）「日本銀行は、この法律の規定により日本銀行の業務とされた業務以外の業務を行ってはならない。ただし、この法律に規定する日本銀行の目的達成上必要がある場合において、財務大臣及び内閣総理大臣の認可を受けたときは、この限りでない。」

## 日本銀行が多くの企業の大株主に

日本銀行のＥＴＦ買入れ策は、当初こそ、株価を支える効果が前向きに評価された面もあったが、現状では、その弊害を指摘する向きの方が多いだろう。日本銀行の大量株式購入の結果、株価が経済ファンダメンタルズを反映しなくなることで、株式市場の「価格発見機能」が低下し、経営者が株価動向から経営課題を発見する機会が失われるという、企業統治上の問題を指摘する市場関係者の意見も多い。また、市場に流通する株数（浮動株）が減少することで、市場流動性の低下が市場のボラティリティを上昇させることを懸念する意見が、とくに最近では数多く聞かれるようになっている。

日本経済新聞の試算（※）によると、二〇一八年三月末時点で、上場企業三七三五社中一四四六社で、日本銀行が一〇位以内の大株主に入った。うち、東京ドーム、サッポロホールディングス、ユニチカ、日本板硝子、イオンの五社では実質的な筆頭株主になった。

日本銀行が多くの企業の株式を保有することで、市場で実際に取引される浮動株（安定した株主が保有している株式ではなく、市場で幅広く流通し、売買されている株式）が減少し、市場の流動性が低下する。その結果、市場における価格形成が歪み、あるいは価格の変動が著しく高まることなどが懸念されている。日本経済新聞社によれば、日本銀行が大量の株式を買入れている、ユニクロを展開するファーストリテイリングの実質的な浮動株比率は、七・五％しかないという。

他方で、株価が大きく下落する際には、日本銀行の収益が大幅に悪化し、債務超過の状態に陥るという、日本銀行の財務の問題も深刻だ。

日本銀行が保有するＥＴＦは、二〇一八年末時点で二三・五兆円（簿価）だ。日本銀行が保有するＥＴＦには原価法が適用されており、現在は相応の含み益（時価が簿価を上回る部分）が生じている。しかし、ひとたび株価が大幅に下落し、日本銀行が保有するＥＴＦの時価が、簿価を三割以上下回るような場合には、減損処理がなされる。日本銀行が保有する簿価二三・五兆円のＥＴＦの時価が、簿価を平均で三割下回るケースを考えてみよう。この際には、日本銀行に七・一兆円の損失が生じる。これは、二〇一八年末時点で八・四兆円の、日本銀行の自己資本の大半が失われる結果になる。株価がさらに低下すれば、日本銀行はそれだけで債務超過に陥るのだ。

※「日銀、企業の四割で大株主　イオンなど五社で『筆頭』」、日本経済新聞電子版、二〇一八年六月二七日

## ＥＴＦをバランスシートから外すことを目指す

　ここまで、日本銀行のＥＴＦ買入れ策にともなう、数多くの深刻な問題を議論した。特に最後の日本銀行の財務への影響は、日本銀行の独立性とも深く関わってくるという点で、日本銀行にとって深刻な問題である。国債のように償還期限のないＥＴＦは、日本銀行が売却しない限り、バランスシートに保持され続ける。他方、ＥＴＦを持ち続ければ、株価下落とともに日本銀行は簡単に債務超過に陥ってしまう。

　その際、政府が日本銀行に公的資金の注入を行なえば、日本銀行の失策により国民負担が生じたと、世論の強い批判にさらされ、日本銀行法の改正気運が高まり、独立性を法的に強く制約される事態に至る可能性も十分にあるだろう。こうした点から、日本銀行にとっては、永続的にＥＴＦを持ち続けるという選択肢はとり難く、できれば株価が大幅に下落する前にＥＴＦの保有額を減らしたい、と考えているはずだ。

　しかし、ＥＴＦを売却する過程で株式市場に大きな悪影響を与えてしまうことは、中央銀行としては避けなければならない。この点から、ＥＴＦの処理を巡り、日本銀行が財務リスクの軽減と金融市場の安定維持という一種のジレンマに直面するのである。

　この点を裏付けるかのように、日本銀行のＥＴＦ買入れの基本要綱（指数連動型上場投資信託受益権等買入等基本要領）には、売却時に以下の二点に配慮することが定められている。①本行の損失発生を極力回避すること、②本行の指数連動型上場投資信託受益権（ＥＴＦ）等の処分により指数連動型上場投資信託受益権（ＥＴＦ）等の市場等に撹乱《かくらん》的な影響を与えることを極力回避すること。

日本銀行がＥＴＦの買入れを一気に取りやめると、株式市場に大きな悪影響を与える。そこで、買入れ額を現在の年間六兆円ペースから徐々に削減する措置（テーパリング）を講じたうえで、その後に買入れ措置を停止し、さらに保有するＥＴＦをバランスシートから外す措置を実施していく可能性が高いだろう。

仮に、二〇一九年は現在と同じく年間六兆円ペースの買入れ、二〇二〇年には半分の三兆円ペースの買入れを実施した上で、二〇二〇年末で買入れを停止した場合、二〇二〇年末には日本銀行のＥＴＦ保有額は三二兆円強となる。ここから、ＥＴＦをバランスシートから外す措置を講じるものとしよう。

本書の議論からやや逸脱する面もあるが、金融市場の関心が高いことから、以下では日本銀行による将来のＥＴＦの出口戦略を論じてみたい。

## 極めて緩やかにＥＴＦを売却する：第一の選択肢

ＥＴＦの出口戦略には三つの選択肢がある。株式市場への悪影響を抑えるため、かなり緩やかなペースで売却を進めることが、日本銀行の第一の選択肢となろう。

この際に参考になるのが、二〇一五年一二月に決定し二〇一六年四月から開始された、日本銀行が以前に銀行から買入れた、いわゆる銀行保有株の売却時の措置である。

日本銀行の銀行保有株の売却については、「日本銀行業務方法書」の中で、「処分時期の分散に配慮すること等により、当銀行の株式処分により株式市場に与える影響を極力回避すること」が求められている。この方針に基づいて、日本銀行は一〇年間、一定ペースで株式を売却することを決めた。その売却規模は、二〇一五年一一月末時点の時価総額で計算すると、年間約三〇〇〇億円ペースと見込まれた。これが、当時日本銀行が想定した、株式市場に与える悪影響を極力回避した株式売却ペースとされたのである。そのうえでさらに、市場への影響を打ち消す観点から、日本銀行は、同額の年間三〇〇〇億円の枠で、新たに「設備・人材投資に積極的に取り組んでいる企業」の株式を対象とするETFの買入れを決めた。

仮に二〇二〇年末で三二兆円強に達したETFを、年間約三〇〇〇億円規模で売却する場合には、売却完了までに実に一〇〇年超の長い歳月を要する計算となってしまう。想像できないくらい長期間に渡って、財務リスクが大きいETFを、日本銀行は抱え続けなければならない。それを避けようとすれば、株価下落時に受ける批判も覚悟して、年間三〇〇〇億円を上回るペースでETFを売却するほかない。

## 損失の穴埋めを政府と取り決める：第二の選択肢

次に考えられる第二の選択肢は、ＥＴＦを保有し続けるなか、株価が下落して日本銀行が経常赤字に陥る、あるいは債務超過に陥る場合には、政府から損失補てんを受ける取り決めを予めしておくことである。但しこのスキームが採用される場合には、恐らくＥＴＦから生じる損失だけに適用されるものではなく、円高による日本銀行保有の外貨建て資産の減額や、付利金利引き上げ時の利子所得収支（いわゆるシニョレッジ〈通貨発行益〉）悪化にともなう経常赤字や債務超過の発生への対応を含んだ、より包括的な政府補てんの枠組みとなるだろう。

しかし、こうした形で、政府に補てんを求めることは、一九九八年の日本銀行法改正の目的、主旨に全く反することになる。法改正によって日本銀行は、自らの責任で財務の健全性を維持することと引き換えに、独立性が強化されたからである。仮に、政府がこのようなスキームを受け入れた場合には、金融政策の失敗によって国民負担が生じた責任を、日本銀行に強く問うとともに、日本銀行の独立性を制限する方向で、日本銀行法のさらなる改正を国会で議論する可能性がかなり高まるだろう。これは、日本銀行にとっては是非とも避けたい展開である。

## 「銀行等保有株式取得機構」をモデルに：第三の選択肢

第三の選択肢は、市場で売却することなく、日本銀行のバランスシートからＥＴＦを外すため、民間の第三者機関へ譲渡するスキームである。但し、日本銀行が市場を通さず、特定の民間機関にETFを売却できるかどうかは、法的に不確実であり、少なくとも現在のETF買入れの基本要綱を修正する必要がある。そのうえで、仮にそれが可能であったとしても、日本銀行からETFを買い取った民間機関が、売却することが可能な場合は、株式市場に相応の影響が及んでしまう。他方、民間機関に対して日本銀行から買い取ったETFを売却しないよう、日本銀行が強制することは難しいだろう。

従って、日本銀行が買入れたETFを、株式市場を通さず売却したうえで、それが直ぐに株式市場に流通しないような仕組みを作るには、政府の協力が必要となるだろう。

その際に参考となるのは、二〇〇二年に設立された「銀行等保有株式取得機構」ではないか。この組織は、「銀行等の株式等の保有の制限等に関する法律」に基づく認可法人として設立され、その目的は以下のように同法律（第五条）で定められている。

「銀行等による対象株式等の処分及び銀行等と相互にその発行する株式を保有する銀行等以外の会社による当該銀行等の株式の処分が短期間かつ大量に行われることにより、対象株式等の価格の著しい変動を通じて信用秩序の維持に重大な支障が生ずることがないようにするため、銀行等の保有する対象株式等の買取り等の業務を行うことにより、銀行等による対象株式等の処分等の円滑を図ることを目的とする。」

つまり、銀行等が持ち合い株解消のため、短期間で大量に保有株式の売却を市場で行うと、株式市場に悪影響を及ぼし、銀行経営を不安定化させる可能性があることから、それを回避するための受け皿としての役割を担っているのが、この銀行等保有株式取得機構である。株式を銀行等から市場を通さずに買い取り、十分な時間を費やして市場に売却していくことを主な業務としている。

設立時の拠出金は一〇七億円で大手銀行、地方銀行、農林中央金庫、信金中央金庫が拠出した。二〇〇二年二月から買い取りを始め、当初、銀行の保有持ち合い株や企業が保有する銀行株を買い取っていたが、後にETFやJ―REIT（上場不動産投資信託）等へと買い取り対象が広げられた。

買い取り資金は、政府保証付きでの銀行からの借り入れや、銀行等保有株式取得機構債の発行で調達する。買い取った株式を市場に売却して損失が出た場合には拠出金で穴埋めするが、拠出金を超える損失が出ると公的資金で穴埋めすることになる。

## 枠組みの概要

銀行等保有株式取得機構は民間銀行とその株式持ち合い先の企業を対象とする枠組みであることから、当然のことながら日本銀行がここにETFを持ち込むことはできない。しかし、それをモデルにして新たな機関を作ることはできるだろう。

日本銀行が拠出し、政府保証付きでの銀行からの借り入れや、同機関の債券発行で資金を調達したうえで、日本銀行からETFを買い取り、それを相応の時間をかけて処分していく、というものだ。処分の過程で拠出金を超える損失が生じた場合には、公的資金で穴埋めする規定となるのではないか。その場合、国民負担が生じてしまうことから、事実上は、損失が発生するような売却はなされず、株価が低迷する場合には、長期間、ETFはこの受け皿機関で塩漬けになる。そういう期待を株式市場に広めることで、株価への悪影響を回避できるのではないか。

## 第三の選択肢が最も現実的か

この第三の選択肢においても、第二の選択肢と同様に、日本銀行は自らの失策の後始末を政府に要請することになるという、基本的な構図は変わらない。ETFの受け皿機関を新たに設立するには立法措置が必要だ。さらに政府保証も必要になるだろう。これは、日本銀行が政府に頭を下げて頼まなければ実現しない。

しかし第二の選択肢と比較すれば、政府による救済という印象が少なくとも表面的にはより和らげられ、また公的資金を直接投入するリスクを回避することが、より容易となるだろう。そのため、日本銀行にとって政治的リスクはより小さくなるだろう。

こうした点を総合的に考えれば、日本銀行が消去法的に第三の選択肢を採用していく可能性は、十分に考えられるのではないか。それでも、日本銀行が政府あるいは国民からの批判を受けることは避けられず、またそれが日本銀行法の改正を通じた独立性の制限に繋がっていく可能性もなお残される。

ただし、大量のETFの買入れを既に進めてしまった以上、日本銀行が組織上の打撃を受けることなく、いわば無傷で出口戦略を進めることは、もはや考えられないのである。

# 3. 危機後さらに強まる保護貿易主義

## 自国第一主義が世界に蔓延するリスク

保護貿易主義は、景気情勢が厳しい局面で強まる、というのが過去の一般的傾向だった。ところが最近は、世界中で歴史的な長期景気回復が続く比較的良好な経済環境のもとで、米国が保護貿易主義的な傾向を強めていることが特徴的だ。その背景には、長らく世界で主導的な役割を担ってきたなかで、米国が騙されて、不当かつ過大なコストを払わされ続けてきた、というトランプ大統領の考えがある。

第二次世界大戦後に世界を主導してきた米国が、米国第一主義の名のもとに国家ポピュリズム的な傾向を強め、貿易政策面では保護主義的な傾向を強めている。強いリーダーを欠き、国際秩序が揺らいだ現在の環境のもとで、金融危機が発生し、世界経済が顕著な悪化に転じる場合には、自国第一主義が米国から世界に一気に蔓延してしまう可能性があるだろう。多くの国が保護貿易主義的な傾向を強め、いわゆるブロック経済化が進む可能性があるのではないか。

その場合には、世界貿易は一段と縮小してしまうだろう。自国あるいは域内国の経済的利益を守るために、域外に対して高い関税をかけるようなブロック経済化は、当該国・地域の経済に一時的には利益となるかも知れない。しかし、多くの国、地域がこぞって同様の政策を採用する場合には、結局、全ての国が経済的な損失を被ることになる。いわゆる「合成の誤謬」が生じるのである。

## 経済ブロック化で世界経済が加速的に悪化も

実際に世界がこうした事態に直面したのが、世界恐慌後であった。一九二九年の株価暴落を契機に、世界経済は恐慌と表現されるような深刻な状況へと陥った。第1章でも見たように、その際、主要各国は自国産業の保護を優先して、自国通貨の切り下げや関税引き上げなどの措置をとっていった。とりわけ有名なのは、共和党のフーバー大統領のもとで米国が一九三〇年に導入した、スムート・ホーリー法（Smoot-Hawley Tariff Act）だ。ここで採用された高関税や輸入制限等の措置は、他国での報復的な関税引き上げを招いて、世界貿易を一段と縮小させてしまったのである。

当初フーバー大統領は、第一次世界大戦後に強まっていた農産物の下落傾向に歯止めを掛けるために、海外からの農産物の輸入を制限する関税政策を検討していた。しかし、一九二九年に世界恐慌が生じると、米国議会内にも保護主義が台頭していき、上院のスムート議員と下院のホーレイ議員が連名で、農産物に加えて工業製品にも高関税を課す法案を提出した。本来は自由貿易を信奉する共和党政権のもとで、追加関税導入を通じた保護貿易政策がとられた点は、現状とも似ている。

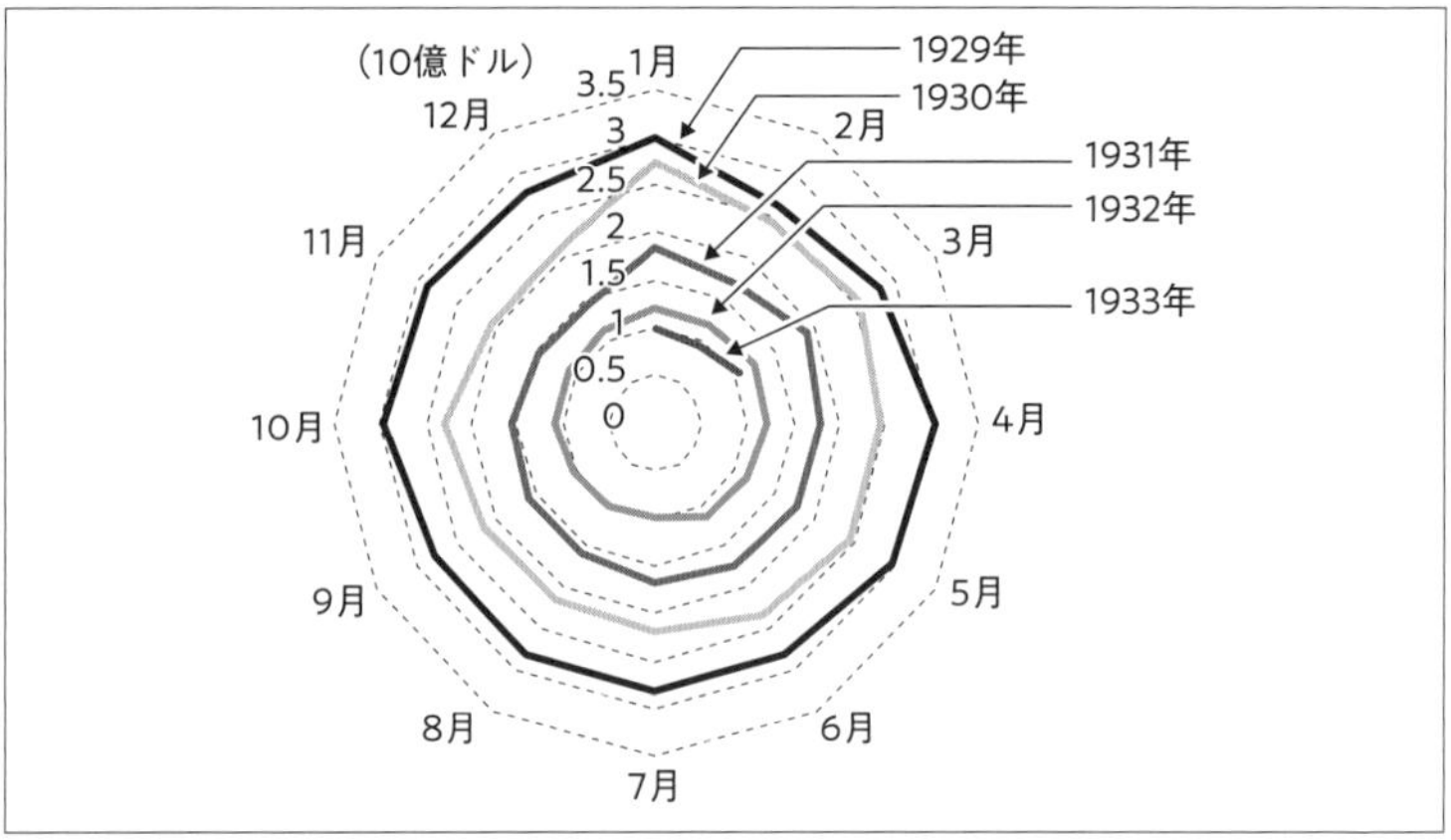


**図表5-1　世界恐慌後の世界貿易**

（注）75カ国の輸入総額

（出所）Kindleberger “The World in Depression 1929-1939”（1984）から野村総合研究所作成

米国内では、こうした保護貿易主義的政策は世界経済を悪化させ、恐慌対策としてはむしろ逆効果であると主張する一〇〇〇名以上の経済学者が、フーバー大統領に同法案に署名しないよう強く警告した。しかし、大統領はそれを無視して、議会で可決されたこの法案に署名をし、一九三〇年六月に同法は成立した。これによって輸入品三三〇〇品目のうち八九〇品目の関税率が引き上げられ、アメリカの輸入関税は平均三三％から四〇％にまで上昇した。これに対してオランダ、ベルギー、フランス、スペインおよびイギリスは、直ちに報復的な関税措置を発表したのである。

　関税率引き上げの影響で米国向け輸出が大幅に減少した欧州経済は、危機的状況へと陥ってしまった。世界七五カ国の輸入総額（ドル表示）でみた世界貿易は、一九三〇年に前年比マイナス一九％、一九三一年に同マイナス二八％、一九三二年に同マイナス三三％と、まさに加速的な縮小の連鎖へと陥ってしまったのである【図表5－1】。

米国が保護貿易主義的な政策を既に強く進める中、金融危機の発生などから世界経済が悪化すれば、それは、こうした世界恐慌後の状況のように、保護主義の蔓延、経済のブロック化を一気に促す可能性があるだろう。その結果、貿易の加速的な縮小を通じて世界経済がスパイラル的に悪化してしまうという悪夢を、再び現実のものとしてしまうかもしれない。

## 中国「一帯一路」構想の真の狙い

金融危機が生じた際に、世界で経済ブロック化が進むとすれば、その中核の一つを担っていく可能性があるのは、中国なのではないか。

習近平国家主席は、二〇一三年秋に「一帯一路」構想を打ち出した。一帯一路とは、中国が提唱し推進している大規模経済圏構想のことだ。中国政府は、それを緩やかな経済協力関係を構築するものと説明しているが、その真の狙いは必ずしも明らかではない。

現代版シルクロードとも呼ばれるこの構想は、陸の一帯（シルクロード経済ベルト）と海の一路（二一世紀海上シルクロード）とからなる。一帯は、中国から中央アジアを横断して中東へと至るルート、一路は、南シナ海からインド洋を経てアフリカに至るルートだ。このように、中国は、陸と海の双方で新たな経済圏の拠点となる要所を選んでインフラ整備を進め、それを通じて中国企業の進出を後押ししている。

二〇一七年五月に、北京で第一回の一帯一路フォーラムが開催された。そこで習近平国家主席は、一帯一路構想の実現に向けて創設した「シルクロード基金」に対して、約一兆六千億円の追加拠出と融資枠の拡大などを約束している。その資金を賄うのに重要な役割を果たすのが、中国が提唱して二〇一五年に創設された、アジアインフラ投資銀行（ＡＩＩＢ）だ。

一帯一路構想を通じて中国政府が目指していることの一つが、国内での過剰生産能力の緩和であることは、当初から指摘されていた。香港の英字紙サウス・チャイナ・モーニング・ポストの記事は、「一帯一路の目的の一つが過剰生産能力の海外移転だ」とする中国当局者の発言を、二〇一四年に報じていた（※）。こうした中国の戦略を、過去の帝国主義になぞらえる向きもある。ロシアの革命家ウラジミール・レーニンは、「資本主義の国家が国内に過剰な資本と生産能力を抱えた際、それが国内経済に深刻な影響を与えることを回避するために、国外に市場や投資機会を見出そうとする。その試みが帝国主義へとつながるのだ」と指摘している。

中国では、リーマン・ショック後に実施した四兆元の大規模景気対策などが、鉄鋼、石炭、コンクリートなどの分野で過剰な投資と過剰な生産能力を生み出してしまった。中国政府は、国内投資の抑制などを通じてその問題解決を図ろうとしているが、それを急速に進めれば、国内景気を過度に冷やしてしまう恐れもある。そこで、国内での構造改革と並行して海外でのインフラ投資を促し、当地向けに過剰となった設備や過剰な鉄鋼、コンクリート等の建設資材の輸出を拡大することを通じて、国内の過剰生産能力の緩和を図ったものと考えられる。

さらに、米国との間で貿易摩擦が激化する中、米国以外の輸出先を新たに開拓していくことは、中国が今後も成長を維持していくために欠かせなくなっている。その意味からも、一帯一路構想が中国にもたらす経済的なメリットは、その開始当時と比べて、現在では各段に大きくなっている。

※ 「危険すぎる中国の帝国主義」、ウォルター・ラッセル・ミード、ウォール・ストリート・ジャーナル日本版、二〇一八年九月二〇日

## 中国の海洋進出と債務トラップ

二〇一七年一〇月の共産党大会で習近平国家主席は、海洋強国の建設を加速させる、と明言した。これは、米国などからの干渉を受けずに、中国に天然資源を運び入れるための海路を確保することを意味するものだ。このように一帯一路構想は、中国が海外から安定的に資源を調達する環境を整える、という目的もまた担っている。そして、それは、海路の安全を確保するための軍事力強化という目的とも一体なのである。

ところで、経済面、軍事面から中国の対外政策の中核であるこの一帯一路構想は、必ずしも順調に進んでいる訳ではない。その大きな障害となっているのは、当該国での債務の拡大という問題だ。

二〇一八年四月に広州で開かれた経済フォーラムでは、中国の銀行幹部や政府研究者から、一帯一路構想に関わる国の多くは貧しい途上国で、インフラ投資計画の費用を捻出できていない、との指摘が相次いで示された。多くの国は過剰債務状態に陥っており、一帯一路構想に関わる国のGD

Pに占める債務比率は一二六%と、危険水準とされる一〇〇%をはるかに上回るという。他方、米国際戦略研究センター（ISRC）の調査によると、一帯一路のプロジェクトを受注するのは八九%が中国企業であり、当該国の民間企業が受けるメリットは小さいという（※）。

こうした国々での厳しい財政状況は、中国の経済的支配を助けていると指摘されている。最も広く知られた例は、一帯一路プロジェクトで高金利債務の返済に窮したスリランカが、二〇一七年にハンバントタ港の権利を九九年契約で中国に譲渡したことだ。この港は、ヨーロッパ、アフリカ、中東を結ぶ重要なインド洋の貿易ルート上にある、軍事上の要所だ。この事例は、かつて英国が、中国から香港を九九年間にわたって借り受けたことを世界に思い起こさせるものとなった。

このように、一帯一路のプロジェクトで、中国が途上国に巨額の借金を負わせ、その返済を困難にさせることを通じて、該当国をコントロール下に置こうとする戦略をとっているとの指摘もしばしばなされている。これは、債務トラップ（Debt Trap）、債務外交（Debt Diplomacy）、あるいは債務帝国主義（Debt Imperialism）などと呼ばれ、強い批判を集めている。

※ 「一帯一路、毎年五〇〇〇億米ドルの資金不足＝中国政府シンクタンク」、大紀元時報（日本語版）、二〇一八年四月一七日

## 広がる一帯一路への警戒

スリランカでの一件がきっかけともなり、一帯一路構想の当該国の間では、中国による経済支配

を懸念する動きが広まっている。

一帯一路構想で最大規模のプロジェクトを抱えるパキスタンは、一度中国と合意した融資条件を不公正とし、再交渉を要求している。ネパールは、一帯一路関連事業の中止を決めた。インドネシアやタイでは、中国が協力する鉄道敷設が遅れている。ラオスで進む高速鉄道の建設計画も、政府債務問題から、再検討されている模様だ。他のアジア、アフリカ諸国も、中国との間での契約書の細則をあらためて確認し、不平等と考える取り決めは改めるように要請している（※）。

ミャンマー政府は、西部ラカイン州チャウピューの深海港開発に関して、事業規模を当初計画の五分の一にまで縮小することで、二〇一八年一〇月に中国側と合意した。チャウピューはベンガル湾に面し、一帯一路の陸と海の結節点にある重要拠点だ。ここを通じて、中国・雲南省までのパイプラインが敷設されれば、中東からの原油を、南シナ海などを通らずに中国まで送ることが可能となる。ただ、この港湾整備については、ミャンマー政府側が中国に債務漬けにされることを警戒し、開発手順や出資比率を巡って以前から再交渉をしていた。ミャンマーの対外債務は九〇億ドルを超え、そのうち約四割を中国が占めている。

マレーシアの対応も、また注目を集めた。二〇一八年五月に首相に返り咲いたマハティール首相は、中国南部の昆明とシンガポールを高速鉄道でつなぐ計画を、二年延期することを決めた。これは、中国勢の落札が有望視されていたものだ。また、二〇一八年八月の中国訪問時にマハティール首相は、中国主導で進んでいるパイプライン事業など、一帯一路関連のプロジェクト三件を中止すると表明した。中国は、マラッカ海峡に面するマレーシアを一帯一路構想の拠点の一つと位置づけており、同国内の各地でも港湾も建設している。

マハティール首相は訪中時に、「新たな植民地主義は望ましくない。貧しい国々は豊かな国々と競争することができない」と述べたという。新たな植民地主義とは、かなり痛烈な中国への批判である。中国がインフラ整備を梃子にして、新興国で勢力を広げている状況に、マハティール首相が強い警戒感を抱いていることの表れだと、広く受け止められた。

※「危険すぎる中国の帝国主義」、ウォルター・ラッセル・ミード、ウォール・ストリート・ジャーナル日本版、二〇一八年九月二〇日

## 日米はインド太平洋構想で対抗

地域への経済的影響力と軍事的な影響力の強化を図る中国の一帯一路構想に対して、日米が力を入れ始めているのが、インド太平洋構想だ。二〇一六年八月に日本政府は、新たな外交戦略としてインド太平洋戦略を提唱した。これは、中国の一帯一路構想に関わる国々に対して、日本がインフラ投資を支援するものだ。その後、米国政府も日本と共にインド太平洋戦略を推進する方針を明らかにした。さらに、インドとオーストラリアが加わった四カ国中心の対抗軸が、「インド太平洋戦略」だ。インド太平洋とは、成長著しいアジアと潜在力の高いアフリカに挟まれた、インド洋と太平洋という二つの海をつなぐ地域を指しており、自由で開かれたインド太平洋の実現が提唱されて

いる。そのもとで、自由や人権、法の支配など、従来、国際社会が重視してきた基準に厳格に沿う形で同地域での開発が進むように働きかけ、多くの国が安易に中国になびくことを牽制する。また、それを通じて同地域での中国の軍事力の拡大を抑止する、といった狙いがあるのだろう。

二〇一八年五月に米国政府は太平洋軍をインド太平洋軍へと改名し、中国との対抗を意識して同地域の軍事力強化に乗り出した。他方、二〇一八年七月に米国政府は、インド太平洋地域で、インフラ支援ファンドを設立する考えを表明した。米国は、中国の一帯一路構想を借金漬け外交（Debt Diplomacy）と批判する一方、米国は質が高く、透明性が高いインフラ開発を後押しする戦略を示し、中国との違いを強調している。

ペンス副大統領は二〇一八年一一月の訪日時に、第三国へのインフラ投資については、米政府の六〇〇億ドルの投融資枠に加えて、日本が一〇〇億ドルの投融資枠を用意し、合計の支援可能総額は七〇〇億ドルになるとした。

現在、アジア太平洋地域の各国は、中国の一帯一路構想を選ぶか、日米のインド太平洋戦略を選ぶか、二者択一を迫られている面もある。いたずらに中国との対立を煽らないという観点から、日本政府はインド太平洋戦略をインド太平洋構想へと改名し、中国との対立色を和らげた。

## 危機後に中国の経済支配が再び強まる

このように、中国の経済支配に対する警戒感が、新興国、特に一帯一路構想に関わる国の間に広がっているのが現状だ。しかし、ひとたび金融危機が生じ、世界経済が悪化すれば、こうした国々は一気に態度を変え、中国からの経済的支援に期待して、再び中国への依存度を強めるのではないか。

米国が自国第一主義の傾向を強め、米国主導で作り上げてきた自由貿易体制などの世界秩序が崩れるなか、新興国が自らにとってより都合の良いルールを新たに模索する可能性があるだろう。それを主導するのは中国である可能性が高いのではないか。米国が自国に有利な条件を新興諸国に押し付けていくなか、中国がそうした新興国にとって有利な条件を提示し、例えば、国内産業の保護に重きを置いた貿易協定を進めていけば、新興国は中国へと一気になびき、中国を中心とする新興国経済圏が形成されていく可能性があることも否定できないだろう。

その場合、新興国経済圏はブロック経済化していくことになることも念頭におく必要がある。また、高関税率の容認など、新興国の国内産業育成に過度に配慮した貿易ルールが適用されれば、それは効率の悪い既存産業を温存させてしまう一方、産業構造の変化を通じた経済効率向上などの自由貿易のメリットを減じ、産業構造の固定化からそうした国の成長をむしろ阻害してしまうことが懸念される。その結果、中国による当該国の経済支配、引いては軍事的影響力がより強化されるかもしれない。

このように、米国の自国第一主義は、再び世界恐慌後のようなブロック経済化のリスクを高める危うさを持っている。実際にそうした事態となれば、やや長い目で見ても、自由貿易による経済効率化、成長促進効果が損ねられ、世界経済の発展に大きな損失となってしまうだろう。こうしたリスクを、米国は十分に認識しておく必要がある。

# 4．米中の争いと新たな国際秩序の模索

## 新冷戦の始まり

今後の米中関係を考えるうえで、恐らく後世に残る歴史的な出来事となったのが、マイク・ペンス副大統領が二〇一八年一〇月四日に米国の保守系シンクタンクのハドソン研究所で行った演説だろう（※）。同氏は、極めて激しい口調で中国政府批判を展開したが、その範囲は政治、経済、安全保障、人権など極めて広範囲に及んだ。また、同氏は「米国は新たな対中方針を採用した」とも述べ、米国政府が中国政府と対決姿勢を強めることを明確にした。これは、一九七九年の米中国交樹立にさかのぼる「建設的関与」戦略から、米国が明確な方向転換を図ったことを意味するものだ。こうした点を受けて、かつての米ソ間で繰り広げられた「冷戦」になぞらえ、「米中新冷戦」の始まりと表現する向きも増えた。

演説の中で示された対中批判を概観してみると、第一に、中国は経済力を乱用して、米国の技術を盗み、中国の経済発展を助けてきた米企業をいじめている。中国を世界トップの製造強国に押し

上げることを目指す中国政府の産業振興策「中国製造（メイド・イン・チャイナ）二〇二五」を実現するため、中国は米国企業から知的財産を盗んでいる。第二に、「一帯一路」構想の下、中国は影響力拡大を狙ってアジアやアフリカ、欧州、南米の国々に巨額融資を行い、相手国を債務不履行に陥らせる「借金漬け外交（debt diplomacy）」を展開している。第三に、近隣諸国を脅かし、南シナ海を軍事拠点化している。第四に、チベット族やウイグル族を弾圧し、また宗教信者を迫害している。第五に、二〇一八年の米国中間選挙や二〇二〇年の大統領選挙への介入を計画し、トランプ大統領の交代を画策している。

ペンス副大統領の演説とほぼ同じタイミングで、米国政府の新たな対中政策が次々と明らかになった。以下に列挙すると、まず、中国が実効支配する南シナ海の海域周辺において、米軍艦のパトロールを強化するという、米海軍の計画が報道された。NAFTA（米自由貿易協定）を改定し新たに合意されたUSMCA（米国・メキシコ・カナダ協定）で、メキシコ、カナダ両国と中国が貿易協定を結ぶのを阻止することを狙った条項が盛り込まれていることが、明らかになった。米国政府は、他の貿易協定にも同様の条項を盛り込みたいとの意向を持っている。また、中国がアフリカ・アジアで進める一帯一路構想に対抗して、六〇〇億ドルの開発融資を行う建設法案を連邦議会は可決した。米財務省は、中国対米投資の安全保障上の審査を強化する新規則を発表した。司法省は、ベルギーで逮捕された中国の情報工作員について、GEアビエーションなどからの企業秘密の窃取に関わった容疑で訴追するため身柄を米国に移したと発表した。エネルギー省は、原子力技術の対中輸出規制を強化すると発表した。

※ Vice President Mike Pence's Remarks on the Administration's Policy Towards China"（https://www.hudson.org/events/1610 -vice-president-mike-pence-s-remarks-on-the-administration-s-policy-towards-china102018）

## 貿易戦争から体制間の争いへ

ペンス副大統領の発言を契機に、米中間での対立は、貿易問題から経済、政治、安全保障へと一気にその範囲を拡大させた、と見ることができるだろう。しかし、両国間での貿易戦争の本質は、初めから政治、経済、軍事を巡る覇権争いであったと言える。米国政府は、中国経済の発展、「中国製造二〇二五」のもとでの先端産業の躍進が、米国の軍事的な優位をいずれ脅かすことを強く警戒してきた。米国政府は、対中貿易問題の底流にあるこうした本来の思惑、狙いを、もはや隠さなくなったとも言えるのだろう。

米中新冷戦が、かつての対ソ冷戦と決定的に異なるのは、米中両国の経済が極めて密接に関わっていることだろう。そうしたもとで、米国が対中制裁関税の導入を拡大するなど強硬姿勢をとれば、中国からの消費財、中間財の輸入価格の上昇が、それを購入する米国消費者、また、それを用いて生産活動を行なう米企業に大きな打撃となる。貿易面で中国を攻撃すると米国自身に跳ね返ってくるというブーメラン効果が、米国政府の対応を難しくしている。

しかし、米国政府の対中政策では、このような経済的側面よりも安全保障面を優先し、中国の経済、先端産業の発展を許せば、それは米国の軍事的優位を揺るがすことになる、ということを声高に叫ぶグループが、トランプ政権内でより力を増している。

その一人であるピーター・ナバロ通商担当大統領補佐官は、対中強硬派として以前より知られてきた。ナバロは二〇一八年夏に、米国のテクノロジー業界を脅かす中国の経済侵略についての報告書をまとめた。二〇一八年に辞任した軍出身のジョン・ケリー前大統領首席補佐官も、対中タカ派の代表格だった。また、国家安全保障問題担当の大統領補佐官のジョン・ボルトンも、以前から中国への強硬姿勢を主張してきた人物だ。

ウォール・ストリート・ジャーナルとNBCニュースが二〇一八年四月に行った合同世論調査では、トランプ大統領を支持する共和党支持者のうち、中国を友好国と回答した人はわずか四％である一方、敵と回答した人は八六％にも上った。トランプ政権の対中政策の変更は、政権内での対中強硬派の影響力が強まったことに加えて、米国民に広がるこうした対中批判ムードを受けて、二〇一八年一一月の米中間選挙対策の一環として打ち出された側面もある。

しかし、ペンス副大統領の演説で示された米政府の対中戦略の修正を、一時的な選挙対策と理解するのは全くの誤りだ。演説では、中国政府の建国にまで遡り、一党独裁のもとでの外交政策、経済政策、安全保障政策を強く批判している。これは、米国政府がまさに中国の政治・経済体制自体、国の在り方に修正を迫っているに等しいものと言えるだろう。

二国間の貿易不均衡の是正については、中国政府は米国側の要求を受け入れる余地があるだろうが、政治体制など国のアイデンティティーを修正することはあり得ない。このように、米中間での対立は、貿易問題から体制間の争いへと発展してきた感が強い。この点から、両国の対立は、今後紆余曲折はあるだろうが、数年程度で収束に向かうようなものでは決してないだろう。

## 中国企業の「自力更生」で米中間の争いが強まる

米中間での貿易戦争が激化するなか、中国の習近平国家主席は、海外輸入部品に依存する経済体質から脱する「自力更生」の重要性を、国内製造業に訴えている。

習主席は、四〇周年を迎えた改革、開放政策の中心地である南部の広東州を二〇一八年一〇月に訪れ、当地の家電大手「格力電器」の幹部らに、「大国から強国になるには実体経済の発展が重要だ。鍵となる製造業は自力更生で奮闘し、自ら技術革新する能力を早急に高めないといけない」、と檄を飛ばしたという。習主席は、二〇一八年九月下旬の黒龍江省視察時にも同様な発言をしている。この自力更生とは、毛沢東時代にしばしば用いられたスローガンだ。

習主席の発言の直接的なきっかけになったと見られるのが、二〇一八年四月に起きた中国通信機器大手のＺＴＥ（中興通訊）事件だ。米商務省は、同社がイランや北朝鮮に対し通信機器を違法に輸出していたとして、米企業によるＺＴＥへの製品販売を七年間禁止することを決めた。結局、同社に半導体などを輸出する米企業にも深刻な打撃となってしまったこともあり、この決定は比較的短期間で撤回されたが、この間、ＺＴＥは破綻の危機に瀕した。こうした経験が、習主席の発言に繋がったのだろう。

九月に黒龍江省を視察した際に、習主席は、「国際的に、先端技術、中核技術を入手することはさらに難しくなっている。二国間主義、保護貿易主義が高まるなか、我々は『自力更生』を進めざるを得なくなっている」と発言したと言う。このうち、発言の前半部分は、中国国営テレビで報道される際、そして人民日報に掲載される際に削除されたという（※）。それは、米国やその他の国々から知的所有権侵害と強く批判されている海外からの技術、情報の不正入手を認めたもの、と受け止められるおそれがあったためとみられる。

中国が自力更生を進める強い覚悟があるのであれば、知的所有権侵害を巡る国際問題も、今後は緩和されていくのかもしれない。他方で、中国の自力更生は米国にとっては脅威でもある。中国は産業育成策の「中国製造二〇二五」の中で、半導体の内製化率を現在の一〇％超から将来的には七五％まで引き上げていくことを目指している。米国は、それによって米国産業の優位性が低下することを強く警戒しているが、ＺＴＥ事件など、米国の保護主義的な政策が、中国経済や企業の競争力を削ぐのではなく、その自立性をむしろ高める方向に働いているとすれば、皮肉なことだ。

また、自力更生というスローガンは、中国政府が民間経済活動への関与の度合いをさらに強め、また、それを実現するために政府が直接コントロールしやすい国有企業をより重視する姿勢の表れだ、との指摘もある。仮にそれが正しいとすれば、中国の経済システムは、米国の望む自由化とは全く逆の方向へと一段と動いていることになる。その結果として、政治・経済面での体制の優位性を争う米中間での体制争いも、今後はさらに激化してしまうのではないか。

※　Xi invokes Mao with call for 'self-reliance'", Financial Times, November 13, 2018

## キンドルバーガーの「覇権安定論」

世界恐慌後に生じた世界経済の混乱の背景を、世界的な指導国の欠如に求めたのが、世界恐慌の研究などで知られる米国経済学者、チャールズ・キンドルバーガーだ。同氏は一九七三年の著書『大不況下の世界　一九二九―一九三九』で、第一次大戦後に英国が覇権を失った一方で、米国がまだ世界をリードする覇権国にはなり得なかった、あるいはその自覚が十分になかったことが、世界規模での経済混乱の背景にあり、それがひいては第二次世界大戦に繋がった、と説明した。覇権国を担う意思はあるが能力はない英国と、能力はあるが意思がない米国とのいわばミスマッチである。

さらに、キンドルバーガーは、大恐慌以前の世界経済が安定的であったのに対して、世界恐慌後には経済の悪化を防ぐことができなかったことの違いは、国際経済を管理する覇権国の存在があったか否かに求められるとした。そして、ルールを作り出し執行する強い指導国の存在が、政治、経済などのグローバル・システムの安定を確保すると主張したのである。こうしたキンドルバーガーの考えを政治学的に理論化したのが、「覇権安定論（theory of hegemonic stability）」だ。

トランプ政権は、米国が覇権国を維持してきたことにともなう自国の負担を問題視している。米国が主導して作り上げてきた国際秩序のもと、他国がそうした秩序、枠組みを自国の利益のために上手く使い、その結果、米国の利益は大きく損なわれてきた、米国は騙され続けてきたのだ、との不満を強く抱いている。覇権国がその負担に耐えかねて自ら覇権国の地位を降りるというのは、覇権国の交代のパターンの一つとして、長い世界の歴史の中ではそれほど珍しいことではないだろう。

しかし、保護貿易主義に代表されるトランプ政権の米国第一主義は、今まで見てきたように、世界経済や金融市場を不安定にさせ、次の金融危機の引き金となってしまう可能性がある。この点から、他国はそうした米国の動きを傍観していてはいけないだろう。

## 「トゥキディデスの罠」は回避できるか

米国に代わって、中国が一気に世界の覇権国の地位を得ると考える向きは、まだ少数派だろう。

米ジョージ・ワシントン大学のデービッド・シャンボー教授は、覇権国に必要なのは軍事力のみならず、高い技術と強い経済力、影響力を維持するためのソフトパワーであり、中国はそれを十分に理解しているという(※)。しかし、中国には真の同盟国はなく、軍事力に加えて外交力も地域的に限定されており、未だ覇権国としての条件を満たしていない、と指摘する。

他方、中国は、米国が作り上げてきた国際的な秩序、規範が、中国のような新興国にとってかなり不利になっている、と考えているのだろう。そうした考えが、例えば、南シナ海での中国の海洋進出とそれを巡る米国との軋轢を生んでいる。

　覇権国がその地位を維持する高い負担に耐えかねて、自ら静かに覇権国の地位を降りる形で覇権国の交代が実現するケースよりも、覇権国同士の軍事的対立を通じて覇権国の交代がもたらされるケースの方が、歴史的に見ればより一般的なのではないか。これを、米国の政治学者グレハム・アリソンは「トゥキディデスの罠（The Thucydides Trap）」として警告する。トゥキディデスとは古代ギリシアの歴史家で、その著書「戦史」のなかで、海上交易を抑える経済大国としてアテナイが台頭し、陸上における軍事的覇権を事実上握っていたスパルタとの間で対立が生じたことを記述した。三〇年不戦条約など、両国間で戦争を回避する試みは何度もなされたものの、最終的にはどちらの国も望まない戦争が勃発してしまった。それが、三〇年近くの長きにわたる戦争、ペロポネソス戦争であった。そこから、急速に台頭する新興の大国が既成の支配的な大国とライバル関係に発展する際に、当初はお互いに決して望まなかった軍事的な対立に、いずれは及んでしまうという様子を、アリソンはトゥキディデスの罠と表現したのである。トゥキディデスは、アテナイの台頭がスパルタに与えた「恐怖」が、戦争を避けられなくしたと分析した。中国にいずれ覇権を奪われてしまうことへの強い恐怖心が、米国の対中姿勢を強硬にさせてしまっている現状と似ている。

　アリソンが率いるハーバード大学のベルファー・センターの研究によると、過去五〇〇年にわたる新興国とその挑戦を受ける覇権国との関係を示す一六の事例で、実に一二件までが戦争に至った、つまりトゥキディデスの罠が当てはまったと分析している。また、二〇世紀に日本が台頭した際の日露戦争、太平洋戦争などもこれにあたるという。他方、戦争を回避できた事例でも、覇権国が国際システムやルールの改変などの大きな代償を強いられたとされる【図表5－2】。

過去の歴史を紐解けば、このように、戦争を伴う形で覇権交代が実現されるケースは多い。しかし、そうした安易な運命論に陥ってしまうことなく、当事国である米国、中国、そして他国も、戦争回避に向けて知恵を絞らねばならないだろう。米中衝突となれば最も大きな打撃を受けるのは、米国の同盟国である日本であることを考えれば、日本は外交力を最大限駆使して、トゥキディデスの罠に陥る事態を回避することに努めることが求められる。

ペロポネソス戦争の直接的な引き金となったのは、アテナイとスパルタのそれぞれの同盟国間での争いだった。同盟国は、戦争回避に向けても、また重要な役割を果たすことができるだろう。

さらに、覇権国が国際システムやルールの改変を実施することで、戦争を回避することができたという歴史を、米国は十分に認識する必要があるだろう。

※ What Does a Chinese Superpower Look Like? Nothing Like the U.S.", Bloomberg Businessweek, August 28, 2018

## 矛盾を含む米国の戦略

リーマン・ショックは、その後の巨額の景気対策を通じて中国の世界での影響力の大きさを強く印象づけるきっかけとなった。それ以降、米中間での覇権争いは次第に進行していったが、それが

| | 時期 | 覇権国 | 新興国 | 争点 | 結果 |
|---|---|---|---|---|---|
| 1 | 15世紀末 | ポルトガル | スペイン | 世界帝国と貿易 | 戦争回避 |
| 2 | 16世紀前半 | フランス | ハプスブルク家 | 西ヨーロッパにおける陸の覇権 | 戦争 |
| 3 | 16～17世紀 | ハプスブルク家 | オスマン帝国 | 中央・東ヨーロッパにおける陸の覇権、地中海における覇権 | 戦争 |
| 4 | 17世紀前半 | ハプスブルク家 | スウェーデン | 北ヨーロッパにおける陸の覇権と海の覇権 | 戦争 |
| 5 | 17世紀半ば～末 | オランダ | イギリス | 世界帝国、海の覇権、貿易 | 戦争 |
| 6 | 17世紀末～18世紀半ば | フランス | イギリス | 世界帝国とヨーロッパにおける陸の覇権 | 戦争 |
| 7 | 18世紀末、19世紀初め | イギリス | フランス | ヨーロッパにおける陸の覇権と海の覇権 | 戦争 |
| 8 | 19世紀半ば | フランスとイギリス | ロシア | 世界帝国、中央アジアと東地中海における影響力 | 戦争 |
| 9 | 19世紀半ば | フランス | ドイツ | ヨーロッパにおける陸の覇権 | 戦争 |
| 10 | 19世紀末、20世紀初め | 中国とロシア | 日本 | 東アジアにおける陸の覇権と海の覇権 | 戦争 |
| 11 | 20世紀初め | イギリス | アメリカ | 世界経済の支配と西半球における海の覇権 | 戦争回避 |
| 12 | 20世紀初め | イギリス。フランスとロシアが支援 | ドイツ | ヨーロッパにおける陸の覇権と世界的な海の覇権 | 戦争 |
| 13 | 20世紀半ば | ソ連、フランス、イギリス | ドイツ | ヨーロッパにおける陸の覇権と海の覇権 | 戦争 |
| 14 | 20世紀半ば | アメリカ | 日本 | アジア太平洋地域における海の覇権と影響圏 | 戦争 |
| 15 | 1940年代～80年代 | アメリカ | ソ連 | 世界の覇権 | 戦争回避 |
| 16 | 1990年代～現在 | イギリスとフランス | ドイツ | ヨーロッパにおける政治的影響力 | 戦争回避 |

**図表5-2　「トゥキディデスの罠」16のケース**

（出典）「米中戦争前夜」、グレアム・アリソン著、ダイヤモンド社（325頁）

一気に表面化したのが、二〇一七年のトランプ政権の発足だった。

次の金融危機は、こうした米中間での覇権争いと絡み合う形で生じる可能性がある点については、今までに論じてきたところだ。他方、金融危機が現実のものとなり、世界経済が悪化した場合、それは、両国間の覇権争いにどのような影響を与えるだろうか。

第一のシナリオは、経済・金融危機によって中国経済が相当に大きな打撃を受け、それが中国の政治体制まで大きく揺るがす事態に至ることだ。その場合、中国の影響力は低下し、米国にとっての中国の脅威は和らぐため、両国間の対立も緩和されるだろう。

第二のシナリオは、米国、中国ともに経済面、金融面から大きな打撃を受け、それぞれが国内の政策に注力する必要が生じる。この場合、両国間での対立を一時的に棚上げする、一種の休戦協定が結ばれることだ。

しかし、これら二つのシナリオよりも蓋然性が高いと考えられる第三のシナリオは、経済低迷下で多くの新興国が中国からの支援を仰ぐようになり、その結果、新興国の盟主として中国の影響力が一段と強まる、というものだ。金融危機を挟んで、このようなことが生じれば、米中間の覇権争いは一層激化するのではないか。そして、そうしたリスクを高めているのが、現在の米国第一主義だろう。米国が自ら主導的な役割を降り、国際的な秩序、規範が崩れていく中、新興国により適合するような国際的な秩序、規範を中国が提示し、他国の支持を得ていく可能性があるのではないか。

トランプ政権が抱える大きな矛盾は、米国第一主義を掲げて、世界のリーダーとしての地位を自ら低下させる一方で、中国に覇権を奪われることを強く警戒している、ということなのではないか。実際には、米国第一主義は先進各国も含めて世界での米国のプレゼンスを低下させ、上記のような経路で中国の相対的なプレゼンスを高めてしまう可能性があるのだ。

こうした矛盾点をトランプ政権が十分に認識することが、世界経済を揺るがす米国の保護貿易主義を転換させる、あるいは金融危機を回避させることにも繋がるのではないか。そして、日本など他の先進各国は、この点をトランプ政権が認識するように強く働きかける必要があるだろう。

## 米国政府に期待される対応

この先、米中間での対立を加速させることを避けるためには、中国を攻撃してやまない米国政府の姿勢を変えることが重要だろう。この点に関連して、フィナンシャルタイムズ紙のマーティン・ウルフ氏は、以下の点を米国側に提案している（※）。

第一に、米国あるいは西側先進国は、中国を自身が望むように作り変えることができるものではない、ということを認識すべきだ。中国は中国国民のものであり、その他の国民のものではない。

第二に、中国の政治形態は、永遠に西側世界と異なるものであり続けることを認識する必要がある。

第三に、中国の発展を止めようとしてはならない。中国を世界の貿易ルールに従わせたいなら、米国も従わねばならない。人権問題を取り上げるなら、米国も完全には守れていないことを自覚しなければならない。中国は、米国や西側諸国の偽善を見抜いている。

第四に、中国はライバルであると同時に重要なパートナーであると認めなければならない。世界経済や気候問題など、中国の協力が欠かせない分野も多い。

※ "America must reset its rhetoric on China's rise", Martin Wolf, Financial Times, October 31, 2018,(「『新冷戦』回避の五指針」、日本経済新聞、二〇一八年一一月五日)

## 新たな世界秩序の模索へ

自由と民主主義といった米国あるいは西側先進国が共有してきた価値観を、人類の普遍的な価値だとして、一方的に中国に受け入れさせようとすれば、双方の対立は強まっていくばかりではないか。米国政府も、多様な国家形態、経済システム並びに価値観を認める寛容性を持たねばならないだろう。米国、あるいは先進各国が共有してきた様々な価値観が、果たして本当に普遍的なものであったのか、一度立ち止まって再検証をしてみることも必要なのではないか。

経済環境の変化と共に、それに適合した政治・経済システムは変わってきている、と考えることもできるだろう。例えば、ビッグデータの蓄積、その分析は大きな付加価値を持ち、その巧拙が国の経済力を左右するような状況になっている。その付加価値は、ビッグデータが個人間、企業間、民間と政府の間で共有されるほど、規模が大きくなり、その結果、分析を通じた付加価値も高まることになるだろう。こうした分野では、自由競争の観点から政府が民間企業に介入することを極力避ける米国型システムよりも、財産を共有するという理念に支えられた中国型システムの方が、より適合していると考えることもできるのかもしれない。

また、世界で拡大しているシェアリング・エコノミーも、産業革命によって生まれた財の私的所有という概念を既に変えている面がある。これは、社会主義国家が目指す、財産の私的所有から社会的所有へと、資本主義システムが接近している一つの側面を表わしているのかもしれない。

いずれにせよ、米国あるいは先進国も、中国あるいは新興国の国の在り方を尊重する姿勢と必要に応じてそこから学び取っていく姿勢が重要になってくるのではないか。

そのようにして、米国あるいは他の先進国が多様性を受け入れた先に、徐々に形作られていくのは、米ソ対立とは異なる、米中が共生できるような二極化、あるいは多極化の世界となるのかもしれない。

過去に新興の大国と既存の覇権国との間の対立が生じた際と、現在の状況とが異なるのは、絶対的な強国である二大国間の闘いという構図では必ずしもなく、先進国の盟主と新興国の盟主との闘いが生じているということなのではないか。中国に限らず、新興国全体が大きな経済的影響力を持つようになっている。そのもとでは、米国をリーダーとする先進国が作り上げた秩序だけでは、新興国の間での理解を十分に得ることは難しく、結果的に世界が安定を維持できなくなっているという認識も持つべきではないか。この場合には、新興国にも十分に配慮した二重基準、あるいは新興国にはより緩やかな基準を許容するツゥー（二）・スピードの新たな基準、秩序を模索、構築していくことも、米国、あるいは先進国は検討する必要が出てくるのかもしれない。

いずれにしても、米国、あるいは先進国の規範を中国、あるいは新興国に押し付け続けるだけでは、この先、世界秩序の安定は維持できなくなるだろう。

## 5. 日本の対応を考える

### 米国第一主義の修正を働きかける

本書では、金融市場に累積した歪みを一気に解消し、グローバルな金融危機を引き起こしかねない要因として、ポピュリズムに基づいた米国の保護貿易主義や日本で国債市場の混乱を引き起こす政策の失敗などについて議論をしてきた。長期にわたる異例の金融緩和策のもとで、金融市場に蓄積した歪みは既にかなり大きい。しかし、そうした歪みを、時間を掛けて徐々に解消していくことができれば、深刻な金融危機は回避できるだろう。その際、日本が果たすことのできる役割は決して小さくないのではないか。

米国の保護貿易主義の背後には、米国第一主義という反国際協調、反グローバリズムの考えがある。他方、中国に対する保護貿易主義的政策には、米国が中国に覇権を奪われず、世界の覇権を維持するという狙いがある。しかし、前節で見たように、両者は矛盾している面がある。米国第一主義を貫けば、それは米国が作り上げてきた世界の秩序、ルールを自ら崩すことになる。これは、中国が新興国の盟主としての地位を一段と高め、新たな経済圏を確立していくと共に、新たな秩序、ルール作りを進めることをむしろ助けてしまうだろう。実際にそうなれば、中国のプレゼンスはさらに高まり、経済面、あるいは軍事面での米国の優位は危うくなるのではないか。

米国が世界の覇権を維持することを最優先に考えるなら、米国第一主義的な戦略はそれと矛盾しており、米国第一主義を修正する必要があるということを、日本は米国に説明することが求められる。それは、中国の軍事的な脅威を米国と同様に強く懸念している、同盟国の日本が担うのが自然なのではないか。

さらに、世界の金融市場にとって大きなリスクとなってきた米国の双子の赤字問題については、ポピュリズム的な財政拡張政策を見直すよう、日本が米国政府に働きかけることにも期待したい。

一九八〇年代には、対米貿易黒字を縮小させるための内需拡大策を米国から強く要請された。その結果、日本では過剰な金融緩和が実施され、また、日本の金融引き締めがドル暴落をもたらす事態を回避するために、金融緩和の長期化を余儀なくされたのだった。そうした過剰な金融緩和策が日本にバブルをもたらし、バブル崩壊後の長期低迷へと繋がった面がある。これは、米国の国内政策の問題から生じた、双子の赤字問題とドル不安という問題のつけを、日本が払わされた結果であるとも言える。日本はいわば、米国の失策の被害者であったのだ。こうしたことが再び繰り返されないよう、日本は双子の赤字問題への対応を、米国政府に強く働きかけるべきだろう。

また、前節で指摘したように、世界経済の安定の観点から、米中間の貿易戦争を抑え、また軍事衝突を回避するには、中国を盟主とする新興国にもより適合した、二極化、あるいは多極化の秩序を新たに模索していくことが必要になるのではないか。その際に、日本が米中間での調整役を果たしていくことも重要かもしれない。

## 金融政策の正常化加速を

流動性が大幅に低下した日本の国債市場がひとたび大きく混乱すれば、それは世界の債券市場の歪みを一気に解消させ、グローバルな金融危機の引き金ともなり得る。日本の当局は、そうしたリスクを十分に認識しておく必要があるだろう。金融政策の正常化の過程では長期金利が上昇するなど、市場の混乱が生じる可能性もあるが、それ以上に、正常化が遅れる中で日本の国債市場の流動性が極度に低下し、市場に大きな混乱をもたらすリスクの方がより深刻だ。

日本銀行は、長期国債の買入れ増加ペースの削減を通じて国債市場の流動性回復を図る施策、YCC（イールドカーブ・コントロール）を修正し、また、長期国債の利回り上昇の余地を作り出すことで、国債市場の流動性回復とともに、金融機関の収益回復を通じて金融システムが不安定化するリスクを減じる、事実上の正常化策を進めている。

しかし、円高リスクなどに過度に配慮していることから、そのペースはかなり緩やかであり、国債市場及び金融システムのリスクを十分に減少させるには至っていない。今後は、政策金利の引き上げや国債保有残高の削減を伴う正式な形の正常化を含め、正常化を加速させることが必要だ。

## 金融政策に対応余地は残されていない

他方、不幸にして金融危機が発生し、世界経済が大きく悪化してしまった際には、日本では金融政策で対応できる余地は残されていない。あらゆる追加的な緩和措置は、その効果が副作用を上回っていると考えられるため、安易に緩和措置を講じるべきでもない。

金融危機が発生した際に、日本銀行が注力すべきなのは、金融機関の資金繰り、流動性確保に支障が生じないよう万全を期すことだ。特に、ドル資金の調達に支障が生じないよう、最大限の措置を講じることが求められる。第2章で見たように、日本の銀行、特に中堅銀行のドルの調達構造は依然脆弱だ。金融危機時に、ドルの調達に支障が生じれば、リーマン・ショック時と同様に、貿易活動が大きく阻害され、経済の悪化に拍車が掛かってしまう。この点から、金融機関のドル資金調達を助けることは、金融機関の経営の安定を維持し、金融システムの安定を確保するだけでなく、重要な景気対策にもなるのだ。

日本銀行とＦＲＢの間で結ばれている円とドルのスワップ協定に基づいて、日本の民間金融機関は、短期間であればドル資金を確保することが可能だ。しかし、危機時には金融機関がより機動的にドル資金を確保できるよう、またより長い期間、ドルを確保できるよう、日本銀行は自らが保有するドルの活用も検討すべきだろう。

また、第3章で述べたように、経済情勢が悪化した際に、政府の財政出動の協調策として、日本銀行に長期国債買入れの再拡大を求めることは、いわば自殺行為に等しいという点を、政府は強く認識しておくべきだ。そうした政策は、国債市場の流動性を極度に低下させ、国債市場の混乱を促すためである。国債利回りは大きく変動し、いわゆるリスクプレミアム、流動性プレミアムの上昇から、国債利回りの大幅上昇を誘発する恐れがある。その場合、長期国債買入れの再拡大は、景気刺激策ではなく、より景気を悪化させる施策となってしまうだろう。

## 日本の潜在力を高める努力

第1章で見たように、一九八〇年代末から九〇年代初頭にかけてのバブル崩壊後、そして、二〇〇八年のリーマン・ショック後にも、日本は経済の潜在力の向上を進める機会を残念なことに逃してしまった。アベノミクス、異次元緩和が実施された期間も、潜在成長率、生産性上昇率等で見て、日本経済の潜在力が改善した明確な証拠はない。こうした中で再び金融危機が生じれば、外的ショックに対する強い耐性を有していない日本経済の弱点が、再び大きく露呈してしまう可能性は高い。

この点から、経済の潜在力を高める努力をすることこそが、次の金融危機への重要な備えとなるはずだ。また、不幸にして金融危機が再び生じ、日本経済の弱さが再度確認される事態に至った場合には、今度こそは、経済の潜在力を高める構造改革を強力に進めるきっかけとすることが強く求められる。

経済の潜在力を高めて内需主導型経済へと構造転換を果たし、それを通じて、日本経済が海外情勢に大きく左右されずに安定した成長を続けるようにするためには、金融緩和策や財政出動など一時的な需要刺激策は役に立たない。最も重要なのは、バブル経済後に低迷してしまった生産性上昇率、潜在成長率を再び高めることだ。それは、主に企業のイノベーションによって実現されるべきだが、構造改革などを通じた政府の政策が果たす役割も大きい。

現政権は、生産性上昇率、潜在成長率を高める構造改革に今まで取り組んできたことは確かである。最近で言えば、働き方改革、人づくり革命、生産性革命などだ。しかし、あたかも日替わりメニューのように毎年新たなテーマが示される中、それらを通じて経済の潜在力を高める主体となるべき企業は、やや消化不良に陥ってしまったのではないか。一つ一つの構造改革にじっくりと腰を据えて取り組まないと、実を得ることは難しいだろう。政府には、過去の構造改革をここで一度総括し、そのうえで、より実効性の高い構造改革に取り組んで欲しいところだ。

既に大きな副作用を抱える金融政策の正常化を加速させる一方で、生産性向上や潜在成長率の向上に資する構造改革を加速させるという、ポリシーミックスのリバランスを強力に進めることこそが、いま日本に強く求められている。

# おわりに

本書では、世界の金融市場に累積してきた歪みの正体を明らかにするとともに、それらを金融危機に結び付けてしまうポピュリズムのリスク等について論じてきた。これらを正確に理解することは、深刻な金融危機を回避するための重要な処方箋ともなるのではないか。

しかし、不幸にして金融危機の発生を防ぐことができなかった場合、いわゆる金融危機後の世界についても第5章で展望した。一〇年前のリーマン・ショックと比較して、中国での大型財政出動、各国での金融緩和の余地が限られている点が、大きなリスクだ。

また、次の金融危機は、政治、経済など多様な側面から国際秩序に変容を迫るきっかけにもなるという点も重要である。再び金融危機が起こるならば、それは米中という覇権国と新興大国との間での主導権争い、という、いわば歴史の必然の流れと重なって生じる点が、過去の金融危機と比較して大きな特徴となるだろう。金融危機は、そうした争いを一層激化させてしまう可能性がある。最悪のケースでは、先進国と中国を盟主とする新興国との間で、経済のブロック化が進み、世界恐慌後のように世界貿易が急速に縮小してしまうリスクもあるだろう。

こうした事態を回避するには、米国が主導して作り上げてきた、第二次世界大戦後の国際秩序を、既に存在感を大きく高めた新興国の利害にも配慮した形で、一定程度修正を施していくことも必要となるのではないか。いわゆる、新たな国際秩序の模索である。しかしながら、米国が、中国の国の在り方を全体的に否定し続けるとともに、米国が主導して作り上げてきた自由貿易体制などの国際秩序を、米国自らが軽視するような行動をとるもとでは、そうしたことは容易に期待できない。

日本は、米国に対して自由貿易体制を含めた国際秩序をしっかりと守るよう働きかけるとともに、一方では、新たな国際秩序を模索するように働きかけることも期待されるところではないか。これができなければ、金融危機後の世界は、経済、政治、安全保障など多方面で非常に不安定なシステムとなってしまう可能性がある。

他方、国内では、長きに渡る異例の金融緩和策や政府の各種政策が、生産性上昇率、潜在成長率といった日本経済の潜在力の向上に繋がっていないことを、政府はしっかりと理解すべきだ。その上で、より実効性の高い構造改革を加速的に進めることが求められる。それを通じて、外的ショックに対する日本経済の耐性を高めることができれば、当事者ではない日本経済が、どの国よりも大きな打撃を受けるといったリーマン・ショックの再現は回避できるのではないか。

また、経済状況が悪化した際に、政府が日本銀行に国債買入れの再拡大を要請し、それが国債市場の流動性を極度に低下させることを通じて、グローバルな金融危機の引き金を引いてしまうような事態は、何としても避ける必要がある。目先の利益に国民の目を向けさせるようなポピュリズム的な政策手法ではなく、より中長期の視点から経済と国民生活の安定を確保するのに最適な政策の組み合わせ、すなわち、金融政策の正常化と構造改革の加速というポリシーミックスを、今後は強力に進めていくことが強く求められる。

最後に、本書の刊行にあたり、多大な支援をいただいた毎日新聞出版株式会社の名古屋剛氏に御礼を申し上げたい。また、野村総合研究所の三浦英子氏からは、図表の作成など多方面で協力を得たことを申し添えておきたい。

二〇一九年一月　木内登英

[著者紹介]
**木内登英**（きうち・たかひで）
野村総合研究所エグゼクティブ・エコノミスト。
前日本銀行政策委員会審議委員。
1963年生まれ。早稲田大学政治経済学部経済学科卒。1987年に野村総合研究所に入社後、経済研究部・日本経済調査室（東京）に配属され、それ以降、エコノミストとして職歴を重ねた。1990年に野村総合研究所ドイツ（フランクフルト）、1996年には野村総合研究所アメリカ（ニューヨーク）で欧米の経済分析を担当。2004年に野村證券に転籍し、2007年に経済調査部長兼チーフエコノミストとして、日本経済予測を担当。2012年に内閣の任命により、日本銀行の最高意思決定機関である政策委員会の審議委員に就任、量的・質的金融緩和の拡大、マイナス金利、イールドカーブコントロールに反対票を投じた。2017年7月より現職。著書に『異次元緩和の真実』『トランプ貿易戦争』（日本経済新聞出版社）、『金融政策の全論点』『決定版　銀行デジタル革命』（東洋経済新報社）など。

# 世界経済《せかいけいざい》、最後《さいご》の審判《しんぱん》
## 破綻《はたん》にどう備《そな》えるか

印　刷　2019年3月1日
発　行　2019年3月15日

著　者　木内登英《きうちたかひで》
発行人　黒川昭良
発行所　毎日新聞出版
〒102-0074　東京都千代田区九段南1-6-17　千代田会館5階
営業本部:03(6265)6941
図書第二編集部:03(6265)6746
印　刷　精文堂
製　本　大口製本


ISBN978-4-620-32572-9